三明学院学术著作出版基金资助出版

|光明社科文库|

石壁客家祖地
与海内外客家人关系研究

蔡登秋◎著

光明日报出版社

图书在版编目（CIP）数据

石壁客家祖地与海内外客家人关系研究 / 蔡登秋著. -- 北京：光明日报出版社，2022.11
 ISBN 978-7-5194-6908-5

Ⅰ. ①石… Ⅱ. ①蔡… Ⅲ. ①客家人—氏族谱系—研究 Ⅳ. ①K820.9

中国版本图书馆 CIP 数据核字（2022）第 216664 号

石壁客家祖地与海内外客家人关系研究
SHIBI KEJIA ZUDI YU HAINEIWAI KEJIAREN GUANXI YANJIU

著　　者：蔡登秋	
责任编辑：杨　茹	责任校对：杨　娜　乔宇佳
封面设计：中联华文	责任印制：曹　诤

出版发行：光明日报出版社
地　　址：北京市西城区永安路 106 号，100050
电　　话：010-63169890（咨询），010-63131930（邮购）
传　　真：010-63131930
网　　址：http://book.gmw.cn
E - mail：gmrbcbs@gmw.cn
法律顾问：北京市兰台律师事务所龚柳方律师
印　　刷：三河市华东印刷有限公司
装　　订：三河市华东印刷有限公司
本书如有破损、缺页、装订错误，请与本社联系调换，电话：010-63131930

开　　本：170mm×240mm			
字　　数：253 千字		印　　张：16.5	
版　　次：2023 年 6 月第 1 版		印　　次：2023 年 6 月第 1 次印刷	
书　　号：ISBN 978-7-5194-6908-5			
定　　价：95.00 元			

版权所有　　翻印必究

内容简介

宁化石壁是世界客家祖地,对其不同学者持有不同的观点。唐宋之际,石壁曾经是一百多个姓氏人群的居住地。他们与当地土著居民进行融合,孕育了客家民系。南宋始,石壁客家人开始衍播到梅州、潮汕、广西、四川、陕南、港澳台、东南亚等地。他们的族谱和口述中传递着他们的祖先来自石壁的信息。20世纪80年代,来自全世界各地的海内外客家人回到了石壁,开启了漫长的寻根之路。自此,石壁客家祖地的身份逐渐显露出来。经过20多年的石壁客家祭祖大典的举办,石壁已成为世界客家人寻根谒祖的朝圣中心。

客家祖地

石壁客家研究的最新成果

——《石壁客家祖地与海内外客家人关系研究》序

近日接到三明学院客家文化研究所所长蔡登秋教授的电话，得知他的一本新作即将出版，祝贺的话语还未说出，便被邀请为其新书作序，聊天过程中蔡登秋教授将《石壁客家祖地与海内外客家人关系研究》书稿的电子版发了过来。时值学期末，许多事情需要处理，我感觉分身乏术，但面对蔡登秋教授如此诚意的邀请，却之不恭，便只好应允从命，勉力为之。

近年来，闽西客家特别是宁化石壁成为我特别感兴趣和十分关注的研究区域。主要缘由是其与我个人的工作经历和学术转向有关。20世纪90年代末，我来到广东嘉应大学（现嘉应学院）客家研究所，正式投身于客家研究，所调研和熟悉的是广东客家地区尤其是粤东梅州一带。2006年我从北京来到赣南师范学院（现赣南师范大学）工作，便发出了"将目光投向赣南"的倡议。"赣南，是一片神奇的土地，它地域广袤、历史悠久、底蕴厚重、文化多样，在我国社会历史和区域文化研究中有着不容忽视的地位，是开展区域社会史和客家族群研究的试验地、资料库，许多学者从不同的学科、不同的研究取向曾给予了较大的关注……'将目光投向赣南'，这是向学界发出的共同研究赣南客家社会文化的真挚请求，是赣南丰富的客家文化资源的客观呈现，亦是赣南客家研究者的自信表达。我们希冀以此为一个新的起点，借由学科的整合与深化，提供新视野与新思路，接轨于世界学术之林，开启赣南客家研究之新里程。"这是我当年应邀主持《赣南师范学院学报》"客家研究"这一全国高校优秀社科期刊"特色栏目"时所撰写的主持语，其初衷除了向学术界推介赣南、宣传赣南客家以外，同时也真切表达了我个人对认识江西客家地区特别是赣南的迫切心情。在这样一种客家学术的情愫、研究地缘的情结牵引下，我开始自然而然地又将目光投向了粤、赣两地以外的客家，就这样福建省宁化石壁进入了我的视野。在2013年创办的"石壁客家论坛"中，我既是主办单位的代表又是特邀的专家学者，亲身参与了石壁客家论坛这一学术品牌的打造，也因此与宁化结下了不解之缘。

石壁，在中国历史特别是移民史上有着重要地位。石壁，通常是指位于闽赣两省交界处的福建省三明市宁化县西部的石壁镇、石壁村。需要指出的是，学术上的石壁，不是现在行政区域上的石壁，而是指一个范围更大的区域，有广义和狭义之分。广义上的石壁是指隋唐时期巫罗俊开辟的"黄连峒"，包括现在宁化全境、清流和明溪的一部分；狭义上的石壁是指以石壁村为核心的宁化西乡区域，包括淮土乡、方田乡、济村乡和石壁镇等乡镇。石壁从文化意义上而言，不仅仅是一个单纯的文化地理空间，更是一个象征符号，进而发展演变为一种文化现象。"北有山西洪洞大槐树，南有福建宁化石壁村。"历史上与大槐树、珠玑巷、瓦子街、孝感乡、枣林庄、小兴州等齐名并称为著名移民出发地和集散地的石壁，更多涉及其广义层面。石壁成为学术研究的对象，大抵始于20世纪初，此后随着客家学的发展而日益为世人所重视。改革开放以来，随着海外华人的回国回乡省亲谒祖，石壁很快成为海内外客家人文化寻根的中心和热土。前来石壁寻根问祖的热潮，最终促成了客家公祠的建设和"世界客属石壁祖地祭祖大典"的举办，后者更是自1995年以后开始固定在石壁的客家公祠举行，每年的10月来自世界各地的客属社团和客家人有组织或自发地前往参加，至今已举办了26届，累计接待来自国内19个省、市、自治区及马来西亚、新加坡、泰国、美国、巴西、巴拉圭、英国、法国、荷兰等20多个国家和地区的客家人共100多万人次，成为一年一度全球客家人的文化盛典。2011年，"宁化县石壁客家祭祖习俗"还被列入国家级非物质文化遗产名录扩展项目名录。由此，石壁作为"客家祖地"和"客家人朝圣中心"闻名遐迩，其影响力和知名度甚至超过了其所属地宁化县和三明市。

石壁与海内外客家人之间的紧密连接和深度融合，以及由此带来的石壁文化形象的新变化，引起了蔡登秋教授的关注。《石壁客家祖地与海内外客家人关系研究》就是其对这一问题的长期思考和系统研究，也是石壁客家研究的最新成果。蔡登秋教授是一个地地道道的福建三明本地人，不仅生长在三明，学习、教学也在三明。21世纪以来，蔡登秋教授与廖开顺教授、刘善群先生、张恩庭先生等一批有识之士致力于宁化石壁研究，使宁化成为一个新的客家学的重镇。在《石壁客家祖地与海内外客家人关系研究》中，蔡登秋教授通过访谈调查、族谱比较等研究手段，阐述世界主要客家社区的社会整体和文化全貌，并与石壁客家地区进行相关性比较。纵横古今，分析海内外客家人与客家祖地石壁的关系，进而对两者之间的亲属制度、经济、文化、信仰等领域进行细致考察，揭示石壁在海内外客家人心目中的地位，最终发掘石壁这一特定的客家社区的内在结构和客家人的社会关系。蔡登秋教授全面梳理了石壁客家祖地的形成过程，分析了客家祖地文化品牌的建构和传播，创造性地提出了石壁客家祖地符号化、仪式象征化、活动正规化、旅游产业化、文化品牌化等一系列新观点。

值此蔡登秋教授的新作即将出版之际，作为他的学界同人和同龄挚友，我由衷表示祝贺，真诚希望他所领导的三明学院客家文化研究所发挥更大作用；作为客家文化的热爱者和研究者，我心怀美好祝愿，热切期盼客家祖地和宁化石壁实现更大作为，为客家文化的创造性转化和创新性发展贡献"石壁经验"。

周建新[1]

2021年夏于荔园文山湖畔

---

[1] 周建新，深圳大学文化产业研究院院长、客家研究所所长、教授、博士生导师。

目 录
CONTENTS

绪 论……………………………………………………………001

第一章　石壁客家文化研究梳理……………………………008

　第一节　石壁客家祖地的血统说……………………………008

　第二节　石壁客家祖地的谱系说……………………………010

　第三节　石壁客家祖地的文化认同说………………………014

　第四节　石壁客家祖地的符号说……………………………016

　第五节　石壁客家文化研究历史蕴含………………………018

第二章　石壁客家文化的内涵………………………………021

　第一节　石壁的地理概念……………………………………021

　第二节　葛藤坑传说与挂葛藤的习俗………………………024

　第三节　石壁客家与道家文化………………………………026

　第四节　多神崇拜的民间信仰………………………………034

　第五节　耕读传家的儒家风范………………………………042

第六节　理学文化对石壁客家文化的影响与作用……………… 052

　　第七节　客家文化与中原文化的关联性…………………………… 060

第二章　客家先民迁居石壁……………………………………………… 068

　　第一节　隋唐时期的早期迁居石壁………………………………… 069

　　第二节　唐中叶至唐末战乱避难迁居石壁………………………… 071

　　第三节　宋代的迁居石壁…………………………………………… 074

第四章　石壁客家人外迁的历史状况…………………………………… 078

　　第一节　石壁客家人的人口历史概况……………………………… 078

　　第二节　石壁客家人迁往梅州的历史状况………………………… 081

　　第三节　石壁客家人迁往大陆其他地区…………………………… 086

　　第四节　石壁客家人迁往港澳台和海外…………………………… 104

　　第五节　石壁客家人迁居海外的现代意义………………………… 119

第五章　石壁与海内外客家人的宗亲往来……………………………… 122

　　第一节　海内外客家后裔寻根之旅………………………………… 122

　　第二节　海内外姓氏宗亲石壁祭祖………………………………… 142

　　第三节　宁化石壁外出宗亲往来…………………………………… 146

　　第四节　石壁祖地祭祖与海外客家人……………………………… 150

第六章　石壁客家祖地建设回溯………………………………………… 152

　　第一节　石壁客家祖地建设理念的形成…………………………… 152

　　第二节　石壁客家祖地建设与海外资金支持……………………… 155

　　第三节　石壁客家祖地建设实施…………………………………… 157

第七章　石壁客家与海内外客家习俗 ……………………… 160

第一节　岁时节令习俗的独特性 …………………………… 161
第二节　人生礼仪习俗的独特性 …………………………… 162
第三节　饮食习俗的独特性 ………………………………… 167
第四节　游艺类民俗现象 …………………………………… 169

第八章　石壁客家祖地理论支撑 …………………………… 175

第一节　巫罗俊开辟黄连峒为石壁具备强大的吸引力奠定了基础 ……………………………………………………………… 176
第二节　石壁唐五代的汉人与畲民互动逐渐孕育了客家民系 … 179
第三节　"葛藤坑"传说对石壁客家祖地形成的意义 ……… 187
第四节　石壁客家人文化外迁成就了祖地的雏形 ………… 192
第五节　海内外客家人对石壁祭祖确定了石壁客家祖地身份 … 196
第六节　中华民族文化基因和向心力促成了石壁祖地的形成 … 199
第七节　"玉屏"文化意义和石壁客家精神 ……………… 200

第九章　石壁客家文化品牌的传播效果 …………………… 204

第一节　客家文化品牌的传播现状 ………………………… 204
第二节　走向大众的客家文化品牌 ………………………… 206
第三节　客家文化品牌传播效果的三个阶段 ……………… 207
第四节　客家文化品牌传播实现的三种方法 ……………… 210

第十章　客家祖地祈福文化品牌的建构 …………………… 213

第一节　"祈福文化"品牌开发的基础和意义 …………… 214

第二节　民众"祈福"心理动机分析……………………… 215

　　第三节　祈福文化品牌产品的开发………………………… 216

　　第四节　祈福文化园的规划与建设………………………… 218

结　语 ………………………………………………………… 219

参考文献 ……………………………………………………… 224

附　录 ………………………………………………………… 229

　　附录一：客家祖地祭祖大典仪式流程……………………… 229

　　附录二：世界客属石壁祖地祭祖大典历届简介…………… 231

　　附录三：论闽西客家文化生态保护实验区建设…………… 240

绪 论

古闽大地是中国特殊、奇异而又神秘的一方水土。三面环山，一面朝海，北有太姥山、洞宫山，西有武夷山，南有玳瑁山、博平岭，中有鹫峰山、戴云山，山间分布着广袤开阔且肥沃的山间盆地和曲折阴幽的河谷深渊；沿海有连续不断的平原，东临烟波浩荡、仙境缥缈、绮丽多姿的海湾。水系独立，江河纵横；水汽蒸腾，气候温和，春夏秋冬，季节分明；土地肥沃，物种丰富；各种飞禽走兽在这里自由自在地繁衍生息。

早在几十万年前，古人类在这里扎根生存。可以说那就是闽人的先祖，人称"古闽人"，初称为"古百越人"，被北方中原人称为"南蛮"。独特的地理条件和丰饶肥沃的土地，为他们的生存提供了优良的生活条件，他们上山狩猎耕植，下水捕捞鱼虾，行走于江河湖海之间，以舟楫为主要交通手段；他们穿行于山间河谷之中，甚至还渡海捕捞，不知岁月年轮，过着自由自在的生活。部落之间可以独自生存，老死不相往来，形成了丰富多彩的百越部落文化。他们有不同的图腾信仰，不同的生活习俗，不同的方言土语，不同的精神气质，因此被称为"百越"，这无形中为闽地丰富多样的民俗现象和语言现象奠定了基础。这种文化镜像至今还存留于中国台湾地区，其中的高山族是一个多元民族。台湾高山族被称为"九族"，主要包括阿美族、泰雅族、排湾族、布农族、卑南族、鲁凯族、邹族（曹族）、雅美族、赛夏族9个族群，其实还不完全如此，九族之外还有如邵、噶玛兰等其他20多个族群，他们没有通用的民族文字，但却有各自的方言土语，以及不同的民俗文化生活。概而言之，高山语属南岛语系印度尼西亚语族。这一语系主要来自古代东亚地区。古百越人自中原、江淮汉人南迁之时起，通过舟楫南渡到东南亚，很自然地把古百越语系带到东南亚。这一现象大概是古百越民族文化现象的一个缩影，也印证了古百越人语言的丰富复杂性和其他文化生活的丰富多样性。

至于古百越各部族，现在已无从考证其真实的生活情状，更无法还原他们的生活形态，只能期待时空穿越的技术早日到来，方能参透其中原委。随着时间的推移，现代考古技术的不断精进，古闽越的真相不断地被揭示出来。18万年前的三明市岩前村万寿岩的古人类文化遗址，揭开了闽地早期的人类活动痕迹。考古发现的"万寿岩""灵峰洞"和"船帆洞"三个文化遗址，反映了旧石器时代闽地古人类文化的印痕。1989年年底在漳州莲花池山旧石器遗址发现的距今约8万—4万年前的刮削器、石核、石片、砍砸器等旧石器，反映了古人类的生产生活发展水平。1988年在清流县沙芜乡洞口村北，现安砂水库中段旁的狐狸洞发现的距今约1万年前的6枚古人类牙齿化石以及大量哺乳动物化石（哺乳动物化石的种属有华南巨貘、中国犀、东方剑齿象、猕猴、野猪、獐、水鹿、西藏黑熊、无颈鬃豪猪、水牛、山羊、竹鼠、黑鼠、普通鼩鼱、南蝠等8目17种，属更新世华南"大熊猫—剑齿象动物群"），反映了福建古人类进入大规模的狩猎生活阶段。

平潭县平原镇南垄村壳丘头文化新石器时代遗址，出土的距今5590—7450年前的磨光斧、石锛、骨镞、骨匕和陶织轮、陶支脚等打制石器以及釜、罐、豆、碗、盘等器皿，反映了新石器时代的古人类在这里从事捞鱼、采贝、狩猎（以鹿和猪为主）的原始生活。明溪县南山新石器时代文化遗址，发现的距今4500—5000年前的300粒炭化稻谷和少量果核，反映了南方早期种植稻谷的经济形态。这里的发掘工作还有待开展，据考察，从旧石器时代到青铜时代，整个时间跨度达万年都在这里汇集。在闽侯县甘蔗镇昙石村昙石山文化遗址，发现的距今4000—5500年前的墓葬、陶窑和壕沟等遗迹，发掘出的精美的仿铜印纹陶器等文物，反映出原始社会晚期闽人先祖生产、生活和墓葬的状况，初步显示闽地部落文化的原型，这里被称为闽族人文明的起点。考古专家在漳州华安县沙建镇许田村的仙字潭岩画上，发现的石刻有50多个，这些石刻似符号、似字、似画，形状奇特，大者长74厘米、宽35厘米，小者长15厘米、宽9厘米，分布范围约200平方米。有推断认为这是对商周时期福建南部闽人部落间某次较大规模战争的全过程的实况记载；另有人认为是对处于奴隶社会时期古闽人庆贺收成、祭祀祖先的场面的描述。其中含义目前只能停留在推断阶段，难有统一的定论，但此发现反映了闽人早期的文化符号现象。南方崖壁悬棺可追溯至夏禹时代武夷悬棺葬习俗。昙石山文化之后，又有黄瓜山文化和黄土仑文化，黄瓜山文化更早些，距今有4000年左右；黄土仑文化晚一些，距今有3000年左右。这个遗址有两个文化的叠加，是闽文化从新石器时期到商周时期的文化现象，在那里闽越人的社会和生产技术已得到快速的进步，如在黄瓜山文化层中有刻满了精美纹饰的陶片，表明彩陶已大量地被他们用于生活中。

  闽地除了上述的几个具有代表性的古人类遗址之外，还存在着其他地方的文化遗迹，这些文化遗迹反映着古闽人从远古时代缓慢地走向了人类文明时代，八闽大地也逐渐走入闽越时期。在闽越时期到来之前，八闽大地主要生存着闽人，他们被涵盖在百越民之中，闽人只是其中之一，但从闽的文化分布和发展情况的概貌来进行考察，可以发现百越民并非一个统一体，而是相当丰富多样的部落的总称。在闽地，他们以江河流域为主要依存脉络，以多部落的文化分布为表现形态：闽东北一带主要以闽江流域为一个文化分布带，南部主要以九龙江流域为一个文化分布带，当然古闽地还包括广东的韩江流域，浙江的瓯江流域，这两个流域文化带直到七闽活动时期，仍然为古代所称的闽地；在各支流区域中，部落分布也可能迥然不同，体现了闽地先民构成的复杂性。3000年前，周公编著的《周礼·夏官司马·大驭/形方氏》中，有"辨其邦国、都鄙、四夷、八蛮、七闽、九貉、五戎、六狄之人民"。显然这里的七闽，并非能够做充分的统计，其他的数据亦然，只是一种泛称而已。七闽为百越之一，它们各不相属，独自生存，充其量就是一种笼统的称谓而已。《周礼·夏官司马·职方氏》认为：祝融的后裔，在于濮避难，之后，他的子孙进入闽地，分处七地，故曰七闽，推断认为这是中原最早进入闽地的人，此种推断不可考，不足为据，只能反映当时有中原人进入闽地这样一个极个别的现象。从商周至秦统一中国以前，现存的大量传说和少数记载的内容是从越人进入闽地开始的。闽人之后开始与越人融合，后来逐渐出现闽越国，随后走向较为统一的闽地方国，其制度文化也开始逐步被确立起来。

  越人进入闽地，开启了闽地有文字记载的文明历史进程，或许在越人进入闽地之前，这里就存在着文字符号，但从考古和现今的历史痕迹进行考察，最有力的证据只有漳州的仙字潭岩画。迄今，还没有发现其他类似的符号。对今天的闽地方言进行考察，发现其复杂性与丰富性与古老原住民的语言差异和多样性有关。我们认为，其原因大致是地方环境相对复杂；南方各地百姓受到地域限制，交流与沟通相对困难，所以形成了一个又一个相对封闭的自然言语群落；古代南方的交通方式最多也是最方便的是河流航运，往往一条河流就能形成相对独立的方言带。

秦汉时期，闽地主要百姓是闽越人，如秦始皇在闽设"闽中郡"，也只是有名无实，并未实施有效统治。闽中郡为闽地最早的建制，为了加强对闽中郡的控制，秦王朝令大量的闽越人迁徙至如今的浙北、安徽、江西等处，同时把中原的罪犯流放到闽中郡。所以，闽地北方中原人来此最早始于秦代。秦末暴发大规模的农民起义，闽越一支由无诸统率，他率兵由闽中北上，深入中原地区，参加中原农民起义和楚汉争霸战争。因帮助刘邦战胜西楚霸王项羽有功，于汉高祖五年（公元前202年），无诸被封为闽越王，建立闽越国。之后，闽越国国势日强，扩大领地，成为汉王朝的劲敌。到了汉武帝元封元年（公元前110年），汉武帝派大将朱买臣率领大军，兵分四路攻击闽越国，东越王余善筑城顽强抵御汉军征伐，后兵败。汉武帝令部分闽越人迁往江淮一带，同时把大量兵士留在闽越国，就地编制繁衍后代。这部分人就是较大一批进入闽地的北方汉人，这次迁徙促成闽越族与北方中原人的一次大融合。公元前85年，汉朝廷在现在的福州设立冶县，隶属会稽郡，是闽历史上的第一县。冶县建制之初，户口不及1万人，集中于闽东、闽北和闽西山区的居民主要还是闽越遗民，还有少数南下中原人（西汉以后，中原人基本可以称为汉人）。

在东汉以前，闽西石壁地区基本没有北方中原汉人进入，资料显示东汉至隋朝（25—618年）迁入黄连峒的有11姓。根据当地族谱记载，西晋"永嘉之乱"和"五胡乱华"之时，由北方中原迁入的中原汉人有邓、钟2姓。南北朝迁入的有巫、刘、廖、许、陈、涂6姓，隋朝大业年间迁居的有罗、巫、蒙3姓。但此时汉人人口还很少，到了唐代时迁入石壁地区的汉人开始增多，共达43姓。而此时的福建其他地区，闽北、闽中、闽东、闽南已基本以汉人为主。属汀州的石壁地区还是以闽越族余部为主，故有唐代末年的"黄连二万峒蛮围汀州"的事件。根据史志记载："本州户则五千三百三十，口则一万五千九百九十五。时汀州领宁化长汀二县，宁当得半也。"①由此可见，当时的两万并不是确切的数字，只能反映当时峒蛮有不少人口，占有较大的人口比重。唐末黄巢起义，波及南方各地，其进入福建的路线是：黄巢起义军到达江西后，从虔、吉、饶、信等州折而向浙东，经过仙霞岭进入福建，进入建州，后进入福州，转而向闽南进发，后进入广东、广西，折而向北，经湖南、湖北、江西、安徽返师中原，攻打长安。攻下福建以后，大部分州县被黄巢所控，然而石壁地区始终未受侵扰，一直到靖康之难前，这里都是一片安宁的世外桃源。

唐宋时期，石壁地区是南方难得安宁之处，加上隋唐时期的巫罗俊在此地"开山伐木，泛舟于吴，居奇获赢"，为两宋时期大量汉人迁入奠定了基础，导致宁化的人口暴增，经过几百年汉人与土著的相互激荡与融合，到了宋代，新兴的客家民系在此孕育而成。到南宋绍兴年间，石壁地区已经出现经济与文化的繁荣局面，如石壁地区出现四位进士。到了宋绍定二年（1229年），盐事激起民众的反抗，"晏头陀聚潭飞磜，残破宁化"，即宋代宁化晏彪打着为民消除贪暴之吏的口号起义，当时周围有72个村寨的村民揭竿响应。与此同时，邵武、南剑等也因不满官府欺压与晏彪呼应起义，并拥戴晏彪为首领，先后攻克汀州府、清流、宁化、泰宁、将乐、建宁等地，后围攻邵武和南剑州。另一支起义军还攻破了龙岩、长泰，绕过漳州，攻打永春、德化，最后合围邵武，兵进南剑。后被官兵镇压，头尾近三年时间，闽西受到了强烈的冲击。石壁地区人口量太大，生存资源渐渐紧张，自然灾害和兵祸不断的多重因素，导致了大量石壁客家人向嘉应州一带迁徙。之后迁往广东其他地区、广西、台湾、江西、四川、陕西、海南，以及东南亚和世界其他国家与地区，成就了1.2亿客家人遍布全世界的局面，被称为只要有太阳的地方就有客家人，有客家人的地方就有石壁客家人后裔。

石壁地区孕育出早期客家民系的因素有以下几点：第一，巫罗俊开辟黄连峒，为石壁吸引汉人到此地奠定了基础；第二，石壁唐五代的汉人与畲民

---

① 李世熊.宁化县志［M］.新版简体.福州：福建人民出版社，1912：209.

互动后逐渐孕育了客家民系；第三，"葛藤"传说对石壁客家祖地形成的意义；第四，石壁客家人文化外迁成就了祖地的雏形；第五，海内外客家人对石壁祭祖，确定了石壁客家祖地身份；第六，中华民族文化基因和向心力促成了石壁祖地的形成；第七，"玉屏"文化意义和石壁客家精神。当然，还有一些民系形成的标志性文化要素——方言。正如刘善群所言："方言是民系的最重要标志，既然客家方言是在以宁化石壁为中心的地域诞生，也就是充分说明了宁化石壁这个'胎盘'对客家民系的重要作用。"[1] 所以，石壁在客家民系的孕育形成过程中具备了客家源流、历史变迁、语言、习俗、精神等诸多要素，促使石壁成为客家人祖先的聚居地和客家一世祖的发源地，成为世界客家人的总祖地。

客家民系在石壁地区孕育形成以后，开始向外地迁徙，这一举动不仅是血脉的传播，更是石壁客家文化的传播。每当端午节来临之际，客家人不仅开启龙舟竞渡，还在门户上挂葛藤。客家人不断迁徙，开荒辟壤，开埠行商，不断开创新的生活天地，显示了强大的生命力。这种硬颈勇毅和四海为家的精神气质，为客家寻求永以为继的生活家园提供了支撑。

正是石壁地区在客家民系形成与客家文化传播中的重要地位，引来了世界客家人对其无限的膜拜之心。自20世纪80年代以来，石壁每年吸引数以万计的海内外客家后裔前来祭祖，还吸引了不计其数的客家研究者的关注和研究。正如著名历史学家胡绳武所言："大凡论及客家史，都难以回避石壁。石壁，是一个不大的村庄，但其名声却传遍客家世界，致使一些学者在写客家文章时，想回避石壁，而又无法回避，这大概就是客家历史使然。"[2] 在学者的研究中，从美国学者肯贝尔的"岭东之客家，十有八九皆称其祖先系来自福建省汀州府宁化县石壁村者"，到温仲和编著的《嘉应州志》称"梅州人民抗元的壮烈，地为之墟，闽之邻粤者，相率迁移来梅者，大约以宁化为最多。所有戚友询其先世，皆来自宁化石壁人"，告诉人们一个事实，石壁就是梅州客家人祖籍地。后来，客家文化学术研究奠基人、历史学者罗香林，从历史学、人类学等研究路径，对各地谱牒进行梳理，对石壁进行田野调查，写

---

[1] 刘善群.宁化史稿[M].福州：福建教育出版社，2014：147.
[2] 刘日太，何正彬.石壁与客家世界[M].太原：山西人民出版社，2009：序言.

成了《宁化石壁村考》，其中写有："客家先民，大抵先自中原南下徙赣，再由赣徙闽，复由闽徙粤，其与宁化石壁发生寄居关系，盖亦时势与地理使然也。"后来有大量学者对石壁进行翔实的考察，提出类似的观点。近年来，也有一些研究者从符号学、现象学、象征学、人类学等学科出发，提出了石壁客家祖地符号化、文化象征化等观点。无论从哪种视野来审视石壁之于客家民系的意义，祖地的观念都已深深烙印在世界客家人的心理底层，成为他们永远的祖先记忆，回乡祭祖成为他们无法抹去的情结，故而石壁被世界客家人认同为祭祖和祈福的朝圣中心。

石壁客家祖地由于在世界客家中的特殊地位，对我国民族团结、侨务工作和宁化县本土的发展具有极为重要的意义。"习近平总书记于1998年2月15日（时任福建省委副书记）、2002年6月23日（时任福建省人民政府省长）先后两次来到石壁，其在调研时强调：客家祖地源远流长，要把它作为一篇大文章来做，做好了，对全县两个文明建设有很大的促进作用。一是要做好客家统战文章，做好港澳台侨工作；二是研究客家文化，树立石壁祖地的权威性；三是要做好客家民俗、节庆、服饰、礼仪、待客、姓氏源考等资料的收集整理工作；四是要开展客家旅游活动；五是要充分利用客家人士的牵线搭桥作用，推动经贸发展。"[①]客家精英、全国政协原副主席杨成武将军1991年到宁化考察后，为石壁题署"石壁客家祖地"。1995年石壁客家公祠即将竣工之时，全国政协原副主席叶选平为宁化题匾"客家公祠"。[②]世界客家精英、东南亚侨领姚美良和姚森良兄弟俩带领客家侨眷来到石壁祭祖，并为石壁客家事业捐献大量资金，为宁化客家事业做出巨大的贡献。

---

① 赖洪林.宁化县客家事业30年回顾与思考[C]//林日上，李平生.第二届客家文化（闽西）生态保护实验区学术研讨会暨第九届石壁客家论坛论文集.福州：海峡文艺出版社，2021：18.

② 张恩庭.石壁客家光彩[M].香港：中国文化出版社，2015：1.

第一章　石壁客家文化研究梳理

　　国内外对石壁客家文化的相关研究始于20世纪初，主要是从谱牒、口传叙事、历史文献资料等入手，出现了血统说和谱系说等观点。如英国传教士坎贝尔（George Campbell）、中国客家学研究奠基人罗香林、晚清诗人黄遵宪、文学家黄遵楷等学者都较一致地认为石壁是梅州客家的祖源地。后来又有大量的学者得出与他们一致的观点，确认石壁在客家民系形成过程中的重要地位，即认为石壁是客家人的总祖地。随着中国的改革开放，西方文化思潮鱼贯而入，我国学者们将这些思想应用于各人文学科的研究之中。其中，影响较大的思想观念是西方现代和后现代哲学思想，如结构主义、解构主义、解释学、新实用主义等思想；学派上有符号学、现象学、象征学、文化人类学、历史人类学等；学理上以多元主义、相对主义取代一元主义、决定论，不再信奉普遍有效、独一无二、永恒不变的规范、准则、标准或范式。在西方文化思潮视野下，关于石壁客家文化的学术研究出现了诸多观点，如文化认同说、符号说、文化现象说等，对石壁在客家民系形成过程中的地位提出了一系列的不同看法。为此，本书试图对石壁客家文化研究进行总体性学术史梳理，进一步探究石壁在客家世界和客家文化的历史地位。

第一节　石壁客家祖地的血统说

　　纵观一百多年客家研究过程，关于客家民系的形成与来源问题，主要有中原南迁说、中原汉人与当地土族整合说、文化认同说、南方民族说、方言说等。无论哪种说法，一直都认为宁化石壁之于客家民系的形成具有丰碑性的意义。其中，中原南迁说的观点受到较为普遍的关注，也就是石壁客家文化研究过程中关注了在石壁驻留过的姓氏来源的中原血统问题。这一观点的主要研究范式是参照谱牒，如石壁张氏，其族谱《张公君政总谱》记载：君政公祖籍河南省光州固始县，唐初南迁入粤，始居韶关曲江，官至韶州别驾。君政生六子：子胄、子卿、子仲、子慕、子虔、子猷。唐末，子胄、子虔部分后裔徙居宁化及石壁。[①] 其他诸多姓氏大多如此记载，他们来自中原，在宁化石壁驻居。谱牒记载为石壁客家先祖提供了明确的发源地，也为此范式研究提供了依据。

据宁化本土研究者统计，从中原迁入宁化石壁及周边，而后迁往各地的客家姓氏情况为："据客家族谱及资料记载，迁入宁化的200余姓中，有明确迁出地的姓氏168姓，分别是河南59姓，中原（族谱只记载'中原'，也包括河南）28姓，山西15姓，山东17姓，河北13姓，陕西7姓，甘肃3姓，安徽7姓，江苏8姓，浙江5姓，江西3姓，辽宁1姓，广东1姓，四川1姓。"[②] 宁化迁居的姓氏之中以石壁为最多，共有58个姓氏。"经过400年的安定生活，宁化全县的居民由唐天宝（742年）约5000人，至南宋宝祐年间（1253—1259年）增至16万以上。"[③] 因此，罗香林的《宁化石壁村考》认为："广东各姓谱乘，多载其上世以避黄巢之乱，曾寄居宁化石壁村葛藤坑，因而转徙各地。此与客家源流关系颇巨。"[④] 南宋末年，宁化爆发以晏彪为首的农民起义，战事经历三年之久，战火燃及两省数十县。1362年，曹柳顺领导的农民起义爆发。加上多年自然灾害，大饥荒和人相食的惨况出现，宁化客家人大量外迁至闽西、梅州、赣南、粤东、广西、湖南、四川等。到了明代初年，宁化人口减至3万左右。[⑤] 因此，全球客家·崇正会联合总会总执行长黄石华博士认为："石壁客家祖地是历史发展的客观存在，是客家先民自中原南迁的产物。石壁客

---

① 张恩庭，张桢.福建省宁化县四修《张公君政总谱》[G].内部资料，2002：5.
② 廖开顺，刘善群，蔡登秋，等.石壁客家述论[M].郑州：河南人民出版社，2012：373-374.
③ 韩信夫.关于客家祖地宁化石壁的再认识[M]//张恩庭，刘善群.石壁与客家.北京：中国华侨出版社，2000：119.
④ 余英时.朱熹的历史世界：上册[M].北京：生活·读书·新知三联书店，2004：8.
⑤ 廖开顺，刘善群，蔡登秋，等.石壁客家述论[M].郑州：河南人民出版社，2012：176.

009

家祖地不仅是宁化的，也是中国和世界的。"[1]同样，台湾学者陈运栋先生也认为："今日各地客家的祖先，大部分都曾经在石壁村住过。不过，当时的情形实在很乱，逃亡到其他地方的当然也有，不一定全部都住在这个村内，而有许多是后来才搬进去的。自从经过这一次战乱（指黄巢起义）之后，客家移民的主力，遂由长江南岸迁移到赣南山地，后来就以宁化一带为据点，向闽粤拓殖，这就是一般人所说的客家移民的第二次大迁徙。"[2]据此，河南社科院杨海中认为：宁化石壁地处赣南闽西交界之要冲，由于特殊的区位优势，成为历史上客家先民最重要的聚居地与再迁出发地，见证了客家形成的全过程，因而是客家发展史上最有代表性的里程碑式的地域性标志。[3]为此有了诸多给宁化石壁命名的观点，如唐中叶后，聚集于以宁化石壁为中心的闽赣联结区域，客家民系逐渐形成。繁衍生息数百年后，客家人又陆续辗转迁往闽西、两广、四川、湖南、香港、台湾以及东南亚各地。所以客家人多自称一世祖出自石壁，石壁也自然成为客家人的"总祖地"。[4]宁化石壁客家祖地身份显示得充分明确。

上述诸多研究围绕着宁化石壁及其他区域，对客家民系来源、迁徙、驻居、衍播等进行分析，关注点主要在于石壁在客家民系形成过程中的决定性作用，以及石壁在客家民系血统上的主流成分。因而，宁化石壁自然而然、水到渠成地被公认为客家总祖地。

第二节　石壁客家祖地的谱系说

自20世纪80年代以来，世界华人开始纷纷回到祖国的怀抱，进行寻根谒祖，探究自身的文化身份。世界客家人也不例外，开启了寻根的热潮，从来不甘寂寞并处于思维前沿的学者们也发动了学术研讨的"冲击波"。在此影

---

[1] 刘日太，何正彬. 石壁与客家世界［M］. 太原：山西人民出版社，2009：6.
[2] 陈运栋. 客家人［M］. 新竹：台湾联亚出版社，1978；刘善群. 宁化石壁研究述略［J］. 福建史志，2017（3）：37.
[3] 杨海中. 石壁与"前客家文化"［J］. 黄河科技大学学报，2015（2）：73.
[4] 黄建铭. 脉脉客家魂　敬祖穆宗地——福建宁化石壁的客家祖先崇拜［J］. 中国宗教，2011（5）：59.

响下，一些客家人身份确认自觉意识空前高涨，这一社会活动被笼统地称为"新客家运动"。在此运动过程中，"石壁"被推到了台前，关于它的学术研究和活动也不断出现。就宁化县而言，于1997年、2000年、2009年主办了三届"宁化石壁与客家世界"学术研讨会；从2013年起连续举办了六届"石壁客家论坛"和一届"海峡两岸客家高峰论坛"。这些论坛对石壁"客家祖地"称谓及在客家民系形成中的作用及意义进行了深入的探讨。当然，除了论坛以外，还有大量关于本主题的论述在CN期刊上公开发表。对此，姑且以一个称谓来概括它，即为"谱系说"。

谱系说主要从族谱记载、口述史、姓氏迁徙史、民俗、人口学等方面入手，对石壁在客家民系形成过程中的特殊性和不可替代性进行研究与论述。1912年坎贝尔的著作《客家源流与迁移》(Origin and Migration of the Hakkas)认定，岭东之客家祖先十有八九来自福建省汀州府宁化县石壁村。他的依据是每一姓的第一祖先离开宁化而至广东时，族谱上必登着他的名字。30年后，中国客家学研究奠基人罗香林发现宁化石壁之于客家的重要性，其认为："广东各姓谱乘，多载其上世以避黄巢之乱，曾寄居宁化石壁村葛藤坑，因而转徙各地。"[1]另有广东《嘉应州（梅州地区）志》载："闽之邻粤者相率迁移来梅，大约以宁化为最多。所有戚友，问其先世，皆宁化石壁乡人。"[2]19世纪80年代，梅州出生的黄遵宪认为："今之州人，皆由宁化县之石壁乡迁来，颇有唐、魏俭啬之风，礼俗多存古意，世守乡音不改，故土人曰之为客家人。方言多古语，尤多古音。"[3]黄遵楷在著作《先兄公度事实述略》中认为："嘉应一属，所有来者，皆出于汀州之宁化石壁……征诸各姓，如出一辙。"[4]嘉应州十之八九的客家人都认为其祖先来自宁化石壁，根据是记载的主要历史事件："第一次拥入广东的浪潮开始于南宋。在抗元失败后，人口大减，许多福建特别是宁化地域的人蜂拥而入，占领了那些荒地。"[5]嘉应州从宁化徙来大量的客

---

[1] 余英时.朱熹的历史世界：上册[M].北京：生活·读书·新知三联书店，2004：8.
[2] 吴宗焯.光绪《嘉应州志》：第32卷[M].清光绪二十四年刊本.
[3] 张恩庭.石壁客家光彩[M].香港：中国文化出版社，2015：91.
[4] 吴振清，徐勇，王家祥.黄遵宪集：下卷[M].天津：天津人民出版社，2003：802.
[5] 张恩庭.石壁客家光彩[M].香港：中国文化出版社，2015：92.

家移民，充实了这里的人群，所以"此与客家源流关系颇巨"，这些是对石壁与嘉应客家人关系原初的论述。

20世纪80年代始，宁化本土学者开始着手研究石壁与海内外客家人关系及宁化客家文化内涵，进行史料清理、田野调查、族谱比对等研究工作，收获了丰硕的成果。刘善群先生从主编县志入手，对石壁进行了论述："因志书编修需要，笔者作为县志主编开始进行客家研究，不断挖掘史料、发表文章，宣传石壁客家祖地，并在1992年出版的《宁化县志》中第一次对宁化县作出客家摇篮的定位。"[①]后来又撰写两部著作，分别是2007年于方志出版社出版的《客家与石壁史论》和2014年于福建教育出版社出版的《宁化史稿》。这两本书在石壁在客家先民迁徙、客家民系的形成、与世界客家人血缘关系等方面做了全面的论述，凸显了石壁客家祖地的身份与地位。2000年，张恩庭、刘善群主编，由中国华侨出版社出版的"客家祖地石壁丛书"（共8册），全面介绍了以石壁为中心的宁化客家诸种文化事象。2015年，张恩庭主编的《石壁客家光彩》，整体摘录了百年来学者们关于石壁在客家民系及文化形成中的作用与价值的论述。

随着石壁祖地祭祖大典的逐年举办和学术研讨会的召开，祖地逐渐被世界客家人确认，吸引大批学者对此开展研究。他们来到石壁及周边进行田野调查、资料收集、实证研究，收获了大批的研究成果。"厦门大学陈国强教授与福建省社科界有关研究员和厦门大学研究生以及宁化本地学者，于1993年春节期间，驻石壁15天进行田野调查，最后编辑成田野调查报告《宁化石壁客家祖地》一书出版。法国远东学院教授劳格文同福建社科院客家研究中心主任杨彦杰自1995年至2003年前后7次深入宁化各地进行田野调查，每次数十天，并由14位宁化本地学者协同组稿，编辑出版《宁化县的宗族、经济与民俗》上下两册。"[②]三明学院客家文化研究所与宁化、三明的专家合作，完成的《石壁客家述论》（全书共计56万字），对石壁客家的历史文化内涵进行了全面分析，突出其祖地的地位和作用。一些研究者从不同视角研究石壁，认为它是祖地（或中转站）。刘美崧从萍乡与宁化石壁族谱、移民、语言、风俗

---

① 刘善群.宁化石壁研究述略[J].福建史志，2017（3）：36.
② 刘善群.宁化石壁研究述略[J].福建史志，2017（3）：37.

对比角度进行研究后认为："萍乡一带客家人主要来自闽粤的'棚民'。'棚民'是客家的别称，据其族谱与方志记载来自汀州、嘉应州，其祖先大都以宁化石壁为迁移的中转站。萍乡'棚民'的许多文化特征，均与汀州宁化相似。"①陈国强从宁化石壁与中国台湾地区的关系角度进行研究后认为："宁化石壁与台湾客家也相类似，说明他们之间有极密切的渊源关系，也说明台湾客家不忘祖先，按祖先的做法办事。"②石壁被誉为"客家南迁的中转站""客家的第二祖籍地""客家的第二故乡"，甚至直接被称为"客家的摇篮""客家的发祥地""客家的祖地"。陈国强还认为"研究石壁客家，对客家学的研究，有着重大意义"③，充分地肯定了石壁在客家民系形成中的特殊地位。陈运栋的著作《客家人》认为："今日客家人的祖先大部分在石壁住过，岭东之客家来自石壁村。"④林嘉书在《客家摇篮·石壁村》一文中考证："目前台湾至少有60个常见姓氏中的600多万人与石壁客家有关，其中300余万是客家人，另外200余万传自石壁。"⑤除上述以外，还有大量的研究者在对宁化石壁进行调查研究后提出相类似的观点，一致认同石壁在客家民系形成过程中的不可替代性和祖源地的地位。

历史是人类自我创造的已经逝去的社会，也是不断沉淀下来的往事，给我们留下了无法触摸的时空。如北大教授郭华榕所说："正是已经消失的社会，遥远的时间、空间、人物与事件……对于它，现代人眼不能看见，手不能触及，只可依靠考古发掘、档案、文献、回忆录、专门著述与通俗读物，去了解往昔的真实，部分重现过去的社会生活。"⑥如今，对石壁的论述已无法还原到历史具体时空中，最可靠的当然只有通过这些可以触及的谱牒、回忆录、建筑、民俗等内容，来综合显示石壁与世界客家人的谱系关系。

---

① 刘美崧.宁化石壁与萍乡一带客家文化的亲缘关系[J].中南民族学院学报（哲学社会科学版），1998（2）：68.

② 陈国强，林加煌.宁化石壁与台湾客家[J].云南社会科学，1993（3）：63.

③ 陈国强，林加煌.宁化石壁与台湾客家[J].云南社会科学，1993（3）：63.

④ 张恩庭.石壁客家光彩[M].香港：中国文化出版社，2015：93.

⑤ 宁台宣.弘扬客家文化 密切交流合作——福建宁化石壁[J].两岸关系，2014（6）：69.

⑥ 郭华榕的《石壁客家述论》序三[M]//廖开顺，刘善群，蔡登秋，等.石壁客家述论.郑州：河南人民出版社，2012：1.

第三节　石壁客家祖地的文化认同说

对石壁客家祖地的研究中，持有文化认同说的逻辑起点是文化现象学在客家文化研究中的应用。文化现象学理论来自梅洛·庞蒂的文化现象学，他以创造性解读为中心，把文化研究作为一个"表征空间"加以界定，并以语言与视觉作为文化表征存在。无论是早期的现象学鼻祖埃德蒙德·胡塞尔的"先验现象学"，还是后来的克利福德·格尔茨直接经验性的"科学的文化现象学"，都带有海德格尔、迦达默尔的"解释学的循环"思想逻辑，即海德格尔的"先入之见"的理解活动和迦达默尔的"对意义的预期"解释学逻辑。所以，现象学从根本上仍然是一种形而上学的理论思想。传统理解与解释在后现代语境中逐渐坍塌，这些理论在学术上取得了独有话语权，也是近几十年来研究者们手上的"香饽饽"。

学者们在获得这样的话语方式的同时，开始不知不觉地将其应用于文化研究过程中，对于石壁客家祖地的研究是一个再恰当不过的对象。因而，得出以下观点："石壁现象"曲折地反映了客家民系形成过程中，移民与土著之间的矛盾斗争和融合、同化。结果是强势文化在斗争和同化过程中起了主导作用，其中关键的因素是一元论的民族起源观点和根深蒂固的中原正统观念。[1]这里很好地应用了现代派理论中反对传统的一元论，试图建构二元对立，甚至多元性的理念。并认为民族融合加上强势汉民族文化同化的结果，造就"石壁现象"的产生。所以接着得出：在客家先民中，确实有一批中原大族移民经由宁化石壁入闽，后来成了客家人。他们首先凭郡望、门第奠定了优势地位，成为令人钦羡和敬畏的大家族。其后，别的汉人家族为了提高身价，在社会竞争中取得有利地位，不管先人是否来自中原，也不管先人是否经由站岭隘入闽，纷纷宣称本宗本族是经由宁化石壁入闽的中原大族。他们的办法是通过修谱、联谱来伪造假托，攀附名门。[2]其逻辑起点是修谱和联谱过程

---

[1] 谢重光.客家普遍溯源于宁化石壁的文化意蕴 [J].汕头大学学报（人文科学版），1999（1）：80.

[2] 谢重光.南方少数民族汉化的典型模式——"石壁现象"和"固始现象"透视 [J].中共福建省委党校学报，2000（9）：52.

中出现攀附名门而伪造假托的可能性,更重要的是分析了民系或民族形成过程中中原中心说和趋利倾向的观念。

也有的学者认为石壁客家祖地是"现代客家建构,是对没有历史和记忆、不能形成认同的文化全球化的反抗,目的是建立起客家人的文化认同,在文化全球化中占据属于自身的文化地位。国内客家的认同更多地烙印上了经济目的,是地方政府为发展经济、吸引海外投资而进行的一场全民性客家建构。宁化石壁客家祖地的发现和建构,对于凝聚客家人的文化认同,推动客家地区经济发展有重要意义"[①]。这是对石壁客家祖地研究建构主义理论的应用。建构主义是冷战结束之后,西方理论家芬尼莫尔、卡赞斯坦和温特对国际政治关系进行研究所得出的理论,吸收了西方后现代的丰富养分,如索绪尔的语言学、哈贝马斯的"话语的权力"、列维-斯特劳斯的结构主义、吉登斯的结构理论等理论思想。这一学派重视人的主观塑造的重要性,人的社会角度来自认同和利益等观念。利用这一理论进一步分析认为:"一旦地方政府、社会团体、民间精英积极参与和置身其间,完全可以通过某种形式的文化叙事,制作和创造出符合需要的历史,实现某种意义上的重建传统和发明传统。宁化石壁客家祭祖的建构过程,是旅游时代发掘资源、打造文化品牌、重建传统的过程。"[②]确实,二十多年来,宁化政府及客家乡贤们花大力气对石壁祖地进行了打造,凸显了石壁在客家世界中的地位与作用,并借此推动当地经济发展。但客家文化传统并非要"重建"和"发明",如客家祖地祭祖的过程是完全按照古礼进行的,这种祭祖传统礼仪一直在民间进行着,也没必要去发明创造,如今祭祖习俗已被列入国家级非物质文化遗产代表作名录。

我们知道,在中国移民历史过程中,除了在战乱、灾祸和饥荒时会出现大规模的移民,其他时间的移民更多是到某地为官,之后其子孙就驻留该地。如石壁张氏南方移民的第一代君政公相关记载:"我祖君政公是客家张始祖,原居中州洛阳,唐初任韶州(今广东曲江)别驾,封面康伯,由洛阳举家迁

---

① 余达忠.文化全球化与现代客家的文化认同——兼论宁化石壁客家祖地的建构及其意义[J].赣南师范学院学报,2012(1):7.

② 余达忠.旅游时代:文化品牌的打造与传统重建——宁化石壁客家祭祖的人类学研究[J].中共福建省委党校学报,2013(2):115.

广东始兴县,生胄、卿、仲、慕、虔、猷。兄弟各衍他乡……后裔迁虔化再迁宁邑(化)。"①"君政公23世化孙公(1175—1267年),号传万,讳衍。诰授中宪大夫,历任汀州知府。北宋重和年间入闽,居宁石壁葛藤凹(今南田村),南宋嘉泰甲子(1204年)迁上杭城东距40里之西洋村,建宅于官店前上吉街开基。"②其他姓氏的族谱也明确地记载着他们祖先的来源及迁徙去向,而非有学者所言的:"遗憾的是,客家族群不知何故相当整齐地丢失了从北方原籍地迁徙南下的那一段历史记录的全部资料,造成无可补救的'历史和族性的整体失忆'。"③并认为"客家"作为汉族中的一个族群,历史上从中原南下,在赣、闽、粤地区休养生息,继而播散海外,"中原—边缘—海外"也因此烙上了鲜明的政治地理学含义,并生动地反映在他们的文化认同与族群认同中。福建宁化"客家祖地"的建构事件折射出"家国天下"的诸种特点。④其实客家先民在迁徙过程中并非整体失忆,而是移民时没有文字的记载,只有口传的历史记忆、民间文学与谱牒等形式的记载。把石壁或固始作为一种文化"表征空间",可阐释空间无形中被不断地扩大,从而把石壁移民历史当成是文化认同的结果。其观点的逻辑起点是谱牒造假的可能性,但论述的证据却无从说起,充分利用了西方现代理论,借助于历史的不可还原性,把历史与想象勾连在一起并加以等同化,自然而然把石壁作为客家先民南迁中转站和形成过程祖源地说成了文化认同现象,即石壁客家文化研究的文化认同说。

第四节　石壁客家祖地的符号说

符号学是索绪尔与皮尔斯最早提出的西方现代理论。索绪尔注重符号的结构,如意义分"所指"和"能指",被称为结构主义符号学;皮尔斯注重符号的意义解释,认为只有被理解为符号的符号才是符号。符号学自20世纪初

---

① 张恩庭,张桢.福建省宁化县四修《张公君政总谱》[G].内部资料,2002:10-11.
② 张恩庭,张桢.福建省宁化县四修《张公君政总谱》[G].内部资料,2002:24.
③ 彭兆荣.实践于历史与想象之间——客家群族性认同与宁化石壁公祭仪式[J].思想战线(云南大学人文社会科学学报),2001(1):84.
④ 彭兆荣.政治—文化地理之"中心—边缘"对客家文化的影响——以福建宁化客家"祖地"建构为例[J].百色学院学报,2019(1):31.

便已传入我国，到20世纪70-80年代在我国学界大畅其行，索绪尔的《普通语言学教程》被翻译成不同版本，并加以升级转型，起初与语言、文学、艺术等学科结合紧密，后来又应用于文化人类学、文化社会学、民俗学、哲学，甚至与史学都结合起来。结合西方20世纪60年代以来符号学论争和我国的积极实践，符号学几乎打通了所有的人文学科，也成为学者们时髦的话语。其实无论是现象学，还是符号学，都是解释学的范畴，都是对对象阐释的方法与范式。因此，客家研究学界的诸多研究者也把它引入客家文化的研究中，把一些有代表性的客家文化事象解释为文化符号。石壁客家祖地、河南固始、山西洪洞大槐树等对象被视为象征性的符号。一个成形的理论体系能够解决一定的阐释性问题，一个对象意义的产生必须有一个承载意义的代码，这也就是所称的"符号"，所以符号学阐释策略可以解决分析几乎所有文化现象，显然分析石壁这一具备丰富文化内涵的对象也在情理之中。

在石壁客家文化的研究中，应用符号学理论进行研究的成果丰硕，其符号学的观点直接解构了20世纪80年代以前的论述。譬如认为"客家宁化石壁祖地说属于文化基因类型祖地说。作为客家祖地的'石壁'，是一种文化符号，其古风犹存。它源于经由百越文化、畲民文化传承而来的禹夏文化基因，是'石母'和'祖地'二位一体的象征符号"[1]；认为石壁客家祖地是中国禹夏传统文化的石母观念与祖地一体化的象征性符号，自然而然地解构了中原移民的传统观念。有的研究者直接解构石壁在客家民系形成过程中的历史性，认为历史上，宁化石壁作为客家各姓氏宗族的开基祖地是一种文化建构，客家谱牒与传说中的石壁，也全然是一个象征符号，客家人建构石壁符号的目的在于强化客家人的族群认同感，与真实的石壁基本无涉。现代宁化石壁文化符号的构建过程，既是新客家运动的产物，又是包含着显在的经济利益的文化策划，是为发展经济而发明传统的过程。[2] 把现代石壁等同于观念性符号，指出祖地当代构建就是当下政府的文化策略。有的研究者认为石壁就

---

[1] 张英明，张翔."客家石壁祖地说"的类型、文化基因与溯源意义[J].嘉应学院学报，2019（1）：11.

[2] 余达忠，曾念强.一个文化符号的形成与演变——基于宁化石壁的个案研究[J].中共福建省委党校学报，2010（6）：86.

是客家民系的一个图腾,一种文化现象与符号象征。在这层意义上,宁化石壁、光州固始、南雄珠玑巷、洪洞大槐树、黄帝、炎帝都只是一个文化符号,也可以说是一个民族或一个民系的图腾。当构成民族或民系的所有成员都自觉地崇奉某一公认的图腾时,这个民族或民系也就建构完成,或者说走向成熟了。①并进一步论述道:福建省宁化县石壁村"客家祖地"的公祠建设和公祭仪典的符号系统的典型性,与近几十年在世界许多地方兴起的"新客运动"相对接,诠释了族群认同的当代寓意以及作为族群生存策略的基本方式。②所以,在符号学理论体系的解构下,在客家诸多姓氏的谱牒和口传史中的石壁这一对象变成了一个子虚乌有的文化符号。

第五节　石壁客家文化研究历史蕴含

观察各种史料记载、学者调查研究和实地考察的情况,宁化石壁既不是一个"小得不见经传"的小山村,也不是一个传说中的葛藤凹,它其实是一个以现在石壁镇(原为禾口乡)为中心,还包括方田、淮土、济村、城关一部分等乡镇(还包含石城的一小部分)广袤的盆地和由小山峦构成的成块区域。只要是有心于田野调查的学者都知道,这里西北面是武夷山和通往江西石城的站岭隘,东面是宁化县城,基本是成片的盆地地貌,极其适合农事耕作活动。客家先民选择此地作为中转和驻居之处也在情理之中,因为它完全具备提供客家先民生产和生活的自然条件。综观历史上国内外移民的总体情况,有一个比较普遍的现象是亲戚朋友相互介绍和邀携。三明市明溪县的海外移民就是一个很好的例子,现在整个人口不足十万的小县,其中就有两万多是侨居在匈牙利、意大利和俄罗斯等国家的新侨民;还有福建的福清人主要移居日本,长乐人主要移居美国,大体都是亲戚朋友相互邀携的结果。宁化石壁不免存在同类现象,当时因为战乱或其他因素,客家先民相互邀携,

---

① 谢重光.南方少数民族汉化的典型模式——"石壁现象"和"固始现象"透视[J].中共福建省委党校学报,2000(9):53.

② 彭兆荣.实践于历史与想象之间——客家群族性认同与宁化石壁公祭仪式[J].思想战线(云南大学人文社会科学学报),2001(1):82.

选择石壁作为他们的中转或侨居之地,也在情理之中。所以,把宁化石壁认为是一个子虚乌有的符号,显然不太尊重它的历史与现实。

研究者们在石壁客家文化研究过程中存在多种学术观点,这是一种良性的研究状态,学术研究从来都提倡"百花齐放",提倡一种自由的话语空间,一种"海纳百川"的开阔视野,一种包容的学术襟怀。我们极其赞赏一些研究者从多学科、多角度进入石壁客家文化的研究,如从地理学、体育学、民俗学、宗教学、社会学、民族学、艺术学等学科,为客家文化研究做出卓越贡献。正因为宁化石壁在客家民系形成过程中的特殊地位,对石壁的研究是研究客家文化绕不开的话题,正如历史学家胡绳武所说:"大凡论及客家史,都难以回避石壁。石壁,是一个不大的村庄,但其名声却传遍客家世界,致使一些学者在写客家文章时,想回避石壁,而又无法回避,这大概就是客家历史使然。"[①] 在研究过程中,我们应秉着历史客观、尊重事实的态度,既不草率地下定论,也不必执意否弃历史真实,更不可以用理论来套事实。

石壁的历史性与真实性,正如原赣南师院教授谢万陆在《再论石壁》一文中所说的那样:"我们说的武夷山南段,赣、汀、闽江之上游,而石壁则是这一地域的中心,是摇篮的代表。当然,我们这样断言,绝非出于主观臆造,更不是沾带个人感情的炒作,而是得益于天公(自然)的赐予,也依赖于历史的安排,非任何个人所能左右。"[②]

1978年9月31日,台湾苗栗陈运栋教授的专著《客家人》由联亚出版社出版,书中对石壁做了重要论述,如"今日客家人的祖先大部分在石壁住过""梅县各姓大多数由宁化迁去""岭东之客家来自石壁村""梅州人之八九均经宁化县迁来"等。此外,《客家人》中详细地记述了宁化石壁葛藤坑的传说:

自从五胡乱华之后,客家人的祖先,在长江流域住了数百年之久,等到唐朝末年,由于政治腐败,产生了一位杀人不眨眼的魔王,叫黄巢。这位黄巢,据说学问倒不错,可惜面貌生得非常丑陋,而当时考试,又是以貌取人,因此他每次参加考试,都没有录取。由于这个原因,这位魔王恨透了政

---

① 刘日太,何正彬.石壁与客家世界[M].太原:山西人民出版社,2009:序言.
② 张恩庭.石壁客家光彩[M].香港:中国文化出版社,2015:96.

府，于是号召了一批不满现实的散兵游民，组织了一支强大的军队，大规模地骚扰各地。十年之间，从河南直下安徽、浙江，转江西南下，乃至福建西部，又复折返，由江西出湖南，至广西东部而南下广州。又由广州北上湖南、湖北，转安徽，入河南、陕西，破长安而称帝。前后十年之间，蹂躏及十省。东南半壁，除闽粤赣边区山地而外，几乎全被扰乱。当黄巢南下之时，当年居住在鄱阳湖附近的人民，不得不沿赣江向赣南山地迁移。福建宁化县地接赣南，西北有高山环绕，宛如世外桃源，尤为当时避难最安全的地方，所以这一批逃难的人民，也就以迁居宁化的为最多。据传说，当时有一位妇人，带了两个小孩逃难，在路上遇见黄巢；黄巢看见她把年纪大的小孩背在背上，年纪小的反而走着路，感到很奇怪，问她什么原因。这妇人不知道他就是黄巢，就回答说："听说黄巢老爷造反，到处杀人，百姓惊惶奔走。这个年纪大的是我的侄儿，因为他已经没有父母，恐怕被黄巢杀了，断了香火，所以把他背着。这个年纪小的是我自己的儿子，所以牵着走路。"黄巢觉得这位妇人的心地很不错，不但没有杀她，反而安慰她说："不要怕！你赶快回去，把黄葛藤挂在门口，便不会遇难。"于是黄巢便下令军中，凡是遇见门口挂黄葛藤的，不准杀戮。后来妇人回到村中，才知道刚才遇见的就是黄巢，于是赶快取了许多黄葛藤，挂在村庄的路口上面；就这样，终于保全了整个村庄的安全。后来的人就把这个地方叫作"葛藤坑"，每年到了五月五日端午时节，大家也照样把葛藤挂在门口，终于成为风俗。这个"葛藤坑"，事实上就在宁化县的石壁村内，今日各地客家人的祖先，大部分都曾经在石壁村住过。不过，当时的情形实在很乱，逃亡在其他地方的人当然也有，不一定全部都住在这个村内，而且也有许多是后来才搬过来居住的。自从经过这一次战乱之后，客家移民的主力，遂由长江流域迁移到闽赣山地地区，后来就以宁化一带为据点，向闽西赣南从事拓别，这就是一般人所说的客家移民的第二次大迁徙。①

　　葛藤坑的传说反映了客家先民迁移的艰险和困难，也反映了石壁这块土地在客家民系形成过程中的重要作用。

---

① 张恩庭.石壁客家纪事[M].香港：中国文化出版社，2011：4.

第二章 石壁客家文化的内涵

石壁位于宁化西隅,属武夷山脉南段东南余脉的山间盆地,古称玉屏,唐中叶更名为石壁。石壁不仅仅是现在的一个石壁镇,还应是唐代以前的"石壁洞"或为"黄连峒",包括以石壁为中心广袤的武夷山南部、东南众多盆地的宁化县区,其中核心区域是石壁镇、淮土乡、方田乡、济村乡等乡镇。这里地势平坦,土地肥沃,农业发达。唐后期以来大量接纳江淮、中原的移民,并与当地原住民结合,胎孕了客家人,为客家民系的形成奠定了基础,这里是客家民系最为重要的衍生之地,后来客家人衍播到世界各地,石壁逐渐成为世界客家人的祖源地。所以,石壁被客家人普遍认为是他们的祖地。

第一节 石壁的地理概念

由于石壁在客家民系形成过程中的特殊作用,以及其在客家人心目中的地位,论者对其的论述较多。多数研究者认为石壁是一个大的概论,而不是所谓的现在的小小的石壁村。谢万陆先生认为:"石壁位于福建宁化西部,紧邻江西石城,距宁化、石城县城均只20余公里。石壁古称玉屏,唐中叶改石壁,亦称石壁,今称石碧,文献则称石壁,并有洞、寮、村、乡、城、市等多种称谓,但都不是一种行政建制,反映的只是不同历史时期石壁在人们心目中的实际地位,称'洞'与'寮'则是古东越人在此生息留下的印记,反映着与畲族先祖的关系。其范围远远超出今石壁仅仅是宁化县禾口乡一个行政村的界域,即从地域概念看亦泛指武夷山余脉丘陵区一个阔达一百多平方千米的盆地;而作为一种文化地域,则更是作为早期客农家区的宁化、石城等武夷山东西麓代称。"① 侯国隆先生认为："地形平坦而宽广。现在的石壁村属石壁镇。距宁化县城，西向约22公里。现在的石壁村小，古代的石壁村大，古时的石壁村，可谓泛指宁化的'西乡'，即包括石壁、淮上、方田、济村四个乡镇所属的大部分地区，方圆达100平方千米。有人说是200多平方千米。"② 石壁是一个很大的地区，过去这一区域就在石壁核心区设有两个圩场。清代李世熊的《宁化县志》卷一《疆界志》云："其在县之西四十里为龙上下里，领图者三，为圩者二：田禾圩，每月以四五日，曰石壁圩，每岁以二月二十九日，余不设为村者二十有七：曰禾国，曰石壁，曰石碧坑，曰柱林，曰小吴，曰冈头，曰过屋，曰蹬，曰大坑，曰蓝田，曰谷畲，曰孙坑，曰罗坑，曰粟畲坑，曰黎坑，曰桥头，曰村头，曰吴陂头，曰强峰，曰罗背区，曰陂坑，曰陂下，曰大朱坑，曰小朱坑，曰杨方田，曰罗家边，曰南田坳，由南田而往，是达石城也。"由此可知石壁在该地之重要，及其相连村落之多，其能容纳的百姓之众。

对于石壁名称的称呼，早在唐代时就已经定为"石壁"，后来也有"石碧"的称呼，这或许是古代同声相代的汉语现象，正如罗香林先生认为的那样："向疑石壁村或为唐宋时旧名，今日或已难指实地为证，故于所著客家研究导论，未加深论。近细读康熙间李世熊所纂《宁化县志》，始知石壁一名，实相沿未替。其地址踞闽赣要冲。客家先民，大抵先自中原南徙，再由赣徙闽，复由闽徙粤。其与宁化石壁发生寄居关系，盖亦时势与地理使然也。"③ 此外，大量的族谱记载"石壁"二字，很少出现"石碧"字样。历史上随着时代的变迁，对于石壁的称呼有所不同。无论是什么称呼，古代的石壁面积比现在的石壁面积大得多是比较可信的，到了宋代，这里有数万之众。

为什么石壁这个地方能够吸纳那么多的客家先民来此定居，我们通过多种方法考证，得到以下结论：

一是地理条件。石壁处于闽赣交界处，石壁地区与江西石城交界，武夷

---

① 谢万陆.石壁论——宁化石壁在客家民系形成中的定位［C］//张恩庭.宁化石壁与客家世界学术研讨会论文集.北京：中国华侨出版社，1998：32.
② 侯国隆.石壁与客家［M］.北京：中国华侨出版社，2000：57.
③ 罗香林.唐代黄巢变乱与宁化石壁村［M］//谢佐芝.客家渊源.新加坡：崇文出版社，1991：119.

山脉余脉把两地一分为二，这里有多个较为平坦的隘口和其他通道把两地连接起来，最出名的是站岭隘，还有淮土、方田和济村都有通往江西的通道。方田乡与江西横江镇仅隔25公里。淮土与横江镇、珠坑乡接壤，琴江支流发源于淮土乡。从卫星地图上可以看出，石壁地区大盆地与石城的横江镇、珠坑乡基本连成一体，中间所阻隔的是低矮的山脉，民众往来也不需要翻越大山。因此，石壁自古以来便是闽赣重要的交通要道。

二是可耕地面积大。石壁盆地是一片较大的盆地，除了低矮的小山包以外大多都是良田。这里有条河流叫西溪，四周屹立着几座较大的山脉，都是武夷山的余脉，山间留下的是一条又一条的山垄，这些山垄都有汨汨清泉，具备较好的灌溉水源。如果不遇自然灾害，这里能够产出丰饶的粮食和其他生活资源，能够解决几万人的口粮。

三是安定的一方乐园。元代以前，石壁这块土地是百姓安定生活的乐园，即使是唐末的黄巢起义时期，这里也没有遭受战争的侵害。《新唐书》三百二十五篇《黄巢传》的有关记载指出："按黄巢于乾符五年（878年）春，始陷江西洪州，继陷虔吉二州，旋趋饶信二州。六年春自信州东出建州，继入福州。翌年正月即广明元年（880年）正月与高骈将张潾相持于信州，潾战败死之。巢由汀入桂，进陷广州。其在赣骚扰经过，以虔信二州为最甚；在闽则以建州福州为最甚，宁化等县，处建信诸州之南，虔州之东，未及兵祸，故为当时避地乐土，客家先民之群趋其地，亦势所然也。"

四是先民开发奠定基础。根据宁化石壁《张氏族谱》记载，东汉时有少数的汉人入居，之前主要是闽越人居住。晋代永嘉之乱南迁石壁的汉人逐渐增多。到了隋朝大业年间，汉人巫罗俊随父昭郎从南平（后改为剑州、南剑州）迁入黄连峒（宁化旧称）。清康熙《宁化县志》载：巫罗俊"峒筑堡卫众，寇不敢犯，远近争附之"。"开山伐木，泛伐于吴，居奇获赢，因以观占时变，益鸠众辟土。""贞观三年，罗俊自诣行在上状，言黄连土旷齿繁，宜可授田定税。朝廷嘉之，因授巫罗俊一职，令归剪荒以自效。"巫罗俊率众开发黄连峒之后，石壁地区已奠定了良好的耕作基础，而不像其他地方还是较为蛮荒之地，为吸纳大量客家先民的迁入奠定了基础。

将以上四个条件与其他附近地区比较，石壁是一个得天独厚的集居地。

因此，导致了一个现象：自唐末以后，大量的客家先民从中原、江淮等地迁居这里，与当地原住民不断融合，繁衍生息。"宁化的人口从唐末的3万人猛增至南宋宝祐年间的20万人，成为这一时期闽赣连续地域的聚集中心。这一时期，正是客家民系的孕育时期。宁化原居住着以畲族为主的土著居民，汉人的大规模到来，反客为主。"[①] 由此可见，宁化西片石壁地区的人口数量之大，是可想而知的事实。经过五代十国、两宋融合与演化，逐渐孕育而形成了客家民系。

第二节　葛藤坑传说与挂葛藤的习俗

宁化石壁口耳相传着一个充满伦理性和道统性的传说，被称为"葛藤坑传说"。葛藤坑的传说是石壁客家祖地一个富有传奇性色彩的文化象征，它表征了石壁在客家民系形成过程中的标志性作用，以及石壁在民系形成过程中的主体意义。

20世纪40年代前，罗香林在《崇正同人系谱》卷二《氏族篇》罗氏条发现了"葛藤村"的记载："据《罗氏族谱》称，唐末有铁史公之子景新，因避黄巢之乱，与父子分散于虔州，乃迁于闽省汀州宁化县石壁洞葛藤村紫源里家焉。"[②] 罗香林在《客家源流考》中记述道："在昔，黄巢造反，隔山摇剑，动辄杀人；时有贤妇，挈男孩二人，出外逃难，路遇黄巢。巢怪其负年长者于背，而反携幼者以并行，因叩其故。妇人不知所遇即黄巢也，对曰：'闻黄巢造反，到处杀人，旦夕且至；长者先兄遗孤，父母双亡，惧为贼人所获，至断血食，故负于背；幼者固吾生子，不敢置侄而负之，故携行也。'巢嘉其贤，因慰之曰：'毋恐！巢等邪乱，惧葛藤，速归家，取葛藤悬门首，巢兵至，不屑杀矣。'妇人归，急于所居山坑径口，盛挂葛藤，巢兵过，皆以巢曾命勿杀悬葛藤者，悉不敢入，一坑男子，因得不死。后人遂称其地曰葛藤坑，

---

① 刘善群.宁化史稿[M].福州：福建教育出版社，2014：6.
② 谭元亨.从史录到神话：客家民系形成的思想脉络[J].华南农业大学学报（社会科学版），2004（3）：89.

今日各地客家，其先，皆葛藤坑居民。"①传说中反映了黄巢起义军没有伤及葛藤坑村民的历史事实。但根据史料记载，黄巢起义军没有经过宁化石壁，没有到过传说中的葛藤坑，传说其实反映了宁化石壁没有遭受唐末兵灾的历史事实。或许是黄巢许诺此妇人兵灾不至葛藤坑，体现当时石壁地区在唐末时期的安全性，也正是此因，石壁吸引大量的客家先民到此定居。正如谭元亨所言："客家民间神话中则有一个'葛藤坑传说'，从史录到神话，其演变过程中，恰好蕴含了作为这个民系形成过程的思想材料，从中，可以获得人类学、文化学、社会学的重要信息，对破解客家民系形成之谜，有不少裨益。"②基于石壁得天独厚的自然和人文条件，大量的客家先民来此定居，与当地百姓融合，形成了客家民系。因此，导致了外迁的客家人都一致认为宁化石壁是他们的祖籍地。

葛藤坑传说留下了一个客家习俗，就是端午挂葛藤的习俗。"五月初五端午节，家家户户都会在门口挂葛藤、菖蒲、艾草。许多地区民间认为挂葛藤、菖蒲的习俗来自'走黄巢'的传说。相传黄巢是位神奇人物，他用神马和宝剑追杀贪官污吏。为避免误杀，他让百姓在自家门口挂上葛藤，以示平民身份。除去罪魁祸首之后，宝剑就长成极似青锋宝剑的菖蒲。那天刚好是端午，后人便在每年的端午挂葛藤、菖蒲（象征祛除不祥之剑），以纪念黄巢的救命之恩。端午节后，当地老年人把挂在大门前的菖蒲取下，把它的根部切成片，用红布包裹成三角形的'法符'，称为'黄巢符'，挂在家中小孩衣服上，据说就可消灾纳福，使孩子健康成长。"③在我国大多数地区，春夏交替之际的五月初五端午节，为辟邪消灾，祛除瘴气，都有挂菖蒲、艾草的习俗。客家人多挂葛藤，体现了客家人迁徙与黄巢起义的历史情况相关联，亦不免特殊。当然不仅仅客家人有此习俗，其他民族也有，如瑶族端午节也有此习俗。广西金秀等地的瑶族人家，每年农历五月初五，也在门口挂葛藤，意在于驱邪和求平安，纪念"救命仙翁"。救命仙翁的传说大致为：古代瑶族的一支，原

---

① 罗香林.客家源流考[M].北京：中国华侨出版公司，1989：38.
② 谭元亨.从史录到神话：客家民系形成的思想脉络[J].华南农业大学学报（社会科学版），2004（3）：86.
③ 陈靖云.梅州客家人的植物崇拜[J].客家文博，2012（2）：67.

住于平原，有一年，由于对抗政府，起义失败，遭到官兵追杀。百姓在逃难过程中，遇一白发仙翁赠送葛藤，妇女儿童攀葛藤脱险，男子用葛藤扫除脚印后避开了追兵，最终使得夫妻、父子团圆，这天恰好是汉人的端午节，人们以为是汉人屈原"显圣"，解救了他们，因之约定此后也过端午节，并在门口挂葛藤，以此纪念救命仙翁的恩德。

客家地区每年端午节，除了吃糯米粽，喝雄黄酒，用艾草、痱子草、枫叶等鲜草煮水洗澡，有江、河的地方竞龙舟等习俗外，户户都门插艾枝、菖蒲、挂葛藤。其中，挂葛藤算得上是客家人在汉人居住区的一个独特的传统习俗。端午节户户门挂葛藤成为客家人世代相传的传统习俗，沿袭这一习俗，意味着客家人坚持弘扬客家母亲仁慈和博爱的传统美德，更显示出客家人秉承儒家道统的精神，传达友善互助的伦理关系。

第三节 石壁客家与道家文化

石壁有香炉峰和东华山，因修有道观和寺庙而著称于宁化，为宁化的主要信仰名山。根据记载，"升仙台，在宁化县西四十公里，亦名'香炉峰'。旧传：隋义宁间（617—618年），有刘、熊二道士修炼其间，白日飞升，乡人创为'升仙台'，刻二像于石壁，祈祷应验。今废而像存。"[①]可见，隋朝时道教已传入石壁，并且拥有一定规模的信众。论者普遍认为明清时期客家地区的道教整体式微，但从道教文化传承的整体进行分析，其实并非式微，而是一种变迁中的转化，即以民间化形式流传下去。

一、道教的思想源头及其得道升仙的终极意义

道教的观念最早来源于对神仙的追求，得道升仙是道教的终极理想。"神仙"的基本含义与"不死"和"升天"相关，是人关于生与死形而上的思考。中国历史上，有多少人为能够成仙付出行动，但只不过是不能实现的幻想而已。道教的另一个思想渊源是中国谶纬神学，与巫术迷信、方士鬼神怪异之

---

① 赵与沐，胡太初.临汀志［M］.福建省地方志编纂委员会主编.福州：福建人民出版社，1990：114.

说一脉相承。道教的理论基础是黄老思想，并对之神学化，其中对老子的神化体现为将他的《道德经》逐步解释成道教经典，由哲学变为神学。道教的出现与中国原始鬼神观念和祖先崇拜有紧密的关系，道教的人鬼思想直接承袭中国古代的鬼魂观念。所以，道教夹杂着浓厚的古代巫术成分，斋醮礼仪有着明显古代礼仪的成分。

道教的终极目标是修道成仙，这同时也是一种存在形式。因此，民间凡著名的道士或者一方崇拜的对象，他们必然有一段得道升仙的佳话。综观宁化及周边的客家地区，只要是道教流行的地区，都不匮缺得道升仙的传说。

据传，刘、熊均为石壁人，以屠宰为业。一日，到石壁圩卖肉，肚饥借店家锅灶煮肉。此时见一道人，道人道："两位且慢，让吾先煮豆腐。"刘、熊二人将猪肉放入锅内，戏言："师傅请吾吃斋，吾请师傅吃荤。"道人捡稻草放入锅内，倒水一勺，猪肉、豆腐各分一边。道人把自己的一只脚伸进灶塘当柴烧，见锅里半边冷水半边开，豆腐滚滚翻腾，猪肉无一丝热气。道人煮熟豆腐吃罢出店门走后，刘、熊二人惊醒，见屠案少了一只案脚，始知遇上神仙。刘、熊二人追随仙人三载不得见，仍不灰心，终于感动道人，在香炉峰水月崖前，被收为徒。道人笑道："只要心诚志坚，屠夫亦可成神仙。"刘、熊二人凡身俗体留于水月崖下，后人便于此建升仙台，绘其像奉祀至今。

安乐乡谢坊村福林寺内侧供有吴仙（吴文清）的文清宫，宫内有碑记载吴文清升仙史迹。[①] 吴文清成仙传说与清流道仙伍总管有关，吴文清成仙之前，乃一位柴人，因送柴于道仙伍总管，需路过南极山，受狐妖的媚惑，险些丧命，在得道仙人伍总管的帮助下，得道成仙，后随从伍总管在南极山白云洞修炼。今天的龙津镇城南村南极山建有土地亭、汀州亭、白云洞、吴仙庙、神农圣帝庙、观音堂、大雄宝殿等景点，是清流县古八景之一，许多与道教相关联。又有唐代清流大丰山欧阳大一和宋代刘氏得道升仙的传说，这些传说皆透露着历史上闽西客家地区道教盛行。

不难分析，道家思想主张人与自然的和谐统一，道教把道家思想神学化以后，在追求长生不老、人命不死的过程中，创造出神格化的仙人。秦汉时

---

① 刘善群，吴来林. 宁化客家传统文化大观[M]. 香港：中国文化出版社，2012：164.

的黄老道术追求的是长生不老的生命观,上升为天与神的境界,民间俗民通过修炼、点化等手段,得道升仙,从人格上升为神格,如玉皇大帝、八仙、托塔李天王等大仙,都是从人间脱胎而来。所以,道教流传的地区,自然存在大量的得道成仙的例子,这便提供一个每一位俗民皆可成仙的可能性范例,由此加强道教社会存在的吸引力,强化了民众现实生活的精神寄托,体现道教对生命注解终极关怀的思想境界。

二、道教自魏晋至宋明的繁荣

东汉末年,朝廷统治黑暗,横征暴敛,豪强兼并土地,水旱频繁,疫病流行,百姓沦为流民,张角在这样的背景下创立了太平道。东汉末年,太平道失落以后,出现了五斗米道,为张陵所创,尊崇黄帝和老子,奉老子的《五千文》为教派经典,入教者必须交纳五斗米。教徒们尊称张陵为天师。天师这个称号一直被张陵的子孙世袭,所以五斗米道也叫天师道。后来,天师道由张陵之孙张鲁所继承,并割据汉中30多年,而后降服于曹操。到了晋朝,张鲁的第四子张盛徙江西龙虎山。江西龙虎山成为全国重要的道教宗庭之一。魏晋南北朝是道教第二次勃兴的时期,道教获得了全面的改革和发展。曹操降服张鲁后,对方士们实行了制约的政策,但曹操却内心向往神仙之道,谋求养生方术。曹操平汉中后,五斗米道的教徒被迫北迁魏地,组织体系被打破,祭酒徒众分散各地,向北方民间传播开来。到了西晋末、东晋初年,五斗米道在江南盛行开来。

在东晋时期,道教除理论上的建树以外,天师道向着义理化的道路演进,出现了上清、灵宝、三皇经系。上清经系是道教经箓派的主流,为杨羲、许谧等所创制,用扶乩的手法假托"众真降迹",写出了大量经书,经典的有《上清大洞真经》。道教经箓派的另一支系是灵宝经系,其核心是《元始无量度人上品妙经》,主要内容是宣扬"仙道贵生,无量度人",尊崇元始天尊为至高无上之神,强调人可修斋念经,得道升仙。道教经箓派还有一个支系是三皇经系,主要内容是"劾召鬼神"的符图及存思神仙"真形"之术。这三个经系到了南朝刘宋时期,均由陆修静汇入一个流派之中。到了南朝齐梁时期,又经陶弘景的发挥,形成经箓派,到唐代时成为丹鼎派和符箓派之外的一个大宗派。葛洪（283—363年）是东晋著名的道教理论家、医学家和炼丹家。他的著作《抱朴子》在道家理论体系中具有重要的地位，在思想理论上塑造了"元始天王"至尊之神，提出"我命在我不在天"的哲学命题，积极自我修炼，以求寿命延长，从而把玄学和道教融为一体，将方术与神学纳为一体，形成了道教神仙理论体系。道教经北魏寇谦之（365—448年）的改革，最终成为国教。南朝陶弘景（456—536年），是上清派另一代表人物，道教著名的理论家，是道教发展史上不可替代的人物。他开创的道教茅山宗，代表作有《真诰》，还有《真灵位业图》，为道教神仙谱系的系统化奠定了基础。道教在唐代建立起了相当系统化的道教哲学体系，出现了成玄英、司马承祯、吴均三位著名的道教学者。成玄英提出"重玄之道"，即"故常无，欲以观其妙；常有，欲以观其徼。此两者同出而异名，同谓之玄，玄之又玄，众妙之门"。其思想以体悟"玄之又玄"之道为核心，奉行以"静养"为本的成仙要诀。司马承祯也提出了不同凡响的修炼成仙理论，即五道"渐门"——"斋戒""安处""存想""坐忘""神解"，这一理论记述于《天隐子》一书中。吴均也强调成仙之道在于修炼，修道在于精、气、神三个方面，只有"守静去躁""养神修身"，才能"与道为一""长生不死"。总体而言，三家思想都是成仙之道在于"守静去欲"。

自魏晋南北朝以来，魏武帝崇道抑佛，梁武帝尊佛崇道，周武帝毁佛抑道，隋文帝先佛后道，唐玄宗崇道抑佛。唐玄宗和唐武宗是我国历史上有名的崇奉道教的唐代两位皇帝。在唐代近半个世纪的统治中，他们自始至终地崇奉道教，从而把道教推向全面发展的繁荣时期。五代时期著名道士陈抟，是一位道家大思想家，他创造了《太极图》《先天图》《无极图》《易龙图》，开宋代易学的先河，对后世理学的建立起到重要的作用。他的先天易学和内丹修炼为宋代道教内丹派的形成奠定了理论基础。继唐以后，宋代是中国道教的又一个繁荣时期。宋朝帝王宋真宗和宋徽宗是道教狂热的追求者。宋金分据时期，金大定七年（1167年），王重阳创立儒、释、道兼容的全真道，后高徒丘处机把全真道发扬光大，风靡北方。全真道不讲方术、符咒丹铅和斋醮祈禳，而是重清静自然，淡泊无欲。全真道吸取了佛教禅宗的思想，明心见性，顿悟成佛；吸收了禅宗的"打坐""参究""机锋""圆相"等修炼方法。除全真道以外，萧抱珍创立了太一道，刘德仁创立了真大道教，真大道教在第五祖郦希诚的领导下，得到了空前的发展，风靡长江以北的广大地区。元代初年，天师道龙虎山天师世系受封为"正一教主"，并改称天师道为正一道，由张宗演统领三山（阁皂山、龙虎山、茅山）符箓。元统治者为控制和利用正一道来安定江南，对正一道给予了扶持，故而正一道得以兴盛。与此同时，也正因为张宗演、张留孙、吴全节等龙虎山教系人物受到元统治者的宠信和扶植，龙虎山正一道得以统领江南三山道教，而成为道教正统，在民间流传得更加兴盛。

由于江西龙虎山与闽西客家地区邻近，客家地区必然受到道教文化的影响，明以前客家地区道教盛行，自然存在大量的得道成仙的传说。客家民系形成于晋唐至宋元之际，北方汉民南迁，特别是宋代文化中心南移，使本已流行于此的道教文化，此时更上一层楼。更应该指出的是，两宋时期是我国造神的一个黄金时代。福建大多民间俗神都是在此时期被创造出来的，客家地区的道教仙人，其实也是地方俗神，也是这一时期创造出来的。石壁地区作为客家民系衍生、聚居和迁出最重要的祖籍地，文化历史显然较提前于其他地区，道观建筑可显示此处早期道教文化的繁荣。据李世熊《宁化县志》载，远在隋义宁年间（617—618年）就有刘、熊道士在石壁升仙台修炼，白日飞升，有专供道徒常住的道院。最早的道观是在县城的凝真观，建于后唐天成年间（926—930年），历宋、元、明、清迄未间断。香炉峰和东华山早期也建有道观，后来由于佛教的渗入、盛行和道教的式微，这些道观也变成佛教寺庙。清流的大丰山是著名的道教名山，欧阳真仙原名欧阳大一，字世清，清流县东华乡下窠村人。十六岁上大丰山学道，二十几年潜心修炼，于大丰山顺真道院修道成仙。因普济众生，济人无数，被宋朝皇帝敕封为"通灵妙应真君"，即欧阳真仙。每年信众自永安、连城、宁化、长汀、明溪、将乐等地前来朝拜，祈求欧阳真仙保佑风调雨顺、五谷丰登。每年除夕夜清流灵地、赖坊、邓家等都有虔诚信众要上大丰山为欧阳真仙守岁。由此可见，客家地区民众对道教的尊崇以及道教的本身的魅力，也显示出这里道教的繁荣时期也基本与其他地区处于同一个步调。

三、客家地区道教式微的历史背景

道教经历了一千多年的发展，明代统治者和唐宋以来的历代统治者一样，在夺取政权和巩固政权的过程中，都曾利用道教为他们服务。因而在明中叶以前，道教仍继续处于兴盛时期，到嘉靖年间（1522—1566年）达到高潮。明成祖朱棣，制授张宇清为"正一嗣教清虚冲素光祖演道大真人"，领道教事。又赐缗钱修葺龙虎山上清宫，敕建真懿观。朱棣特别尊奉玄武神，在武当山营建宫观供奉，从永乐十年到十六年间（1412—1418年），修造了玄天玉虚宫、太玄紫霄宫、兴圣五龙宫、大圣南岩宫。此后，明朝的历代统治者一直奉行三教并用和对道教的恃宠政策。关于道书的修纂方面，于正统九年（1444年）至正统十年（1445年），共整理《正统道藏》5305卷。明世宗朱厚熜曾命所司印道藏480函，又敕张国祥编印《续道藏》180卷，称为《万历续道藏》。入清以后，由于清代统治者素无道教信仰，便逐步采取种种限制措施，从而加速了道教衰落的进程。清初顺治、康熙、雍正三朝，从笼络汉人的需要出发，对道教仍沿明例加以保护，到乾隆时期，一再加以贬抑。

就道教本身而言，道教队伍越来越腐化堕落，降低了道教在政界和广大民众中的声望，教团组织日益分散缩小，宫观日趋破败，理论教义在长期发展变革中已臻于成熟，明清道教思想家很难突破前人理论体系做出更大的革新之举，道教成仙一事的难成及传统道教学说在表达上的晦涩，抑制了人们对其信仰的热情，阻碍了其传播的力度。[1]道教在上层地位日趋衰落的同时，民间通俗形式的道教仍很活跃。故而，有论者认为宁化本地居民，真正信仰道教的历来甚少，所设道观为数不多，且很少有道士常住。至清末，境内已不见受戒道士存在，民间建醮都由以祖传巫术为业的觋者替代进行。因此，自民国始，宁化便不复有道教的团体组织。但作为民间信仰形态的信仰对象依然存在，如香炉峰仍有伍仙祖师的信仰对象，大丰山的道教香火仍具有巨大的影响力。

---

[1] 李艳. 明清道教与戏曲研究［D］. 北京：北京大学，2004：9.

四、走向民间化的道教信仰礼仪形式

道教的礼仪很多，不同教派在内容和形式上存在着一定的差别，闽西客家地区道教礼仪形式与其他地区总体区别不大，总体而言，以下几方面是一致的。

（一）斋醮礼仪

斋，是指古代祭祀祈祷前，祭祀者沐浴更衣，不食荤酒，不居内寝，以示祭者庄重诚心。其程序有三：一设供斋，二节食斋，三心斋。其目的是与神灵沟通。不同道派的斋法，名目繁多，特别是两晋南北朝以后，经上清、灵宝派道士的推演，更是方式杂出。道教修斋，必须虔诚整肃，启圣祈真，焚香燃灯。道教认为这是一切道场法事首先要做的礼仪。

醮，来源于我国古代社会的坛祭，为古代礼仪。《说文》曰：其一为冠娶；二为祭祀。道教继承并发展了醮的祭祀一面，借此法以与神灵相交感。道教坛醮是教徒宗教活动的主要内容，也是道士的一种谋生手段，通过做法事，谋取一定的报酬。"醮"有"醮法"，指斋醮法事的程序、礼仪等规矩。

"斋醮科仪"，一般有阳事与阴事之分，也就是有清醮与幽醮之分。清醮有祈福谢恩，却病延寿，祝国迎祥，祈晴祷雨，解厄禳灾，祝寿庆贺等，属于太平醮之类的法事；幽醮有摄招亡魂，沐浴渡桥，破狱破湖，炼度施食等，属于济幽度亡斋醮之类的法事。举行斋醮科仪，其步骤为建坛、设置用品、诵经拜忏、踏罡步斗、掐诀念咒等，道教醮坛之上，讲究一定规矩，谓之威仪。不同教派有各自的套路。

（二）戒律

戒律，是道教的道德规范、行为准则。通过戒律，对教徒的宗教活动和道德行为进行规范，以使务道者和奉道者清净心身，精进修行。道教正式的戒条，是两晋南北朝上清、灵宝及新天师道等道派创制出来，以维护封建社会的伦理道德。如三戒，即"皈依戒"：一为皈身戒，皈身于"太上无极大道"；二为皈神戒，信奉"三十六部尊经"；三为皈命戒，听从"玄中大法师"。又如五戒：一为不得杀生；二为不得荤酒；三为不得口是心非；四为不得偷盗；五为不得邪淫。还有八戒、十戒、二十七戒、三十八戒等。

清规，是指对道士违反戒律进行惩罚的条例，有罚跪、责杖、驱逐，甚至处死，其实这些戒律在许多客家族谱中大量存在，如石壁张氏家规有查律载："子孙违犯教令者，杖一百。有别项忤逆重情，又当分别问拟斩绞""子孙供养有缺者，杖一百""子孙将祖父坟茔前列成行树林及坟旁散树高大株棵私自砍卖者。一株至五株，杖一百，枷号一个月；六株至十株，杖一百，枷号两个月；十一株至二十株，杖一百，徒三年""强盗已行而不得财，杖一百，徒三千里；得财者，无分首从，皆斩。窃盗已行而不得财，笞五十；得财者，计赃论罪，初犯者刺背，再犯得徒罪刺面，三犯及满贯拟绞。不能禁约之父兄，亦均罪有应得"[1]等。这都是对客家子弟违反戒律的责罚。

（三）符箓术

符箓是符和箓的合称。符指书写于黄色纸、帛上的笔画屈曲、似字非字、似图非图的符号、图形；箓指记录于诸符间的天神名讳秘文，一般也书写于黄色纸、帛上。道教认为符箓是天神的文字，是传达天神意旨的符信，用它可以召神劾鬼，降妖镇魔，治病除灾。画符的步骤是：焚香请神、念敕水咒、念敕纸咒、念敕墨咒、念敕笔咒，然后持笔书符，一边持咒，后下符胆，书毕，念敕印咒，盖下符印，再催念敕符咒，最后掷"筊"求准，若准（圣筊）则此符有灵可使用。

（四）石壁客家人道教礼仪

石壁客家人对道教的传承主要体现在民间化形式上。例如，客家打醮"保禾苗"的住持都是道士：是日由案首负责事先请好8名道士，在庙内打醮。……打醮道士也手持法器，主士（道士中的为首者。他道术较高，醮词熟练，法器敲打、整个醮事程序清楚，有驾驭全局的能力，且年龄较长，在道教中阅历较深）身披道衣（亦称袈裟），敲锣、打鼓、吹奏唢呐等跟随游村……由此可见，石壁客家人对佛道的信仰并不是站在对佛道基本教义的理解基础上，而是基于功利对佛道的内涵的模糊混沌的信仰。另一种解释是："因为'保禾苗'是要驱妖除怪，必须杀生除孽，不能心慈手软，尤其是按照'神齐将不齐'的规律，既要依仗佛祖的法力，也要依仗得道法师的（荤神降

---

[1] 张恩庭，张桢.福建省宁化县四修《张公君政总谱》[G].内部资料，2002：606-611.

魔除妖之功力），以'打醮'毕其功于一役。"[①] 如今此地作为道教传承与传播者的职业化道士已不复存在，民间非职业化道士依然活跃，他们往往以半农半道的生活方式出现，即农忙时充当农民下地干活，农闲时或特殊日子里充当道士，被宁化本地人称为"师公"，为百姓打醮驱邪，禳解灾厄。所以，道教在宁化地区或者其他地区作为一种形式确实已走向式微，其实道教的礼仪还流行在民间，始终影响着百姓的生活。

中国宗教信仰是建立在三教交融的基础上的，即儒、释、道的交融，其实儒家的积极入世的思想还不是真正意义上的宗教，只是具有宗教的功能和宗教色彩而已，由于中国长期的儒家思想的统治，佛道二教只是中国人信仰领域中的补充部分。由于中国传统文化有很强的交融性和吸纳性特征，中国的佛道在民间的意识形态中基本上是处于相互交织和相互弥补的状态，民间在实用的现实需求中，往往取其之长，弃其之短，客家人亦不例外。然而，作为中国宗教的一种，道教在与其他宗教整合的同时，走向民间是绵绵不绝存在下去的一种最佳选择。

第四节 多神崇拜的民间信仰

石壁是一个民间信仰比较多样的地方，除了客家其他信仰之外，还有很多自己较为独特的信仰对象，特别是对一些英雄忠烈的信仰，染上了浓厚儒家与侠义的思想内涵，我们称之为贤圣类信仰。对贤圣的崇拜其实是对祖先信仰的一种延续，其本质都是产生于"万物有灵"和"灵魂不死"的观念。石壁客家人从中原来到边远闽地，自身带有来自不同地方，或者后来生活过程中再获得的大量的贤圣信仰。这些贤圣多为受尊崇的历代精英豪杰，可以是文化英雄，可以是战争英雄，亦可以是开山祖师。他们的伟大业绩被夸大化和神秘化，其形象也被神性化，并诉诸对象化崇拜，从而形成客家人的先贤崇拜。

[①] 杨彦杰.闽西北的民俗宗教与社会[M].香港：国际客家学会，2005：219.

一、武侯

清代宁化人李世熊关于宁化客家居住地武侯崇拜的记述如下：无论武德王之封号无据，计武侯定蜀之日，吾宁筚路缕，狐狸与居耳。去之四百余年，而黄连（按，即黄连峒，宁化的旧称）始于史。武侯于宁，何功何义，而祀之，非淫祠乎？武侯有灵，不歆此必矣。[①]关于武侯诸葛亮的传说早在唐宋时期就已经在民间广泛流传，其形象是智德的化身，为人们所称道。据李世熊所言，诸葛亮无功于客家而受之香火，主要在其"德政劳绩"。石壁客家人对武侯的崇拜，一方面体现为对武侯智慧的崇拜，另一方面是对武侯忠君爱国的敬仰。石壁镇禾口村武侯庙的对联云："匡复正统沥胆披肝一心两表酬三顾，仰瞻威仪赤足仗剑四面八方保万民""成大事以小心一生谨慎治国，仰流风于遗千古清高配乾坤""观天文察地理日夜忧思传汉礼，拒北魏联东吴水面策划用火攻"。

二、张巡、许远

张巡、许远受石壁客家人的供奉与客家人保留中原传统文化观念和先祖观念有相当大的关系。客家人大多数认为自己的祖先是来自中原的望族，他们大多是衣冠士族，讲究传统的"忠孝"和"节义"观念。张巡和许远是唐代两位元帅。张巡（709—757年），邓州南阳人。"安史之乱"时以真源令起兵守雍丘，至德二年（757年）移守睢阳，与睢阳太守许远共同守城御敌。不久，睢阳失守，不幸牺牲。许远（709—757年），唐代杭州盐官人。初从军河西，为碛西支度判官。在"安史之乱"时，他被荐于唐玄宗，拜睢阳太守，偕同真源令张巡共守睢阳，守城数月失陷被捕获，因于洛阳，后因不屈遇害。石壁客家人有一大部分是由于唐代"安史之乱"南迁才到这里的，这两位将军的英雄业绩深深烙印在他们的脑海中。因此，他们一到了石壁这个远离家乡的僻远山区，就开始尊奉张许二人。为什么石壁客家人会以张许二位将领为神祇？笔者认为其原因有三：一是客家人对祖先的崇拜观念，因石壁客家人张姓为大姓；二是张巡与许远是"忠孝"和"节义"的典型；三是南方山

---

① 汪毅夫.客家民间信仰[M].福州：福建教育出版社，1995：116.

区僻远，客家人将防御外来侵扰视为生活的重中之重，以张许两位将军为护家之神明，其意义甚大。

双忠庙是专门祭祀张巡和许远两位将军的场所。现在石壁范围内还存有四座，分别在石壁镇的新岗上，安远镇的安远村，湖村镇的店上村，淮土镇的禾坑村。庙中所祀的两位将军被乡民尊为元帅，每年农历七月二十五是张、许两位将军的殉难日，为了有统一的祭祀时间，这一天被定为"双忠庙会"之期。举行"双忠庙会"期间，场面非常热闹，仪式相当隆重，其中湖村镇的店上村和淮土乡的禾坑村的"双忠庙会"最为隆重和热烈。正如石壁镇禾口村的双忠庙的对联所述："许身赴国难百姓心仪，张目叱贼臣群奸胆落""生已画忠名亮节昭行千古，死犹显圣德露和风惠万民"。其英烈和忠义的行为为客家人所敬仰，张许两位将军遂成为客家人心目中的英雄和崇拜的对象。

三、李纲

石壁客家人对李纲的崇拜与对张巡、许远的崇拜有类似的地方，他们被崇拜是因为"忠孝"和"节义"。李纲（1083—1140年），祖籍福建邵武，北宋神宗元丰六年（1083年）生于秀州华亭（今上海松江区），曾在徽宗朝内任太常少卿等职。宋室南渡以后，高宗（赵构）一度起用李纲为相，力主抗金，一生几次遭贬，为宋之名臣及抗金英雄。

位于宁化城西南三里处原有一座祠名"草苍祠"。绍兴年间，李纲被贬谪途经草苍祠，题诗于壁云："不愁芒屦长南谪，满愿灵旌助北征。酹泻一杯抵泪眼，烟云何处是三京？"诗后自述云："旧岁新皇，光嗣宝历。予被命拜相，献恢复中原之策，上不采用。几阅月，予以观文殿学士出知潭州，今改洪州，夏，又改福州，自洪抵吉、赣来福，道宁化，行倦，憩草苍祠下，因拜神。坐间，思忆二帝有感，作一绝写怀，兼寓行踪云。时大宋绍兴二年壬子（1132年）夏、五月吉。金紫光禄大夫平章政事樵川李纲书。"

后人把这首诗刻在石上，嘉靖年间，知县潘时宜把草苍祠神像移至后堂，特意祀李丞相神像于中堂，改祠额为"大忠"。同时拨出民房五间，官塘四口，每年租金用于举办春秋二祭。嘉靖三十一年（1552年），知县陈统新建祠屋三间于堂前以祀奉李纲。旧县志将其列为宁化八景之一，名曰"草苍遗迹"①。

据李世熊《宁化县志》载:"今神祠一憩,词气慷慨,且忘迁谪愁苦,北征之心,直与雷霆震而风飙驰,生气犹冷言凛凛也。或谓公激烈忠勇,与诸葛武侯相似,侯吞并吴、魏之心,百折不渝,而征剿孟获,徘徊瞻拜于伏波庙,词义感愤,得无与兹类乎……而公下位中堂,神安其居,民仰其德,忠义遗风,千载辉映……"

石壁客家人对忠孝节义和清廉等优良的传统品质,一直都十分崇敬,对李纲的崇拜是其对传统文化的秉承,反映了客家人忠君报国的传统思想理念。正如对李纲凭吊的文人黄槐开诗所云:

> 丞相祠堂寄草苍,壁间留句照斜阳。
> 一麾出守三持节,千载行人几断肠。
> 蝉咽暮云悲旧国,马嘶寒雨立空廊。
> 采蘋荐罢空回首,山鸟无声水满塘。

四、关公

根据陈寿的《三国志》及相关的传说资料记载,关羽字云长,河东解良人。东汉末年,亡命涿郡,适逢刘备起义,与张飞往投。刘关张三人亲若兄弟,情同手足,后世因此有"桃园三结义"的故事。关羽有勇力,重义气,曾为曹操所擒,却"身在曹营心在汉"。为报曹操恩义,于万军之中取颜良首级,曹操封他为"汉寿亭侯"。后知刘备下落,千里走单骑,过五关,斩六将,往投刘备不逆。后节钺攻曹,水淹七军,威震华夏。建安二十四年(219年),败走麦城,为孙权所杀。据传说,首级献于曹操,身首异地,其头葬于河南洛阳,其身葬于湖北当阳玉泉山。他以英勇善战、忠义刚烈为百姓所称道。百姓为其德义所感,岁时奉祀。后来关羽被统治者认为是"忠孝节义"的象征,从宋代开始屡屡受到敕封,由侯到王,由王到帝,如"显烈王""壮缪义勇王""壮缪义勇武安显灵英济王""三界伏魔大帝神威远震天尊关圣帝君",其封号不断加长,清代顺治帝对关羽的封敕已达二十六个字,即"忠义

---

① 李根水,罗华荣.宁化客家民俗[M].北京:中国华侨出版社,2000:144.

神武灵佑仁勇威显护国保民精诚绥靖翊赞宣德关圣大帝"。到清代时关帝神庙已遍及天下，真可谓"凡儿童妇女，无有不震其威灵者。香火之盛，将与天地同不朽。"①

民间相信关羽具有司命禄、佑科举、治病除灾、驱邪避恶、巡祭冥司、招财进宝、庇护商贾等多种法力，因此将其说成"万能神灵"。

宁化城区有两座关帝庙，一座在上进贤坊，建于万历十六年（1588年）；另一座在龙门庵左侧，建于万历三十二年（1604年）。石壁客家人尊奉关帝神灵与其他民间尊奉并无二致，比较特别的是宁化有一个民俗，每年农历五月十三日为关帝老爷磨刀日，在该日或前后几日，据说宁化必有大雨，并常大雨暴涨，洪水滔滔，称为"涨水磨刀"②。

五、妈祖

妈祖也称"天后娘娘"或"海神娘娘"，本名林默（960—987年），宋代福建莆田湄洲岛人氏，其父林愿当过都巡检。林默是家中第六个女儿，她出生后从不啼哭，因此父母给她取名为"默"，长大后叫"默娘"。林默周岁时就能见佛叩拜；五岁能诵读《观音经》；八岁时能随师研读经史，过目不忘，举一反三；十岁时便能朝夕焚香，诵经礼佛，施展法术，治病救人。据民间传说，林默的母亲梦见南海观音菩萨给她一钵花，吞下后即怀孕，十四个月后，于宋太祖建隆元年（960年）三月二十三日生下林默，林默终身未嫁。林默在海事方面灵验，她有四个兄弟，以经商为业，常往来于海域中。一日，林默紧闭双目，手舞足蹈，其父见况大惊，以为有病，故呼之。林默醒后问其父为何不让她救兄弟，其父不解，三天后兄弟归家，诉三天前所发生的事，兄弟于三天前海上遇难，见一红衣女子，手牵五条船的桅索，踏浪而行。其父才知林默有奇能。后林默常在海上救护遇险的渔民和商人。林默死后，被奉为"神女"受祀。后来屡受敕封：宋代时被敕封为"灵惠夫人""灵惠照应崇福夫人""灵慈昭应崇福善利夫人""灵惠妃"；元代时被敕封为"护国明著

---

① 李根水，罗华荣.宁化客家民俗［M］.北京：中国华侨出版社，2000：146.
② 李根水，罗华荣.宁化客家民俗［M］.北京：中国华侨出版社，2000：147.

天妃";明清后敕封名号更多,如"护国辅圣庇民显佑灵感广济助顺福惠威烈明著天妃""昭孝纯正孚济感应圣妃""福佑群生天后""诚感咸孚天后""显神赞助诚感孚天后""护国庇民妙灵昭应弘仁普济福佑群生诚感咸孚显神赞顺垂慈笃佑天后之神"等。人们在口头上都称她为"天妃""天后""天上圣母"等。

宁化城区建有夫人庙,称天后宫,石壁镇的很多地方也有天后宫。每年农历六月十一日、八月十八日是天妃宫庙会,其场面热烈的程度胜于其他庙会。《宁化县志》载:"天妃庙即夫人庙。庙在邑南塔下街。天妃林姓,世居莆田湄洲屿,是五代闽王时,都巡检林愿之第六女儿也。生于宋元祐,一云太平兴国四年。幼悟秘法,长能布席渡海,乘云游岛,雍熙四年升化,是后常衣朱衣,飞翻海上。宣和中,路允迪使高丽,中流八舟七溺,独迪一舟神降于樯,安流以济。使还,奏闻,特赐顺济庙号。自后救疫御贼,屡有奇烈,不可殚述。""明永乐间,内宫甘泉郑和有暹罗西洋之役,各上灵迹,封"弘仁普济天妃",立庙致祭。或遣官出使琉球等国,率以祭告祈祝祷为常。乃宁化不知海舶为何物,无故而祀天妃,得无诌乎?"

据汪毅夫先生所论:"汀江'运材'和汀江'暴水',使得当地军民对于'纲运之护'的神明祈盼有加,这是普应庙神附加了'纲运之护'的功能,也是妈祖信仰后来得以传入客家住区的原因之一。"[①] 同时,他认为妈祖最先传入的原因是汀江航运开始,而随着传播,在一些无舟楫之险的地区对"航运安全"功能的放弃,并追加了避灾禳祸的功能,从而妈祖在客家地区的功能被不断改造和追加,这种论述显然有一定道理。宁化和清流的主要面积在闽江水系,特别是清流一带航运向来都比较发达,那里的木材被大量运往福州,早有护航之神,如安济庙神和白马将军等,而宁化也有连山庙,与清流相似。清流、宁化是山区,耕种和狩猎是其主要谋生手段,与航运有关的人相对较少,但妈祖能在这些地区广泛流传,其必然超出原有的意义。由于客家人信仰本身具有的兼容性和复杂性,加之民间信仰的盲目性和功利性,对于石壁客家人来说,信仰妈祖,"避灾禳祸"是其主要的祈求愿望。这一点我们可以从天后宫所奉的另外两位女神得到印证。

---

① 汪毅夫.客家民间信仰[M].福州:福建教育出版社,1995:140-141.

宁化石壁地区天后宫除了供奉妈祖，还有陈氏娘娘和李氏娘娘。陈氏娘娘名叫靖姑，称临水夫人，是一位母神，主要功能是救护妇女生产和保佑儿童的生长。古代，天花与麻疹是对儿童最大的威胁，石壁客家人普遍认为陈氏娘娘有专门防治这两种疾病的"奶"，即"痘奶"和"痘哥"。每当孩子"过麻"和"过痘"时，石壁客家人都会到夫人庙中祈求陈氏娘娘保佑，让孩子平安过关。到庙是祈祷，称"许愿"，过了关后还要到庙中兑现承诺，称"还愿"。石壁客家人"还愿"要用蒸好的糖糕。除此之外，陈氏娘娘还是一位祈嗣之神，即生育之神。李氏娘娘，她是一位东周时代的女道姑，法号慧康，湖北荆州人氏，有祀雨、保护妇女生育的功能。

六、王审知

王审知（862—925年），字信通，号白马三郎，光州固始人。五代十国时，闽国的建立者，于公元909—925年在位，其间政绩良好，他爱护百姓，任人唯贤，严律刑罚，减免赋役，创立学校，发展海上贸易，闽国的经济得到快速的发展。王审知的第七子迁居清流县，是当地王氏家族的肇基者，王审知也被闽西的百姓所拥戴，死后得祀建庙。

王审知在石壁客家居住区的庙宇是"白马庙"和"闽王庙"，也叫"蛤蝴公王庙"。道光版《清流县志》载："闽王庙，在嵩口。神姓王，名审知。唐封为忠懿王，梁封为闽王。第七子王延升徙居清流，遂为王氏祖，其子孙立庙于嵩口以礼祀焉。"

从这里我们可以结合客家人的信仰方式，推导出客家人崇拜王审知的原因：第一，客家人对先贤的崇拜是出于传统文化中的"忠孝节义"等观念；第二，客家人对自己的生存条件的认可过程中，对神灵具有超乎寻常的信赖感；第三，王审知对当地的百姓有贡献；第四，王审知的第七子王延升迁居到清流，子嗣为其贤父立庙，其他百姓也就随同祭拜。在历史的进程中，对王审知的崇拜由对先贤的崇拜上升到对神的崇拜，这个过程是一般信仰的发展过程，在祭拜时序中，由于口传的不确定性，以及对崇拜对象的不断追加和增补，往往导致本来没有的事变成早有之事，本来很平凡的事变得神乎其神。如对王审知的崇拜，到了清代就有这样的记载："顺治六年二月，郭寇攻宁，城几陷。夜漏三下，或见铠袍白马持枪西来者，势其锐，贼以为援兵至，宵遁。邑人谓是白马神也。"（李世熊《宁化县志》）这种传说的作用一方面提升了俗神的神性；另一方面也有利于威慑敌人，提高自身的自信心。

七、三圣

宁化石壁客家人的三圣是高丽籍的唐、葛、周三位将军。石壁张氏族谱载，三圣庙是薛仁贵征东时，以"三箭破之，三圣旋阵，天山平复"，后"高丽既克，太宗凯旋，路经三山，风雨迷离，军士俱惊。太宗疑之，左右奏请敕封三圣，太宗乃封唐、葛、周三将军永镇天山。须臾，云止雨收，军士踊跃，太宗乃得回銮"。村中信仰三圣，其意是为镇守村对面的官山、太平山和圆墩山。"石壁开基不久，风水先生找上门来，说村西的官山、太平山、圆墩山有碍风水，如不加镇服，将不利于村人。乡中族长齐集商量办法，不知为何就把三镇将请至石壁，在三圣庙中奉通天显应唐、葛、周三将军神位和塑像，禳灾驱邪，庇护石壁村民。"[①]石壁客家人的三圣庙，旧称樟树墩，建庙后，因有古井，故称井下庙，坐落于本村的村口，始建于明洪武六年（1373年），由石壁张氏下祠十六世祖文宝公营建。现与此庙同祀一祠的有五谷神、地母娘娘、萧何和萧夫人、项羽等神像。每年正月初九，是本神明的庙会日。庙会举办时，神像必须出游，如果这一天下雨，出游时雨必停。庙会相当隆重热闹，是日清晨，炮声不绝于耳，供品种类繁多，荤素俱备，出游的时辰通过"投筶"，由神明决定。

八、刘邦与项羽

汉帝庙，坐落于石壁村上市，始建于宋淳祐二年（1242年），由上祠的祖洞仙公所营建。清顺治十八年（1661年）重建，后多次重修，现存三间，前殿未建。逢年过节拜祀的，除刘与项二神像外，还有其夫人及张良夫妇。此外，坐落于石壁村中的富下庙，元至正年间，由十五祖茂甫公所建。刘邦和项羽是秦末的起义军首领，刘邦为汉王，项羽为楚王，推翻秦王朝之后，

---

① 孔永松.客家宗族社会［M］.福州：福建教育出版社，1995：80.

开始了楚汉之争,最后以项羽失败告终。刘、项二人是反秦英雄,被客家人所敬仰,本为敌对双方,但石壁客家人却把他们置于一处,共同受祀,这是何故?虽不能证实其真正原委,但可推测客家人对奉祀对象的身份不太重视,只将其当作一种信仰的符号,当作战争英雄的象征,而并不是具体化的内涵祈求。也有些人认为把二者同放一庙是客家人的宽大胸怀和善于团结各种身份的表现。这种解释虽然不会存有多大谬误,但其存在有过于简单之嫌。作为信仰对象的刘项两位战争英雄,客家人对他们的崇拜,只是针对他们英勇和无畏、智慧和谋略等品质的内涵,而二者之间的敌对因素不在他们的考虑范畴内。除此之外,客家人由于本身信仰的庞杂性和泛化性,一庙多偶像也是最常见的处置方式。

石壁客家人对贤圣的信仰,实质上是客家人对先贤们的英雄业绩和过人力量的崇拜,把崇拜的对象由人转向神。大多数的客家人对崇拜对象的生平事迹并没有很多了解,只是将其作为一种信仰符号寄托了客家人对某方面的诉求,他们根据自身的需求,保持对多个具备生活护佑功能的信仰对象的祭拜,以借用圣贤们非凡的能力护佑,达到日常生活平安吉祥的目的。石壁客家人把所有神像都称为"菩萨",其实是对崇拜对象的符号化表现。

这些圣贤类信仰与其他客家信仰,如对祖先、伯公、社官、定光伏虎等诸神明的信仰构成了石壁纷繁复杂的信仰体系,体现了客家祖地信仰母体的作用。

第五节 耕读传家的儒家风范

一、客家地区的儒家文化

石壁客家人自唐末迁于此,部分客家先民来自中原衣冠望族。与此同时,两宋时期理学南传福建西北,受到宋代杨时、罗从彦、李桐、朱熹等大儒的影响,儒家思想在这里滋生和传播,特别是到了南宋时期,石壁客家地区的儒学思想已经蔚然成风,两宋时期石壁出现了不少的进士,到了清代,宁化出现一位著名的理学家雷鋐。正是因为石壁客家人对中华文化传统的尊崇与恪守，在民系形成的过程中，中原文化正统的观念得到强化，以致后来客家人无论迁居到哪个客家人聚居区，都可感受到浓浓的儒家文化气息。

（一）重孝轻权

这跟客家人的历史处境和社会地位有密切的关系。鉴于过去的逃难经历和近代的外出谋生处境，他们所希望的是和衷共济、平等友爱，对仗势欺人、为富不仁及其他不平等待人的人和事，总是存在着强烈的逆反心理。宁化石壁《张氏族谱》的家规载，"子道宜尽：孝为百行。原其能扬名显亲幸矣，否则温清定省左右就养亦可承欢，固人人当尽，人人能尽者也。苟或忤逆必治以族法，不可纵容以坏风俗。"

（二）重义轻利

客家人相当重视个人名义，把个人的不仁不义，对父母和祖先的不孝，夫妻之间的不忠，背叛国家和民族及男盗女娼、赌博、懒惰、偷盗等视为不道不义、有辱祖先、有辱人格的行为。客家人常言"人有脸树有皮""莫做亏心事，莫贪不义财""钱财如粪土，仁义值千金"。如宁化石壁《张氏族规》载："宜慎婚姻：在礼妻不娶同姓，所以别嫌，男女辨姓，东郭偃犹能言之，崔杼不从，故败晋；献以骊姬为夫人乱及三世，鲁昭娶于吴国之削也。滋甚前车之鉴，难以枚举，或谓道与时为变，通生今之世，何必反古之道；然而礼之与法，古今互相维持，比如仲春之大会，男女奔者弗禁载在周礼，当日士大夫示闻，藉口为纵欲张本，降及春秋亦为郑染污，俗有秉简赠苟之凤，宣圣目击以垂戒，若夫婚姻之道，折中一是，筮短龟长，不如从长之例。"

（三）重教轻工

客家人认为读书才能知书达理，才可以出人头地，才能体现其社会价值。这是客家人秉承中华传统思想的一个重要体现。他们认为种田打工，只会"卖死力"，没有出息。客家人有俗语："有子不读书，不如养大猪。"客家童谣中唱"月光光，秀才郎，骑白马，过莲塘。莲塘背，种韭菜，韭菜花，摘来对亲家。亲家门前一口塘，养个鲤嬷八尺长，头来食，尾来食，中间留来讨新娘。讨个新娘矮匆匆，生个赖子圆碌碌；讨个新娘高过天，生个赖子变神仙"，还有"蟾蜍罗，咯咯咯，唔读书，无老婆……"这是客家人重文教的价值观的重要体现。石壁张姓四修《张公君政总谱》的家规中第六条载有："宜习正业：礼曰时教必有正业，凡属宗支，朴者耕，秀者读，耕读之外惟工贾耳，所有他技岐趋，涉于不正者，悉宜避之若浼。"又载道："宜重儒术：斯文为朝廷精彩，亦一族风教，攸关恢先绪。大家者，舍读书种子，其熟能之，族中俊秀，家富者不俟人给，宜鼓舞经以励其上达之志；清寒者则资助，宜津贴学费，俾其卒业成名，今世家巨族以不赀之费，广开学校作育人材，非但补助而已，有功者幸亟图之。"

调查显示："宁化石壁禾口片区私塾创办于清同治十一年（1872年），计33个班，684人，最早创办了禾口道南书院，计2个班，76个学生。……历代曾出现廪生1人，拔贡4人，例贡4人，贡生3人，进士7人，太学士3人，翰林学士3人，秀才51人，武秀才16人，武显将军4人，武举人1人。明代癸卯二十四年，禾口坡下村的张显宗成了宁化独一无二的状元，他曾任过国子祭酒、交趾布政使等要职。"[①]这里足见石壁客家人对教育的重视和成功。宁化人的教育模式通常是先进私塾蒙馆，经过几年的启蒙教育后，才进新的学校接受《三家经》和《四言杂字》等教育学习，以点读为主，后学习"四书五经"，讲经者一般由秀才以上的人员担任。

（四）重信誉轻小人

客家人重个人的修为，认为"无信非君子，无义不丈夫"。把信义视为社会交往中为人处世的基本品德，从做人的角度去区分人格，守信是为人之道。为人首先要取信于人，把损人利己、欺诈、陷害、背信弃义等视为"小人"的行为。宁化石壁张姓四修《张公君政总谱》的族规和家规载有："相友相助相扶同井之人尚然，况谊同本支而忍秦越视乎？悯鳏寡恤孤独，化猜嫌解纷难，抑强暴扶良弱，皆族之大要，非煦煦为仁而已也。"

---

① 陈国强，张恩庭，刘善群. 宁化石壁客家祖地［M］. 厦门：中国人类学学会，1997：53.

二、建筑文化之儒家思想

宁化石壁客家民居建筑是一个有独特文化内涵的文化现象，特别是民居建筑中体现出的儒家思想的文化要素是我们对宁化石壁客家文化内在主体性透视的主要内容。宁化客家的民居建筑类型各异，此不赘述。主要是从渗透于其中的文化内涵入手，发掘儒家思想文化的要素。

（一）祠堂建筑文化

作为中原文化主流的儒家思想本身就具有很强的渗透能力，因此，在祠堂建筑里能够感受到浓厚的儒家思想。因为客家人采取的是以血缘关系为纽带的家族式的社会结构形式，所以对祖宗的敬重比一般的中国百姓显得更为强烈。"客家是一个最讲'木本水源'的民系……他们最重视祖宗的手段，最重视光前裕后的工作，每每建筑宗庙兼住宅式的大屋。"（罗香林《客家源流考》）"客家人'毓德垂后''励志扬名'最富气骨的观念……"[1] 由于崇宗敬祖的情结，客家人对祖房的建筑特别重视，因此宗祠在宁化石壁内就有60余座，宁化县内现存保存尚好的宗祠有200余幢。这些建筑大多是仿中原宫殿式飞檐斗拱的大门楼。这种大门楼建筑（在其他客家聚居区较少）门为房屋建筑最为精华，其讲究是在主房之上。凡到过宁化的人对宁化客家祠堂都有一个印象：大门建筑之雄伟甚于主房。不管建筑工艺，还是建筑造型都高于主房建筑。如宁化城关的罗氏宗祠有三层结构：第一层为高大的门楼，中间大门有四根大木柱，刻有两副对联，门两侧亦有一副对联，门上有几列雕花横板，正中央挂有"罗氏宗祠"一幅巨匾，顶上两侧有一对巨大的飞檐，门两侧建有两厢房屋；第二层在第一层飞檐平面上似蜜窝状拱起，支撑上一层飞檐；第三层是纯粹的飞檐。其他地方的宗祠建筑基本相仿，如淮阳的刘氏宗祠、黄氏宗祠，石壁的张氏宗祠，双石的童氏宗祠，滑石的温氏宗祠，龙地的邓氏宗祠等。这些宗祠建筑都体现了儒家思想中的门第观念，这种门第观念反映了客家人对家族名望的重视和对门第等级的崇敬。有的客家宗祠门楼的大门两侧的壁上挂有"经文""入孝""出悌"等字匾，反映了客家人对儒家经典的重视，对儒家孝悌观念的尊崇。客家宗祠的主房建筑是上厅下廊式，以

---

[1] 黄汉民.客家土楼民居[M].福州：福建教育出版社，1991：111.

中轴线为准，正中间为正厅（正厅的正中面壁称为"天子壁"），左右为厢房，厅前有天井，天井两侧有回廊，天井正前为下廊，下廊的正中为大门，形成了"回"字形的结构，这种建筑结构体现了儒家思想的中庸之道。有些客家宗祠的房前还有石杆旗，很张扬地表现了其对儒士入仕的"慕念"，也体现了客家人积极入仕的心理愿望。正如宁化石壁客家人建房"发彩"时所咏之歌："……五要五子登金榜；六要驴马满山岗；七要文官来拜相；八要武将封侯王；九要九子下科考；十要代代状元郎……"①正厅的大柱上的对联更能体现儒家思想的社会诉求，如"干国家事，读圣贤书""肃纪立纲，德进业修""谦恭睦乡里，爱敬笃伦常""勤俭修业，耕读传家"等。这一切都蕴含着浓郁的儒家思维观念，作为对子孙后代的教化和熏陶，促使他们发愤图强，建功立业，光宗耀祖。

（二）学堂建筑文化

石壁客家先民的主体是来自中原的汉民，由于处在远离文化中心的僻远之地，他们要走出山村的唯一捷径就是考取功名，加之中原文化教育传统的固守，崇文重教之风尤显突出。受到崇文重教风气的影响，他们对于学堂的建筑和布置更凸显出来，这一点主要体现在学堂的数量上，在石壁村有大大小小的学堂数十个。古代学堂的厅中央奉孔子的神位和画像。所学的内容多为儒家经典和启蒙诗文，如《三字经》《千字文》《百家姓》和"四书五经"。如石壁石坑的"大夫第"，在一个私人大宅院里就有两个家塾，《罗氏族谱》中的《浣花庄小记》里载道："坪两侧为罗姓家塾，书声琅琅，美才辈出，门楼上书'大夫第'，两侧联云：'喜有一庐堪寄足，凭他五斗不折腰。'……"由此可见当时"大夫第"学堂的盛况。又如宁化县泉上镇延祥村的私塾："延祥建村之后，村民恪守先人之道，重礼重教，潜学于家，修身勤仕，奋发农桑。人口繁盛，人才辈出，特别在明清时期，道光之前，杨氏一族人口发展到390余户，4000余口，官氏亦达801余户。私塾广布，仅延祥本村便有正义堂、新竹堂、诏教、朱文公祠、半亩、一鉴堂、井丰楼、守素楼、彭湖等10余所学堂。除此，谌家地、铁炉坑、上村、谢厝杭、香仁垄、瓦子窠、石狮

---

① 李根水，罗华荣．宁化客家民俗[M]．北京：中国华侨出版社，2000：154．

岭、庵背、当坑等村亦设有私塾学堂。明清二代，村人有功名者220余人，其中有进士、举人3名，职官者60名。"这些例子无疑代表了宁化石壁地区的客家人对教育的重视和当时其他私塾之风的盛况。在宁化客家聚居区，崇文重教的另一个体现是对取得功名的客家子弟的敬重，在客家祠堂前必为其竖石杆旗，如石壁的张氏祠堂前竖有一根清代举人的石杆旗，这根石杆旗高三四米，造型没有南靖县书洋乡塔下村张氏祠堂的那么壮观，但也体现出了客家人共同重教的儒家思想。

（三）普通民居建筑文化

儒家思想认为，"中"即为不偏不倚，是对待事物的态度；"和"为自然的和谐、人与自然的和谐，特别是人与人之间的和谐。"贵和尚中"的儒家思想和谐观渗透到各个文化领域中，建筑更不例外。宁化客家民居建筑有土木结构的土墙楼、木结构的椿凿楼群和砖木结构的封火屋。不管是哪一种楼房都为上厅下廊式。这种结构的楼房有一中轴线为准，正中为正厅，以厅为准，左右分开有厢房和回廊，如有向外拓展的，横屋等都围绕着正厅这一中心点。这种结构的建筑体现了儒家思想的"中和"观念。宁化客家民居结构上如此，其建筑仪式上也同样体现了儒家思想。石壁客家人的建房程式复杂，一般为起手、上梁、出火殡等，这些程式中还包含小程式，如起手中有"发彩""动土""奠基"等程式。这些礼法仪式本身就是儒家文化"礼"的反映。

三、礼俗文化之儒家思想

石壁客家人一向都以儒家的伦理道德为旨归，重视人生整体修为，重视传统修身观念：格物、致知、诚意、正心、修身、齐家、治国、平天下。当然不是每一个人都能达成"治国平天下"的政治目的，但儒家思想对每一个人的人生追求都有较为积极的导向意义，正如《张氏族谱族规》第七条所言："宜重儒术：斯文为朝廷精彩，亦一族风教，攸关恢先绪。大家者，舍读书种子，其孰能之，族中俊秀，家富者不俟人给，宜鼓舞经以励其上达之志；清寒者则资助，宜津贴学费，俾其卒业成名，今世家巨族以不赀之费，广开学校作育人材，非但补助而已，有功者幸亟图之。"重视教育，给每个人同样的机会，能达到什么程度都在其鼓励和支持的范围内。

　　石壁客家人注重纲常、尊卑、节义、名分，注重德行的自律，个人行为向善的道德品质。笃守伦常，尊祀先祖，为人子者应尽子之道，不可缺职；慎重婚嫁，不可悔婚嫁卖，注重名节；不可偷盗、赌博、讹诈他人，责以恶惩；不可造谣、诽谤、教唆他人；不可逞强斗殴、酗酒放纵；户首要公正，不徇私偏袒，以彰公道。这一切道德规范都是以善为基本准则，以道义名节的封建伦理为内核，规范了人的主要行为。这些个人行为准绳是依据中国传统的伦理范畴而设定的，在"亲亲、尊尊、忠恕"的框架下，促使人警戒对欲望的放纵，导向内敛的性格品质。

　　石壁客家人按儒家伦常关系"父慈子孝，兄友弟悌，夫义妇和"的方式来维系和建构家族内部关系。首先要求父母要爱护其子女，子女要尊敬和孝顺父母，父母要生养和教育自己的子女，子女要赡养自己的父母。如《张氏族谱族规》载："子道宜尽：孝为百行。原其能扬名显亲幸矣，否则温清定省左右就养亦可承欢，固人人当尽，人人能尽者也。苟或忤逆必治以族法，不可纵容以坏风俗。"其次是对兄弟姐妹之间的要求。他们之间都是骨肉之亲，同案而食，同几而学，游则同方，相互扶携，感情非一般可比。由于兄姐年长，见识经验比较丰富，有教导和示范于弟妹的义务，不能侵凌弟妹。弟妹年小于兄姐，就应遵其训导。如《张氏族谱族规》载："悌道宜敦：弗念天显，弗恭厥兄，固为元恶。但为兄者亦宜友于角弓翩及诗人致戒，非仅责弟也。凡今之人，莫如兄弟，倘视骨肉如路人，甚而越礼犯分斯败类矣，纯以族法，当与不孝同科。"最后是对夫妇之间的要求。夫妇乃为人伦之始，风化之源。他们之间虽无骨肉之亲，但朝夕相伴，同甘共苦。为夫者应刚毅富有信义，负责家庭主业，不应随意驱使和休弃妻子。妻子应辅佐其夫，为夫分忧，以节义为导向，尽其本分。正如宁化泉上镇延祥村的《杨氏家谱族规》所载："夫妇匹配，人之大伦也，好逑既订于一日，配偶即系诸百年，今他姓恶习，有私行转婚一说，灭伦伤化，莫此为甚，吾族如有此类，公议削谱出族。"由此足见客家人对人伦礼俗的重视。

四、石壁客家文化传承儒家文化的特征

（一）重视对儒家核心思想的秉承

儒家的核心思想是"仁"与"礼"。"克己复礼为仁。一日克己复礼，天下归仁焉。为仁由己，而由人乎哉？""非礼勿视，非礼勿听，非礼勿言，非礼勿动。"（《论语·颜渊》）"仁"是孔子思想体系中的道德品质，"礼"是其所指向的实践行动标准，仁礼融为一体，仁是礼的精神支柱，礼是仁的外部体现，仁是人的心性体悟，礼是人的社会性规范。以石壁张姓四修《张公君政总谱》的族规和家规为例，其中第五条载："讼端宜息：不报无道君子，居之盖情恕理，遣忿斯消矣。讼则终凶，小不忍乱大谋，无论事之大小，必先宗族理论，族中长老宜从公直判断，不可袒护以酿祸胎，子弟亦不得顽抗动辄起诉。"在客家的主堂上所挂的对联"孰事有恪；明德维馨""礼乐家声远；诗书世泽长""仁义礼智信；忠孝节德行""昭穆明其礼教；俎豆荐以馨香""以燕以翼宏堂构；孔惠孔时洁蒸尝""孝孙弟恭皆学问；先祖是皇礼莫愆""怡情管弦，演奏迎洽众望；悦耳琴瑟，佐舞招来群英"都能够反映儒家的仁礼思想。

宁化石壁客家人重视个体的修为，从儒家思想的仁礼思想出发，而达成修养的恭、宽、信、敏、惠五德，即庄重、宽厚、诚实、敏惠、慈善是他们为人处世的标准，其实就是儒家的温敏敦惠的君子人格。石壁张姓四修《张公君政总谱》的族规载："宜习正业：礼曰时教必有正业，凡属宗支，朴者耕，秀者读，耕读之外惟工贾耳，所有他技岐趋，涉于不正者，悉宜避之若浼。""宜重儒术：斯文为朝廷精彩，亦一族风教，攸关恢先绪。大家者，舍读书种子，其熟能之，族中俊秀，家富者不俟人给，宜鼓舞经以励其上达之志；清寒者则资助，宜津贴学费，俾其卒业成名，今世家巨族以不赀之费，广开学校作育人材，非但补助而已，有功者幸亟图之。"这里就是对个体内在修为儒家风范的倡导和规约。

（二）重视对儒家孝悌忠恕观念的承传

以"入则孝，出则悌"（《论语·学而》）为人之品德性情修养的儒家伦理观，是建立在对人之于社会和谐的基础上的社会规约，是人立身于社会的

根本，也是封建人伦关系的一个基本点，所以孝悌作为人的行为出发点来构建社会关系。而孝又与忠恕思想相联系，从对家庭关系的构建上升到整个社会，并与族权和政权相统一，形成了完整的和谐社会规范。其中的"孝"是子女对父母的孝顺；"悌"是弟对兄的敬爱；"忠"是个体对家族长者和政权中心（君主）的忠诚；"恕"是自己对他人的仁爱。这些儒家思想在宁化石壁客家思想中可以说是根深蒂固的，如石壁客家人的住房厅堂上和门边楹联中存在着大量的有关孝悌忠恕的字样："仁义礼智信；忠孝节德行。"又如石壁客家人重视老小长幼、辈分高低来规范言语行为："亲戚按血缘亲疏，宁化以舅公（舅母）为最大，称'上有雷公，下有舅公'；朋友以世交深浅或年龄大小排；同宗则按辈分大小排，同一辈分，则视年龄。上辈交谈，下辈不得多言插嘴，俗语云：'在人话事，细人摁耳。'"① 由此可见，宁化石壁客家人对孝悌观念的重视和恪守。石壁客家人的信仰中特别重视对忠孝的推崇，在宁化石壁大大小小的村落里存在着大量的武侯、张巡、许远、李纲、关羽等忠君爱国名将的庙宇，其中大量的对联和批语都体现了他们对忠孝思想的尊崇。虽然石壁客家人不是直接倡导儒家的思想观念，但也可以说是其思想的实践和生活需求的具体化，并且在一定程度上是现实功利性的诉求。我们知道"习俗移志，安久移质。"这一切无非说明了在生活环境变化的前提下，他们对儒家思想的有效变通。

（三）重视对儒家礼法的传承

宁化石壁客家人乃至其他地域的客家人对中国礼法都相当重视，我们知道中国礼法最早在周代已经形成了一套完整的礼乐制度。春秋时期孔子看到中国大地礼崩乐坏，为了恢复中国周代的礼乐制度而周游列国，并广收门徒，同时整理了周代的礼乐制度，形成儒家以"仁、礼"为核心的思想体系。孔子的"天下无道""礼乐征伐自诸侯出""陪臣执国命"（《论语·季氏》）等论述，都表现了孔子的历史使命感。孔子对周代礼制的恢复和其以仁礼为核心的儒家礼法制度的建立，以及汉代董仲舒对儒家思想的神秘化，把封建道统观念上升为上天的意志，建立了亲亲尊尊的封建等级制度和礼法观念，并被

---

① 刘善群.客家与宁化石壁[M].北京：中国华侨出版社，2000：161.

统治阶级所利用，特别是到了宋明时期，随着程朱理学的发展，儒家礼法制度被上升为"天理"，对人性进行规范而进入了纲常化时期，即"三纲八目"。所以中国古代礼法主要源自周代的礼法制度，真正明确提出礼法概念的是荀子，他提出"故学也者，礼法也"（《荀子·修身》），并对其有系统性的论述。在礼法的制度渊源亦即效力来源上，荀子崇尚"圣人作则"，即"圣人化性而起伪，伪起而生礼义，礼义生而制法度，然则礼义法度者，是圣人之所生也"（《荀子·性恶》）。

石壁客家人所重视的礼法，主要是对中国古代传统礼法的传承，但传承中随着客家人地域的不同和时间的推移，自然发生了很大的变化。"客家人重礼，最主要的是由古礼沿袭，但也少不了演绎，赋予地域特色。如客家人的婚丧节庆礼俗基本沿袭古礼，但在具体活动程序和内容上，却千姿百态，富有地方特色。"[1]石壁客家人对中国古代"五礼"中的"吉礼""凶礼""宾礼"等人生礼俗传统的承继较为重视，但也根据实际情况有所简化，如婚礼的程式只保留了纳采、纳吉、请期、亲迎四个阶段，少了"六礼"中的"问名"和"纳征"两个阶段。客家民系在形成过程中，根据当地生活的实际需要，对儒家礼法中与其不相适应的部分进行了省略。因此，传统礼法在客家人中的传承过程也是其不断演化的过程。还有石壁客家人夜间迎亲的习俗亦为对古代礼法的固守，而这种夜间迎亲的方式在大多数地方已不复存在了。

（四）重视对儒家文化的再建构

客家文化对儒家文化的传承并非全盘接收，而是在固守的基础上加以一定程度的改造，而这种改造建立在当地客家特殊的民系文化基础之上。石壁客家人怀着对传统文化的尊重和怀念，一方面努力不改变祖宗礼法，另一方面又要以和当地实际情况相适应为根据对儒家文化进行再建构，可以说在内容上保持对传统文化固守的一贯性，但在形式上对传统文化进行重构，体现出客家民系形成过程的特殊性，即形成过程中对当地土著居民文化的吸纳。在宁化石壁客家文化传统里，既有儒家文化孔子的"仁、礼"思想，也有秦汉时期儒家文化神格化特征，既有传统伦理文化"三纲五常""三纲八目"和

---

[1] 刘善群.客家与宁化石壁[M].北京：中国华侨出版社，2000：160.

"天人合一"的思想要素，也有当地"巫文化"和其他百家思想。如石壁客家人在发丧时，有传统的孝道仪式（建立"孝子堂"），也有黄老道术和佛家发丧仪式。这是由于客家文化本身就是由多元要素构成的，客家人对传统文化和其他文化的传承始终呈现一种兼收并蓄的态势。因此，可以得出石壁客家文化对儒家文化的传承并非全盘吸收，而是在固守和秉承中接收不同文化要素来不断完善客家文化的文化整体，从而使客家文化与其他汉民系文化相比明显带有一些异质的特征。

客家文化主体内涵是中原文化，而中原文化也是以儒家文化为主流，在客家先民南迁之后，儒家文化作为中华民族文化的主体精神也随着客家先民到了闽粤赣三角边区，经过了数百年的整合，吸纳了当地土著民文化（古闽越文化），终而独特。在宋代后期文化南移的大历史背景中，儒家文化的南迁不置可否。如朱熹的"理学"是以儒学为主体，兼收并蓄了释、道的思想，使儒学走向了成熟，形成了完整的哲学思想体系。南宋以后，理学上升为显学，并成为统治阶级的主流意识形态。儒学渗透到社会各个角落和各个区域。客家地区地处江南，承继儒家文化亦不例外。当然客家先民南迁是一个极其复杂的社会现象，撇弃南迁民众的其他要素不说，就客家先民从以儒家文化为主体的中原南迁而言，其本身就是一个儒家文化传播的载体。所以客家地区与其他民系所在地区一样，其文化是以儒家文化为主体，并在形成过程中又对当地文化进行吸收的复合体。一样有"耕读传家"的生活传统，一样有"仁义礼智信"的思想意识。但不同的是在中原文化南移之前，客家先民已经来到了客家地区，其对儒家文化进行传承的同时，又对当地土著文化进行了吸收，从而形成了独特的客家文化对儒家文化的承传与重构的复合状态。

石壁客家文化作为客家祖地文化母体，随着元代以后的石壁客家人向闽西南部、江西赣州、广东嘉应潮汕、广西及海外等地传播，石壁祖地客家文化传播到了世界各地。

第六节　理学文化对石壁客家文化的影响与作用

两宋时期的闽中地区文化气象繁荣。闽中地区是客家文化最为重要的衍生地之一，也是宋代理学南传和理学进一步完善的发生地。两宋时期是客家文化的儒雅风范和社会礼俗的形成时期。因此，以朱熹为代表的理学文化与客家文化的生成有着千丝万缕的联系，无论是在渊源，还是在影响作用方面，理学文化对客家文化都起到了至关重要的作用。

一、客家理学文化的生成来源回溯

周代是奴隶社会鼎盛时期，中国进入全新的文明阶段，奴隶社会的各种政治制度和生活伦理规范已臻完善。周文化把人们日常生活关系、社会关系和政治关系都融入"礼"的范畴，也就是说"礼"包含了人类生活的各个方面，为中国文化的发展奠定了基础和构建了整体框架。中国礼法有《周礼》《仪礼》和《礼记》，合称"三礼"。《周礼》亦称《周官》或《周官经》，是儒家经典之一，乃记述西周政治制度之书，传说为周公所作，实则出于战国。全书有六篇：《天官冢宰》《地官司徒》《春官宗伯》《夏官司马》《秋官司寇》《冬官司空》（早佚，汉时补以《考工记》）。六官分别为天、地、春、夏、秋、冬，显然是为了合天地四时之数。天官掌邦治，地官掌邦教，春官掌邦礼，夏官掌邦政，秋官掌邦禁，冬官掌邦务。六官之下又各有属官，是谓百官。其中，天官乃王之辅弼，为六官之首，百官之长。《仪礼》原名《礼》，乃记载古代礼制之书，今本通行十七篇，多称孔子所作。汉代人以其所讲为士所必习的礼节，称为《士礼》，相对《礼记》而言，又叫《礼经》；晋代人认为其所讲的并非礼的意义，而是具体的礼节形式，故又称为《仪礼》。历朝礼典的制定，大多以《仪礼》为重要依据，它对后世社会生活影响至深。《仪礼》主要记载了贵族子弟成人、结婚、交往的礼节，古代基层组织"乡"，国君、诸侯、大夫等的活动，以及丧葬祭祀的仪程。《礼记》亦称《小戴礼记》或《小戴记》，是儒家经典之一，乃秦汉以前各种礼仪论著之选集，相当于《仪礼》的"易传"，据说为西汉戴圣所编纂。戴圣，字次君，礼学博士，生平不详，曾任九江太守。《礼记》有《曲礼》《檀弓》《月令》《礼运》《学记》《中庸》《大学》《经解》等49篇，大概为孔子弟子及其再传、三传弟子所记，内容庞杂，上自王室之制，下至民间之俗，无不涉及，是研究我国古代社会文化的重要参考资料。后来，中国礼法大致由这"三礼"

而来。

　　通过孔子对周代礼制的恢复，以"仁、礼"为核心的儒家礼法制度建立起来。孔子政见多用于周代礼法，《论语·卫灵公》载："颜渊问为邦。子曰：'行夏之时，乘殷之辂，服周之冕。'"可见孔子对夏、商的承继是次要的，主要以因袭周代的文化为主。陆桴亭《思辨录》谓"孔子动称周家法度，虽周公制作之善，亦从周故也"。当然，孔子并非所有东西都是从周法而来的，如《史记·孔子世家》载："孔子之时，周室微而礼乐废，诗书缺。追迹三代之礼，序书传，上纪唐、虞之际，下至秦缪，编次其事，曰：'夏礼吾能言之，杞不足征也。殷礼吾能言之，宋不足征也。足，则吾能征之矣。'观殷、夏所损益，曰：'后虽百世可知也，以一文一质。周监二代，郁郁乎文哉。吾从周。'"所以孔子的主要思想大概来自周法。世人称孔子"述而不作"，只是知道孔子对周代礼法的传承，但他也有大作的行为，如其读《易》而传《中庸》，以明人伦之道，孔子解《易》，其实就是把《易》转向伦理化，这不能不说是一种"作"。当然，后儒对孔子的"礼"有一定的发展。汉代董仲舒对儒家思想的神秘化，把封建道统观念上升为上天的意志，建立了亲亲尊尊的封建等级制度和礼法观念，并被统治阶级所利用，特别是到了宋明时期，随着程朱理学的发展，儒家礼法制度被上升为"天理"，对人性进行规范而进入了纲常化时期，即"三纲八目"。所以中国古代礼法主要源自周代的礼法制度。真正明确提出礼法概念的是荀子。荀子云，"故学也者，礼法也"（《荀子·修身》），并对其进行了系统的论述，在礼法的制度渊源上有"圣人作则""圣人化性而起伪，伪起而生礼义，礼义生而制法度，然则礼义法度者，是圣人之所生也"（《荀子·性恶》）等论述。由此我们可知：周、孔子和后儒们对中国礼法的继承构成了一种相承相因的关系，继承过程也是一个不断变动的过程。客家的礼俗与儒家乃至于周代"礼法"也是一种承继性的关系，继承过程是一个变动的过程。

　　孔孟及其弟子们创立的儒学，经过汉代的升格，成为中国文化的主流意识。此后，秦始皇的焚书坑儒，汉代训诂经学笺注的烦琐支离以及外来宗教传入的冲击，使得儒学到五代时期逐渐衰落和僵化。明代学者何乔新在《道南祠记》中写道："孔孟既殁，吾道之不传久矣。"北宋时期，中原一些儒学大师对孔孟的儒学进行了新的阐述，形成了新儒学即理学的观点，使孔孟之道重新得到弘扬。理学的主要学派有周敦颐创立的濂学，后由程颢、程颐传承；张载创立的关学，后继乏人；程颢、程颐创立的洛学，经其门下杨时等多代弟子的传承，发扬光大。

杨时于北宋元丰四年（1081年）夏到河南颍昌拜程颢为师，当年初冬返乡。程颢望着远去的杨时，对身边的弟子说："吾道南矣！"程颢病逝后，杨时于北宋元祐八年（1093年）五月到洛阳拜程颢的弟弟程颐为师。此后，杨时通过办学讲学、整理师说和著书立说，把洛学传到东南特别是客家地区域，并丰富发展了洛学，后来杨时被尊为"闽学鼻祖"。杨时的得意门生罗从彦（福建沙县人）把杨时丰富和发展的洛学传给延平的李侗，李侗又传给朱熹。朱熹一生工于学术研究，传承了杨时、罗从彦、李侗的思想，丰富和发展了河南二程洛学，集理学之大成，并吸收了佛、道两家的精华，形成了朱子理学。朱子理学成为南宋时期发展到最高层次的理学体系和全国理学的主流学派。南宋晚期，以朱子为代表的理学上升为官学，在中国传统文化中居正统地位。直到清代末年的几百年间，朱子理学始终是中国传统文化的主导思想意识。同样，朱子理学对客家文化中的儒家思想观念产生了深远的影响。

有关史料显示，南宋晚期至清代，理学在闽赣粤边客家地域十分兴盛。不仅官办的府学、县学以四书、六经为教材，以新儒学即理学教育为正统，民间办的各类书院也多以研教理学为宗旨。实际上，早在北宋时期，一些名儒就在客家地域传播理学。北宋庆历年间，濂学的创始人周敦颐和洛学的创始人程颢、程颐先后在虔州（今江西赣州）治所南安和水东濂溪书院讲学，传播理学思想。北宋哲宗元祐四年（1089年）至元祐五年（1090年）九月，杨时任虔州司法期间，也曾在濂溪书院讲学，传授理学。杨时的学生张九成被贬南安期间，同样也在这里传播理学。这对赣南客家文化形成的影响是极大的。南宋理宗景定四年（1263年），南安知府饶应云上疏云"南安乃道学发源之地"，恭请圣上赐匾额。宋理宗赵昀亲书"道源书院"四字赐濂溪书院。南宋时期，杨时、朱熹的多代弟子在客家地域传播理学。据连城县文川罗氏族谱载，罗从彦于南宋高宗建炎三年（1129年）至绍兴元年（1131年），曾应连城县罗氏宗亲的聘请，在冠豸山的仰正亭讲学三年，传授理学。冠豸山灵芝峰石壁上雕刻的罗从彦手迹——"壁立千仞",这四个大字至今仍存。此外,南宋时期长汀县的杨方、吴雄、郑应龙,连城县的丘麟,宁化县的张良裔等一批客家理学家在创办书院、传播理学方面都做出重要贡献。这些史实说明,理学在客家文化形成和发展的过程中能够取得主导地位,与一代又一代理学家在客家地域长期传播理学是分不开的。

二、客家文化与理学文化的关系

闽中地区是中国理学的衍生之地,杨时、罗从彦、李侗、朱熹四人被称为"理学四贤",都是南剑州人氏。杨时(1053—1135年),初字行可,因犯友人父讳,后改中立,号龟山,闽将乐县人。杨时的理学被认定为"程氏正宗",其本人也被尊为"闽学鼻祖"。罗从彦(1072—1135年),字仲素,号豫章先生,南沙剑州剑浦人(今沙县人),是理学发展的关键人物,他上接程颢、程颐、杨时,下传李侗、朱熹,是理学的奠基人之一。李侗(1039—1163年),南宋学者,字愿中,南剑州剑浦县崇仁里樟林乡(今南平市延平区炉下镇下岚村)人,朱熹的恩师。朱熹(1130—1200年),字元晦(后改仲晦),号晦庵,别称紫阳,闽尤溪县人,先世为徽州婺源(今属江西省)人。庆元元年(1195年)宁宗即位,被举为侍讲(皇帝老师),指斥当朝宰相韩侂胄后,仅46天后被罢官,五年后,仙逝于武夷九峰山下。一生著书讲学,建立了一个完整的客观唯心主义理学体系,为理学集大成者。绍兴二十三年(1153年),朱熹拜程颐的三传弟子著名理学家李侗为师,此后朱熹受李侗的影响和启发,确立了"逃禅归儒"的思想,承袭了"洛学"的正统,奠基了理学的基础。朱熹讲学传道,著书立说40余年,创建了云谷、寒泉、武夷等书院。朱熹一生为官仅九年,却用四十年时间著书立说,讲学传道。著有《四书集注》《周易本义》《太极图说解》《楚辞集注》《西铭解》《程式遗书》《诗集传》等70余部。元、明、清三代列其著述为儒家正宗,开科取士考试,一律以他的注释为准,出现了"非朱子之传义不敢言"的文举现象。二程理学经历了杨时、罗从彦、李侗、朱熹四代师承,终成以集大成者朱熹为代表的理学。这四位都是古代南剑州人氏,其中三位在今三明市境内,"三溪"(指金溪、沙溪、尤溪)哺育了中国历史上伟大的哲学家和思想家,对中国社会的发展产生了巨大的影响。而作为理学思想孕育之地，其文化自然受到影响，经历几百年淘洗，已渐渐被闽中地方文化所吸纳和融化，成为闽中地方文化的内核，也就是闽中客家文化的内核。

首先，石壁客家文化圈在理学文化的影响下，文化底蕴深厚，人才辈出。宋代中国经济与文化中心南移，福建的中西部经济文化开始繁荣，儒学正统的理学在这里诞生，并对闽中西区域产生影响，大批人才在这里涌现。如元朝统治中国98年，据《元史》《续资治通鉴》等书载，共有16次科考，每次都分"南北榜"，那时福建省共出过75名进士，闽中境域有30名进士，占全省的40%。此类学子与历史文化现象不胜枚举，这种现象显然与理学文化的"重教"思想关系密切。

其次，理学文化建构了石壁客家人的人生礼仪。朱熹著有《家礼》一书，不同于中国历史上一般的家训、家诫，它重在对人品德修养方面的规定。《家礼》的内容，顾名思义，就是日常应用的家庭礼仪，主要是家庭生活诸方面，以及人生成长各时段所行的礼事，如饮食起居、男冠女笄、婚嫁丧葬、岁时祭祀等礼仪规范。全书共分五卷，依次为通礼、冠礼、昏（婚）礼、丧礼和祭礼。这种格局，有合有分，有始有终，从而形成一个比较完整的家庭礼仪系统。[1]具体分析如下：

第一，"通礼"。就是居家日常生活之礼，分为祠堂、深衣制度和居家杂仪三部分。朱熹对祠堂尤为重视，他说："此章本合在祭礼篇，今以报本返始之心，尊祖敬宗之意，实有家名分之首，所以开业传世之本也，故特着此冠于篇端，使览者知所以先立乎其大者。"[2]祠堂是家族祖先魂魄的归依之处，是家庭身份和精神的寓所。"履行祠堂制度，一方面可以确立人生报本返始、慎终追远的孝敬之德，另一方面，又可以起到和谐家庭、凝聚宗族的实际作用。"[3]例如石壁客家人，他们的祠堂是祭祀祖先的地方，是客家人敬祖慕宗观念的体现，在"聚族而居"这一传统观念的影响下，石壁地区客家人"族必有祠"。在明中叶以后，出现了大规模的宗族整合趋势，修族谱、建祠堂成

---

[1] 朱熹.朱子全书：柒[M].上海：上海古籍出版社，2002：5.
[2] 朱熹.朱子全书：柒[M].上海：上海古籍出版社，2002：875.
[3] 朱熹.四书章句集注[M].北京：中华书局，1983：265.

为认祖归宗、宗族整合的重要手段,一些经营工商业致富的客家族人大力支持宗族整合,并成为修族谱、建祠堂的重要经济支柱。客家宗族祠堂修建的数量及规模,视宗族历史之长短和人丁兴旺程度而有所不同,大的宗族有数个甚至十几个祠堂,而各个祠堂之间按宗族内部关系构成一个由总祠和分祠、支祠组成的网络系统。

第二,"冠礼"。它是古代的成人礼,号为"礼之始"。它包括"冠""笄"两章,"冠"指的是男子结发(把头发绾起来)加上冠,"笄"就是女子结发加上笄。冠笄之礼一般由父母分别主持,如孟子说的"丈夫之冠也,父命之;女子之嫁也,母命之"[1]。冠礼是人生的一个重要环节,它意味着少年男女已长大成人,开始享有家庭、社会中应有的权利和履行应尽的义务,可以入祭、结婚等。现代闽中西域内已没有冠礼了,但对人的成年还是重视的,成人意味着走出家门,可以独立生活,朱熹则认为"其礼不可以不重",行之"所以责成人"之道也[2]。现在虽已没有此礼,但人们的意识观念中还是一样有这样的成人观念,有些地方做二十岁诞辰的"做十"风俗,其实就是冠礼现象。

第三,"婚礼"。它是中国人最重要的礼俗之一,古往今来人们对其都非常重视,朱熹曰:"昏(婚)姻者,所以合二姓之好,上以事宗庙,而下以继后世也。"[3]朱熹把婚礼上升到家族宗庙神圣的地位,把它上升到中国传统的"不孝有三,无后为大"的意识观念层面上。按中国古礼,婚礼主要有纳采、问名、纳吉、纳征、请期、亲迎六个主要程序,朱熹的《家礼》将婚礼分为四部分:议昏(婚)、纳采、纳币和亲迎。石壁文化圈域内的婚礼如今大体采用朱熹的四个过程,议昏(婚)就是提亲,并商议聘金;纳采现在往往与议婚同时进行;纳币其实是接受聘礼的过程;亲迎是最重要的仪式过程,因各地风俗差异,程序繁简不一。但婚事重大,关系其后事业与子孙后代,所以朱熹认为"敬慎重正"之事,不可以虚应,更不可以苟合,故需酬之一定礼物,至于数量多少,"贫富随宜"。如今,城市婚礼程序没有古代那么烦琐,但有些步骤还是会实施。总体而言,朱熹的简约婚礼依然流行于闽中区

---

[1] 朱熹.朱子全书·柒[M].上海:上海古籍出版社,2002:889.
[2] 朱熹.四书章句集注[M].北京:中华书局,1983:265.
[3] 朱熹.朱子全书·柒[M].上海:上海古籍出版社,2002:89.

域内。

第四,"丧礼"。它是中国传统礼俗的重要组成部分,也是中国礼俗中最为严肃、最为神秘的过程。"儒家主张养生送死,系为人子应尽之孝道,同时也是家人亲情至性之表现,所以自古备受重视,其中的礼节也最为繁杂,有很多方面、细微的规定。"①《家礼》认为"应世约取",但仍为其中篇幅最大的部分,包括初终、设奠、小殓、大殓、成服、吊丧、闻丧、奔丧、治葬、居丧等21章,详细描述了丧礼的全貌和仪式细节,并附有居丧杂仪和书仪等行事制度。譬如:"初终行复,北面三呼,既绝乃哭;择木治棺,仅取容身,勿令高大;三日入殓,务令充实,勿置珍玩;治丧以至公行之,不作佛事;居丧则三日不食,强则少食……"这些明确的、详细的总结和规范对今天的治丧产生了深刻的影响。

第五,"祭礼"。最早形成的礼就是祭礼。《礼记·祭统》称"礼有五经(吉、凶、军、宾、嘉),莫重于祭(祭礼属于吉礼)"②。除了本源的意义,盖因通过祭礼,一方面可以追续未尽不及之孝养,另一方面又可以培养返始报本之孝心。《家礼》根据所祭的祖先以及时节的不同,共分"六祭",即四时祭、初祖祭、先祖祭、祢祭、忌日祭和墓祭。朱熹重视正心诚意,礼仪到位,不重视财物多寡,合适即可,"于尽爱敬之诚而已,贫则称家之有无,疾则量筋力而行之,财力可及者,自当如仪"③。这种思想当然体现了朱熹生平的生活简约和对人生礼仪的重视,这对我们现在铺张的祭祀活动有很好的借鉴意义。

所以,朱熹及其他理学三贤不仅在伦理思想上对中国社会产生影响,在实践上也一样起到了具体指导和规范的作用,石壁客家文化在朱子伦理思想和现实生活理念的直接牵导和影响下,形成了"融理重节"的石壁客家文化的特性。

---

① 朱熹.朱子全书·柒[M].上海:上海古籍出版社,2002:875.
② 佚名.礼记·祭统[M].上海:上海古籍出版社,1987:266.
③ 朱熹.朱子全书·柒[M].上海:上海古籍出版社,2002:941.

第七节　客家文化与中原文化的关联性

客家人是从中原南迁的汉民与闽粤赣三角边地的原住民相融合的后裔，他们仍然保持着先辈留传下来的风俗习惯、生活方式以及为人处世的观念，承继了中原文化的传统。但两种不同文化形态，其文化属性既有关联性，又有差异性。中原文化有着根性的特质，亦是客家文化的源头；而客家文化扎根于特殊的区域，显示了自身的特性。无论如何，它们之间的关联性极为突出：首先表现为在客家伦理思想文化上对中原伦理思想文化的传承与转化应用；其次是在社会结构文化上的因袭与重构；最后是在习俗文化上的沿用与变异。

我们知道，客家文化是从中原南迁的汉文化与闽粤赣三角边区的土著民文化相融合的结果，其主干是中原文化。客家先民从东汉就开始迁居到闽粤赣三角边区，特别是西晋永嘉之乱时，由于河南颍川等地区汉民受到战争的影响，纷纷避难南迁，到达闽粤赣地区。此后，迁入此地的中原汉民不断增多。客家先民主要来源是河南、山东、山西、河北、陕西、安徽、湖北、江苏八个省，其中最主要的迁出地是河南、山东和山西三个省，尤以河南为中心，而这些地区被称为古代中原地区。来自中原的汉民虽然与当地的原住民有交融和混合，但仍然保持着先辈留传下来的风俗习惯、生活方式以及为人处世的思想观念，客家人在语言、思维、行为、心理、道德观念等方面继承了中原文化的传统。

一、中原文化

中原文化历史悠久，是中华文明的主要源头之一：有人文始祖伏羲的渔猎文明，有黄帝、炎帝的农业文明，有尧、舜、禹的禅让制，有夏、商、周的世袭制，有从夏朝到宋代3000多年间政治、经济和文化等非凡的中华文明史。这里是中华民族的思想文化渊薮，我国古老的神话——女娲补天、夸父追日、大禹治水、愚公移山都产生于此，这里成为中华民族的文学传统和民族精神的源头；代表儒学学派的孔子讲学、游说的主要活动地域在中原，洛阳的程颢、程颐开创了宋代理学，道家思想的主要代表人物老子、法家思想的主要代表人物韩非子都衍生于此。总之，中原思想文化传达着"刚健有为、自强不息、中庸尚和"的哲学理念，不仅隐含着"变动"的变革进取精神，也体现了友好共处、向往和平的精神境界，成为中华民族思想的精粹。这些思想文化塑造了中华民族的基本文化形态和性格，这些文化因子是中原文化的主要构成，也是中原文化影响中华民族文化构建的基础元件。中原文化通过一种强大的辐射能力，不断地同化和融合其他区域的文化，甚至取代了其他区域文化，成为被其他族群所选择的文化。在中国内部表现为文化的整合和同化，在外部主要表现为对国外文化的介入和影响。这一切都是中原文化的强大吸纳能力和整合能力所致。

二、客家文化

客家是汉族的一支民系，是从中原南迁的汉民与当地原住民相互融合而成的一个民系，也是汉民系中形成较晚的一个民系。客家民系形成于一个独特的区域，也就是闽粤赣山区，这里地处三省交界地，离区域政治中心区较远，行政管辖较弱，民众生活受外界干扰较少，封闭性较强。客家民系的形成时间性特征明显，其大约在后唐五代时的石壁地区孕育，两宋时形成并成熟，是我国迄今形成较晚的一个民系。方言性特征明显，南方方言的复杂性是较为普遍的现象，方言的区域变化往往呈条块过渡，同一水系、同一地块，人员来往较为频繁，其方言较为相近。但客家方言的独特性是客家方言岛，这一方言岛的形成与客家人的迁徙有着直接关系，客家人有个传统情结——"宁卖祖宗田，不忘祖宗言"，所以在客家人迁徙的过程中，方言也随着慢慢衍播开来。但应该注意的是，随着历史时间和百姓生活区域的流变，方言也会不断地发生变化，这也正是客家方言既能相通而各客家地区又有不同的原因。客家文化的精神层次是客家文化核心的部分，也是最难判定的问题。所以近年来，学界也众说纷纭，观点不一。但考究起来，有几点是一致的。第一，对中原文化的"刚健有为、自强不息、中庸尚和"的承继是不会改变的。第二，对"重儒道、重人伦"宗族观念的恪守也是明显的。第三，好争胜，勤自为。这一点应当说明的是，客家人生活在山区，之于原住民又是后来者，为了争夺生活空间，开创和保护自己新的家园，仅靠儒雅风度是不够的；开疆拓土，创业持家，没有勤劳自为也是行不通的。第四，兼容杂糅。客家文化在形成和播迁过程中，道路坎坷，生活不稳定，造成了一种忍耐性和包容性的特征；吸纳能力强，所以就兼收并蓄，杂糅融化，就如客家人的信仰，各种奉祀对象同置一龛，相安无事，信众也同样是不分对象、不分你我，也能相安无事。总之，客家文化是客家人在生活生产活动过程中物质和精神的总和，是客家人活动的历史痕迹，是客家人在固守祖宗、承继中原文化的传统和播迁中，衍生出的一种具有一定特质的汉民系文化。

三、二者之间的关联性

客家人自晋唐始迁于此，很多客家先民来自中原衣冠望族，而中原地区是中国文化的中心，客家先民带着中原地区先进文化来到闽粤赣三角边地，对传统文化的尊崇是客家文化能够较为完好地保留中原文化的主要原因，不管你到哪个客家人的聚居区，都可感受到浓浓的中原文化气息，其关联具体阐述如下。

（一）伦理思想文化的传承与转化应用

"中国的伦理思想体系主要由三方面内容构成：人伦关系原理，道德主体品格要求，人性的认同。概括地说，就是人伦、人道、人性。'礼'的法则，'仁'的原理，修养的精神，构成中国伦理体系的基本结构要素。"[①] 中国伦理通过"亲亲、尊尊、忠恕"的运作途径来实现基本伦理范畴，即"五伦"——个人伦理、家族伦理、社会伦理，甚至是国家伦理和宇宙伦理。这样就把血缘、宗法与政治结合起来，成为中国特殊的政治伦理化和伦理政治化的社会动作秩序。总之，中国伦理文化基本上局限于"以天为宗，以德为本"（《庄子·天下》）的框架，在某种程度上阻碍了中国思想前进的步伐，但它是维系中国社会不断向前迈进的基本思想体系。

客家人重视人伦规范，强调族群内部的孝悌观念。从客家族群村落伦理来看，在中国伦理的基本框架内，规范人与人之间的相互关系和为人的基本准则：以孝为首，"孝为百行"，"固人人当尽，人人能尽者也"；以悌为二，

---

① 张岱年，方克立．中国文化概论［M］．北京：北京师范大学出版社，1994：297．

同族兄弟，必须兄友弟恭，如有违者与不孝同科；宗族宜睦，同族之中，人与人之间必须相友相助相扶持，必须有仁人之心，扶弱抑强；进而到达个人修为，以廉耻为敬，戒辟邪侈，终身不忘，人与人之间应以宗族理论，族中老者应秉公判断，不要轻易进入诉讼，族人不可男盗女娼，奸淫偷盗；崇文重教，发扬"朴者耕，秀者读"的耕读世家之风范，重视儒教，积极资助族中俊才入仕，鼓舞"上达之志"；重视宗盟，以谱牒为系，维持血统，加强笃亲观念；强调"忠恕"观念，对社会国家大事宜审时度势，防微杜渐，预为提防，宜禁匪类，遵循拘束，不逾越纲常；审慎婚姻，不娶同姓，警戒乱伦。客家人从大的范畴上把族人的社会生活基本准则规范到位，体现了中国传统伦理的"亲亲、尊尊、忠恕"的基本内涵。族人生活中较细微的准则通过家规来体现，也就是通过家规来补充族规不足之处，在家规中微化到族人生活的方方面面，与族规共同规约族人生活的正常秩序。这些观念在客家人的祠堂和族谱中都可以找到，数量之多，随处可见，此处不再赘述。

（二）社会结构的因袭与重构

中国传统的社会结构主要是以线性为中心、以旁枝为辅助的结构。"线性中心"就是小家—宗族—村落—县—州—府—国家，这种结构其实是从"小家"到"大家"的结构方式；"旁枝为辅"就是一个家或宗族以外还有与之有血缘联系的另一个家或宗族，这种有血缘关系的家或宗族呈网状结构向四周扩散开来，形成无数条线性结构，共同构成一个"大家"。地方的社会结构当然仅限于村落内部以下的那一级结构，我们所讨论的客家社会结构也仅限于村落内部的社会结构形式。

客家先民从北方中原地区迁徙到这里的同时，带来了中国传统的社会结构方式，即村落—宗族—小家的结构方式。其中村落不是一个结构单位，而是一个结构共同体，也可以说是地域性概念，这个地域性概念是由诸多的宗族构成。在村落中，宗族是社会结构单位中最为主要的一个层次。客家人为什么如此重视宗族这一层的社会单位？原因很多，大致归纳如下：一是当客家先民来到闽粤赣三角边地时，与当地的其他居民发生了一系列的抢占生活空间的争斗，以个人或家庭的力量无法与人抗争，宗族全体成员的集体行动增强了他们的实力。二是在客家民系形成后，客家人被其他民系视为"匪""贼""獠"，"客"字被加上"犭"字旁。客家人急需将自己与中原汉文化建立起正宗的联系，需要建构客家民系所有成员认同的历史以及迁徙的谱系（修谱），宗族这个概念被提升到极为重要的地位。三是客家人传统的伦理观念意识浓厚，以此为内核，建立家族内部的组织结构，有利于对内部成员的控制和管理（将在伦理文化中着重阐述）。四是移民的民性要求决定宗族的重要性，客家人移民往往举族迁徙，其优点是可以增强自身的生存能力。

"家族者，社会、国家之基本也。无家族，则无社会，无国家。故家族者，道德之门径也。于家族之道德，苟有缺陷，则于社会、国家之道德，亦必无纯全之望，所谓求忠臣，必于孝子之门者此也。彼夫野蛮时代之社会，殆无所谓家族，即曰有之，亦复父子无亲，长幼无序，夫妇无别。以如是家族，而欲其成立纯全之社会及国家，必不可得。蔑伦背理，盖近于禽兽矣。吾人则不然，必先有一纯全之家族，父慈子孝，兄友弟悌，夫义妇和，一家之幸福，无或不足。由是而施之于社会，则为仁义，由是而施之于国家，则为忠爱。故家族之顺戾，即社会之祸福，国家之盛衰，所由生焉。"[1]蔡元培先生论述了家族之于社会的重要性，并由此引发了家族与国家的关系，它们是有机地联系在一起的各个单元。那么客家人的家族是如何建构的呢？他们主要是按中国传统的伦常关系来建构的，依据"父慈子孝，兄友弟悌，夫义妇和"的方式来维系其家族内部关系。第一层次是父子之间。父母要爱护其子女，子女要尊敬和孝顺父母，父母要生养和教育自己的子女，子女要赡养自己的父母。如宁化石壁《张氏族谱族规》载："子道宜尽：孝为百行。原其能扬名显亲幸矣，否则温清定省左右就养亦可承欢，固人人当尽，人人能尽者也。苟或忤逆必治以族法，不可纵容以坏风俗。"第二层次是兄弟姐妹之间。他们之间都是骨肉之亲，同案而食，同几而学，游则同方，相互扶携，其感情非一般可比。由于兄姐年长，见识经验比较丰富，有教导弟妹和示范的义务，更不能侵凌弟妹。弟妹年小于兄姐，就应遵其训导。又如《张氏族谱族规》载："悌道宜敦：弗念天显，弗恭厥兄，固为元恶。但为兄者亦宜友于角

---

[1] 蔡元培.中国伦理学史[M].北京：商务印书馆，2004：143.

弓翮及诗人致戒，非仅责弟也。凡今之人，莫如兄弟，倘视骨肉如路人，甚而越礼犯分斯败类矣，纯以族法，当与不孝同科。"第三层次是夫妇之间。夫妇乃为人伦之始，风化之源。他们之间虽无骨肉之亲，但他们朝夕相伴，同甘共苦。为夫者应刚毅信义，负责家庭主业，不应随意驱使和休弃妻子。妻子应辅佐其夫，为夫分忧，以节义为导向，尽其本分。正如宁化泉上镇延祥村的《杨氏家谱族规》所载："夫妇匹配，人之大伦也，好述既订于一日，配偶即系诸百年，今他姓恶习，有私行转婚一说，灭伦伤化，莫此为甚，吾族如有此类，公议削谱出族。"又载："妇人之义，从一而终，故卫风首共姜之节，春秋美伯姬之贞，他姓有因夫死子幼，藉口抚孤招人入赘者，非唯有玷阃门，甚是贻羞宗党，吾族如有此类，逐出赘人并罪与知亲老。"

"宁卖祖宗田，不忘祖宗言"的念祖情结，使客家人对宗族的观念有着强烈的自觉，把血缘的记载看成生命的一个重要的旨归，其本质上是对民系繁衍和生命延续的重视，也是对中原古代传统社会结构的具体应用。

（三）民俗文化的沿用与变异

中原地区民俗文化特征性强，集中体现在饮食、服饰、日常起居、生产活动、礼仪、信仰、节令、集会等各个方面。春节祭灶、守岁、吃饺子、拜年，正月十五闹元宵，三月祭祖扫墓，五月端午节插艾叶，七月七观星，八月中秋赏月，九月重阳登高等丰富多彩。

客家民俗的表现：在婚姻方面，大体遵循"父母之命，媒妁之言"，其婚俗礼仪与中原古风的繁文缛礼一样，沿袭"六礼"（纳采、问名、纳吉、纳征、请期、亲迎），但内容有所简化，合并为求婚、送果子、报日子和归亲四项；成亲后有三朝回门、五朝下厨、六朝洗手、满月送藤盘等；中原地区早已消失的夜晚迎亲习俗在石壁及周边地区仍一直相沿承袭；贺新婚还产生了一个奇特的习俗，即"闹洞房"时还有窥听圆房的习俗，甚至还有人悄悄躲进新房偷走新娘绣花鞋第二天再归还的嬉戏之举，民间故事中多有传诵。

在民居方面，迁徙之初，与当地土著一样，多是利用当地盛产的竹、木、茅草、树皮等，先盖简易的草屋栖身——类似当地土著的"干栏"式，石壁历史上的"三十六窝（棚），七十二（茅）寮"就是当时历史的写照；待安定之后，披荆斩棘，垦荒造田，求得生存后，方重盖或择地另起泥墙瓦顶的土屋；当人口繁衍、经济发展之后，便沿袭中原先祖所居住过的建筑形式，如殿堂式、城堡等，建造起殿堂式围屋、高层土楼等；最后，随着自然环境的改变，在建筑形式和功能等方面也产生了变化，衍生出客家人独有的民居习俗，如"走马楼"的出现，它既是土楼的简化，又吸收了当地土著民居的优点（靠山、防潮湿、防蛇虫等），一层常设计为厨房、厅堂、主卧室、杂物间等，二层多为卧室、仓库等。

在建房、筑坟方面，讲究方位、风水，沿袭中原传统而又因地制宜。屋场风水常以"村"论，坟地风水以"穴"而论，即地形山势讲究"龙""局""水"。"龙"主人丁，分来龙、分龙、过龙等，"后龙山"即是；"局"似公堂格局，讲究有旗有鼓，印案兼备，坐镇基地犹如元帅升帐一般气派；"水"为前方水势，讲究不得直来直去，常"筑水口"以关栏，避免冲走财源。而坟墓建筑与住屋相似，即坟后要筑"地坟头"（犹如后龙山）以接"龙脉"；坟前要铺"地坟堂"（犹如屋前晒坪）；堂外筑小埂环抱，两旁分筑摆手，犹如庭院前的围墙、门楼；中立面框，内安石碑，其主体如主屋；碑前有"醮坛"，好比门前"走廊"；碑后砌有大窟窿葬棺柩，有如主屋的正厅；碑侧砌小窟窿供香火，左右对称，好比住屋的"横屋"，屋厅有"天井"，坟头筑"金井"，望去有前低后高纵深感，外观颇似"围龙屋"。

在饮食方面，客家风味的传统食品、名菜有许多，如烧卖、大卷、韭菜包、老鼠干、腊狐狸、生鱼片等。前三种的夹馅、包馅，原就是北方中原人的习俗，而南方极少见。辞书谓"烧卖"以烫面皮包馅。江南无麦，客家先人发现将熟芋捣烂成泥拌薯粉同样可以制作烧卖皮，且风味独特；"韭菜包"也是仿照北方水饺的一种变通，即将籼米磨浆置锅内熬成糊状，铲起摊冷搓成粉团，再捏成皮，包馅蒸熟；"大卷"的原料与烧卖相同，只是将芋子换成豆腐。上述变通显然是客家人传承了中原面食的制作工艺并延续发展，只是改面粉为当地物产。后三种名菜都是当地的土特产，是土著民的家常食谱，后来被客家人接受并改进成为客家名菜。受土著民捕捉蛇、虾、蛙等腥臊之物以充口腹的影响，有煮食的习俗。

总之，客家民俗对中原古代习俗的传承是一个部分，但客家毕竟生活于南方山区，又与当代土著融合，为了适应环境的变化和现实的人文环境的变化，其习俗也发生了很大的变化，所谓"十里不同风，百里不同俗"，其道理也在于这一点，风俗的变异性最为显著。所以客家人除了对中原习俗的传承，更重要的是产生的变异和新的风俗，这也是客家文化特异性的主要因素。

客家文化的主要内涵来源于中原文化，而中原文化则是以儒道文化为主流，在客家人南迁之后，作为中华民族文化的主体也随着客家先民被带到了闽粤赣三角边地，经过数百年的整合，吸纳了当地原住民文化（古闽越文化），终而形成了独特的客家文化。当然客家先民南迁亦是一个复杂的现象，撇弃南迁民的其他要素不言，就客家先民从中原南迁来说，其本身就是一个中原文化传播的载体。所以客家地区与其他民系所在地区一样，其文化都是以在中原文化为主体，一样有"耕读传家"的生活传统，一样有"仁义礼智信"的思想意识，但不同的是在中原文化南移之前，客家先民对中原文化采取固守的同时，与当地原住民文化进行融合，从而形成了独特的客家文化对中原文化的传承与重构的复合状态，这也是成就客家文化的主要原因。应该强调的是，客家文化主体上的文化因子是中原文化的复制，但融合南方文化的因子也是一个重要的、不可或缺的元素。

第三章　客家先民迁居石壁

　　石壁独特的自然与人文条件，吸引了大量的客家迁居、定居。在关于客家先民南迁最早的说法中，有的学者认为秦始皇发兵五十万征讨岭南，就是客家先民早期进入客家地区的小部分，当然这种说法也有一定道理，但诸多学者不认可。客家先民主体是中原汉人与原住民结合的民系，既有中原汉人血统，也有南方原住民的血统。按当代基因分析，福建省大体情况是：汉族父系的基因与北方父系接近100%，福建人基本是南下的汉族，父系根本没有任何民族融合，母系则跟北方汉族只有30%相似，所以女性大多数成分是南方土著血统的后裔。当然这一种分析并不能说明一切，但是至少能够说明福建人与北方汉人关系极其紧密。客家人比起福建其他地区的民系，如福佬人南迁闽南地区要比客家先民到达客家地区早得多，所以客家人与北方汉人的相似度还要更高。

　　客家先民南迁到石壁地区，较早时间大约是东晋时期。因"八王之乱"和"五胡乱华"的历史事件而起，"永嘉之乱"（307—313年）之际，匈奴军攻破洛阳，俘虏晋怀帝，西晋王朝灭亡。晋代一些中原士族和百姓不得不渡过黄河、淮河南下，河淮地区成为北方上百年的主战场，因而有了客家先民"衣冠南渡"的史料记载。但真正到达闽赣客家地区的人不多，主要是到达江淮和江浙地区，并在建康（今江苏南京）建立东晋政权。此时到达宁化石壁的客家先民数量也不多。到了南朝"侯景之乱"（548—552年），南朝大量汉人进入福建的福州、闽北、闽南及广东潮汕等地，即当时的建安、晋安和义安诸郡，到达宁化石壁的汉人开始增多。正如葛剑雄在《中国移民史》（第二卷）中对福建和毗邻的浙南从西晋到隋朝的户口变化所做的统计和比较那样，西晋时，福建平均每县只有600户，而浙江南部的临海、东阳二郡平均有1764户；南朝刘宋时前者为490户，后者为1380户；隋时，前者为2948户，后者为3703户。西晋时福建合计仅9000户，隋时14823户，后者为前者的166%；浙江南部同期仅增加347户，增长率仅1%。[1] 说明"侯景之乱"后，汉人大量进入福建，主要是进入福建北部、东部和南部，进入闽西的还比较少，真正到达石壁定居的客家先民也不多。

第一节 隋唐时期的早期迁居石壁

从以上论述可知，宁化石壁在隋唐以前，基本是闽越人居住，往往是峒、寮居住场所的土著居民，也就是所说的闽越人。据《资治通鉴·唐纪》载：唐乾宁元年（894年）汀州宁化县南"黄连峒蛮二万围汀州"，他们"丐耕土田不输赋"。可见唐代，闽西地区的峒蛮数量还很多，并且过着自在的生活。

据现有资料记载，较早进入宁化石壁地区的汉人姓氏应该是巫氏。据《巫氏谱牒》记载：巫氏始祖天生，原居湖广长沙府博罗县，楚时移居江西建昌，生子三，长子德益，于南齐永明元年（483年），迁入宁化济村巫家湖（古石壁地域）居住。隋大业之季，群雄并起，社会纷乱。德益五代孙巫罗俊（582—664年）字定生，年少英勇，发动民众筑堡自卫，深得民众拥护，周围农民纷纷迁到石壁来。巫罗俊组织百姓开山伐木，开垦田地，将木材通过赣江销往长江下游各地，获得巨额利润，并带回吴地的文化和技术使石壁经济逐渐繁荣起来。巫罗俊于贞观三年（629年）向朝廷申报要求设立行政建制，得到朝廷的批准，宁化始设黄连镇。黄连峒的开发与经济的繁荣，为后来石壁吸引大量的客家先民奠定了基础。巫氏于隋朝开始在此开发建设，是最早开发宁化石壁的客家先民，当然此时也有其他姓氏。如清康熙李世熊《宁化县志·坛壝庙祠志》载："连山庙，庙在黄龙冈，离城五里，即广济桥之上。神廖姓，忠名，陈隋间人。为人耿介有性气，习儒而精易筮，占射无爽，人皆神之。没葬于连山，时见英灵，因立祠焉。隋大业间，庙额曰'灵感'。"说明廖氏在隋朝前就已迁居宁化。[2] 巫、廖等姓为石壁地区较早定居的汉人。

---

[1] 刘善群.客家与石壁史论［M］.北京：方志出版社，2007：18.

[2] 刘善群.客家与石壁史论［M］.北京：方志出版社，2007：19.

罗氏也是闽中西部较早的汉人。隋朝时候，豫章（今南昌）罗氏汉相国大农令罗珠，汉高祖时跟随灌婴平定豫章，随后定居于此，成为豫章罗氏开基祖。他的第二十一世裔孙罗景春由豫章入闽，定居沙县。罗景春有四个儿子，其长子罗万发，隋大业十四年（618年）从沙县迁居于黄连峒。罗万发的第四世孙罗令纪（688—777年），又名毓政，号维纲，唐垂拱四年（688年）生于黄连镇。罗令纪继承巫罗俊开发黄连峒，是宁化开县的功臣，其子孙遍及海内外。由此观之，罗姓也是石壁地区较早的汉人姓氏。

据资料显示：西晋永嘉之乱时，河南颍川屡遭荼毒，钟氏①的三十世孙钟宝携三子姜、圣、贤避难南迁。钟贤迁江苏金陵（今南京），后又因金陵岁荒，先后迁居江西虔州（今赣州）孝义坊和兴国蓝，钟贤之子钟朝（三十二世）初为黄门侍郎，后因平乱有功，调任福建宁化，定居宁化石壁。宁化县原为黄连峒，唐代乾封二年（667年）设镇，开元十三年（725年）设置黄连县。钟朝调任此地，应是唐代，也应在巫氏之后。"自西晋至隋，迁入石壁的中原汉人有管、钟、邓、巫、许、陈、罗七姓氏。进入唐代后，在安史之乱前，迁入的中原汉人有赖、李、邹、雷、丘、伍等姓氏。"②还有李氏，迁入宁化最早的是李茂郎，唐总章年间（668—670年）授参军，镇守江西广昌，后调任建州卫，后迁居邵武建宁桂杨乡，后转徙宁化武昌，为宁化一世祖。唐末之后，李氏后裔衍播至福清、长汀、上杭、清流、永定和江西兴国、瑞金、赣州及广东等地。唐中叶以前石壁地区，包括汀州三县的人口极少，唐代天宝元年（742年），宁化全县人口才5000人左右。而《资治通鉴·唐纪》所载的"黄连峒蛮二万围汀州"，大致是包括汀州等地的峒蛮，或者是一个虚数而已。

根据刘善群统计，隋朝至唐中叶，宁化县迁入并定居下来的北方汉人姓氏有管、邓、钟、许、陈、巫、罗、刘、雷、廖等。综合上述所记载的赖、李、邹、丘、伍等已达十五个姓氏。先有黄连峒开发，也就是先有古石壁地

---

① 此钟氏为宋桓公之曾孙伯宗，仕楚，食采钟离而得姓，汉高祖时避祸河南颍川，改姓钟，晋代南迁。

② 陈国强，张恩庭，刘善群．宁化石壁客家祖地［M］．厦门：中国人类学学会，1993：53.

区的开发，后才有宁化县建制。黄连峒在隋朝的开发为宁化的建县奠定了基础。正是因为宁化县开发早，所以先有黄连县（725年置县）后有汀州府（736年置州）。石壁地区的交通，较闽西的其他地区要方便一些，可以经闽北建宁进入，也可以经石城进入，亦可以经闽北取道沙溪经九龙潭、翠江到达，也可通过横江入赣江到达长江下游。至于由北而来汀州为官的基本路线是：一般由闽北入闽至延平（今南平），然后经由沙县坐船，溯沙溪和燕江，过九龙滩，到今清流县上岸，再陆行转赴汀州。① 著名诗人张籍送别元自虚（元和年间贬职汀州任刺史）到汀州上任时还作了一首诗《送汀州源使君》：

    曾成赵北归朝计，因拜王门最好官。
    为郡暂辞双凤阙，全家远过九龙滩。
    山乡只有输蕉户，水镇应多养鸭栏。
    地僻寻常来客少，刺桐花发共谁看。

  由此观之，北方汉人到达汀州还不是很方便，水路无法直通汀州。为何建州于此，当然朝廷是有所考虑的：其一，汀州是闽西的中心。置汀州所辖三县——宁化、龙岩、汀州处中心位置。其二，汀州有大河。汀州可通往广东，宁化与龙岩的河流较小，不便于大宗产品的运输。其三，为了治理光龙洞（峒）地方避役人员。据《福建通志·地理·汀州》载：唐开元二十一年，福州长史唐循忠于潮州北、虔州东、福州西光龙洞检责得诸州避役百姓共三千余户，上表朝廷，建议置州。宁化为黄连峒，条件优越，已建县，只是为增加闽西的版图而纳入汀州罢了。

第二节 唐中叶至唐末战乱避难迁居石壁

  唐代中叶，安史之乱爆发，随后唐王朝势力开始削弱，藩镇割据和战乱不断发生，中原汉人又一次大规模南迁。进入宁化石壁地区的客家先民开始增多。到唐末乾符年间又爆发了黄巢起义。起义军从河南直取安徽、浙江、江西，又东折浙江江山，从仙霞岭进入闽北，下建州、延平，攻克福州，取

---

① 陈国强，张恩庭，刘善群.宁化石壁客家祖地［M］.厦门：中国人类学学会，1993：53.

道福建沿海进入广东,自广州北上进入广西、湖南等地,转战大半个中国。宁化石壁等地却没有受到战乱的影响,相对比较安全,吸引了大量的客家先民迁居来此避难。这样的例子不胜枚举:

《嘉应刘氏族谱》首册《刘氏世系行实传》页十九云:"一百二十一世祖讳祥公,妣张氏。唐末僖宗乾符间,黄巢作乱,携子及孙,避居福建汀州府宁化县石壁洞。……祥公原籍,自永公家居洛阳,后徙江南,兄弟三人,惟祥公避居宁化县,其二人不能悉记。"

兴宁《廖氏族谱》云:"……唐时我祖由江西于都,避乱,迁汀州宁化石壁寨,后子孙因乱,又迁顺昌,廖氏居于闽者遂众。"

兴宁《温氏族谱》载:"唐僖宗时,温同保避黄巢之乱,自江西石城移居福建宁化石壁。"

江西《罗氏大成谱》云:"迨下唐僖宗之末,黄巢作乱,我祖仪贞公,致仕隐吉,因家吉丰,长子景新,徙赣州府宁都州,历数十年,又迁闽省汀州府宁化县石壁村,成家立业。"

(梅县)松口《钟氏族谱》云:"响公为江阳(疑有误)太守,时因军乱大变,自颍川逃难,在江西于都县竹子坝窜筱乡住。后流在福建宁化县白虎村,安家乐业。"

《崇正同人系谱》卷二《氏族》"薛氏"条云:"而南方薛族,则由唐末黄巢之乱,其族有避乱而南徙于福建宁化县石壁乡者,及元代薛信,由宁化转徙粤之平远。"

"李氏"条云:"……而南来之祖,则溯始于唐之末年,有宗室李孟,因避黄巢之乱,由长安迁汴梁,继迁福建宁化石壁乡。"五华李氏宗谱云:"自八世祖大德公为始祖,为金人与宋交兵,自宁化石壁之李家访,移居上杭县胜运里之风浪岗,偕五妣同居焉。"[①]

杨氏,杨胜义郎(亦作圣郎),为唐延平刺史,迁居延平。乾符年间,避黄巢起义军,自延平迁居宁化石壁杨家排。[②]

---

① 罗香林.客家研究导论[M].影印本.上海:文艺出版社,1992:46-48.
② 陈国强,张恩庭,刘善群.宁化石壁客家祖地[M].厦门:中国人类学学会,1993:55.

范氏六十一世范坤（俊祥），唐官任龙图阁大学士。唐乾符（一说"广明"）元年（874年），为避乱，举家十八口流寓浙江钱塘江上。随后移到沙县，转迁宁化。

客家刘氏开基祖刘祥，唐代乾符年间为避乱，与其子天锡（官居翰林学士），弃官自洛阳徙居宁化石壁。其后播衍到闽南、广东各地，成为福系和广府系。

黄巢起义时代，石壁地区未曾遭受兵灾之祸，确实是一个极佳的避难所。正如清同治《赣州府志》相关记载道："冯祥兴以布衣募兵讨巢，当始于巢攻陷虔州之际，谢肇以布衣乾符间从父帅义兵讨贼，虽志尝未明言所讨为谁，然以时代情形考之，此讨自非黄巢或巢党莫属。仆都监杨筠松皆与讨巢无关，然足证其时士民避难者之众。其迁避较远者已东至宁化，无足怪也。考宁化旧为黄连镇地，属闽绥城县，而绥城全境甚广。凡今日建宁宁化将乐归化等县，唐时皆其属地。就中除建宁一地当时或较不安靖外，其余以皆为避难良土。……故当日自亦为避难民众所趋止。"①因为战乱，无论是江西、浙江，还是闽北，大量百姓来到这里，当时吸纳而定居下来的姓氏数量极多。据统计，因避乱迁居石壁地区的姓氏有杨、温、欧阳、伊、刘、唐、施、夏、黄、谢、贝、张、薛、黎、官、江、蔡、甘、廖、滕、侯、冯等22姓氏。②这些姓氏的族谱中都记载了自己的先祖来到宁化石壁定居的情况。还有一些姓氏为了避乱而改姓，如官氏，现在台东官氏族谱记载，其祖先原姓关，名膺，是浦州解县（今山西解县）人，黄巢起义后，为避难携祖母逃入宁化石壁，改姓官。元至元年间遭祸乱，第四代孙四兄弟，官耀迁广东大埔，官擢迁福建诏安，官跃迁广东海丰，他们的后裔又陆续迁往中国台湾地区与东南亚。③

这个时段迁居石壁的客家先民，还有一些是各地为官而选择定居石壁。如客家吴氏的一支八十郎，原居苏州，后梁乾化元年（911年）登进士，生六

---

① 吴建华.悠悠客家史　浓浓故园情——罗香林先生及其"宁化石壁与客家世界"研究述论[J].韶关学院学报（社会科学版），2001（1）：33.

② 陈国强，张恩庭，刘善群.宁化石壁客家祖地[M].厦门：中国人类学学会，1993：55.

③ 陈国强，张恩庭，刘善群.宁化石壁客家祖地[M].厦门：中国人类学学会，1993：55.

子，除长子留居苏州外，其余伯琁等兄弟五人俱徙福建南平，后唐同光元年（923年）又皆转徙宁化，分居吴陂头、官坑、竹园、马脑寨、石壁村等地，这些地方皆为古石壁地区。孙氏太郎之曾祖父原为汀州刺史，故居汀州，同光二年（924年），自汀州花园角迁居宁化青平（石壁地区）。何氏三十七世孙何太郎，后梁开平（907—911年）进士，贞明年间授宁化县尹。后唐天成元年（926年）任满定居石壁村。① 这些姓氏在南方为官，并没有选择回到祖籍地，而是选择石壁作为他们的移民定居点，可以显见宁化石壁此时具有强大的吸纳能力。

第三节 宋代的迁居石壁

赵匡胤统一中国，北宋社会达到历史上新的繁荣时期，大江南北基本较为稳定，但仍然有大量的客家先民迁居石壁地区，这是什么缘故？由于石壁经历了晋隋唐以来的移民，这里条件优越，经济发达，社会稳定，文化先进，移民定居点的口碑与声望已经形成，成为客家先民迁居的理想场所，或被称为客家移民的"世外桃源"。到了北宋末年，金兵大举南下，进攻燕京、汴京，掳走徽、钦二帝，史称"靖康之难"（1127年），北宋灭亡，宋室南渡，引起中国历史上的中原文化南移，以及历史大移民，这个时期也是汉人进入石壁地区最多的时期。

北宋时期，石壁地区具有强大的吸纳能力，吸引了大量汉人进入石壁。据统计，北宋年间迁入宁化及石壁的有曾、阮、高、萧、魏、王、傅、方、曹、姚、邬、简、梁、孔、康、蒋、尹、包、赵、邢、裴、郝、卓、郭、柳，以及丘、黄、张、陈、刘30姓（"以及"后各姓氏与前朝迁入有重复，为同姓的另一支系）。② 列举少数为例：

南雄邱氏三修族谱云："我始祖三五郎公，兄弟三人，长曰三四郎，次曰三五郎，三曰三六郎。夷考其实，三四郎公移居西洋丙村，三六郎公移居溪

---

① 陈国强，张恩庭，刘善群. 宁化石壁客家祖地 [M]. 厦门：中国人类学学会，1993：56.

② 陈国强，张恩庭，刘善群. 宁化石壁客家祖地 [M]. 厦门：中国人类学学会，1993：56.

南永定。我祖三五郎公自宁化石壁村，迁居上杭县胜运里大白城前居住。"

五华李氏宗谱云："自八世祖大德公为始祖，为金人与宋交兵，自宁化石壁之李家访，移居上杭县胜运里之风浪岗，偕五姚同居焉。"

曾氏行烨，宋政和年间（1111—1118年）自江西南丰迁居宁化会同里马龙坪，还有一支曾载阳自石城小驿里迁宁化吾家湖等处。

张氏——六世张载，居陕西眉县，宋神宗（1068—1085年）时其子端自陕西迁居宁化石壁，奉为八闽张氏始祖。其实上述已介绍，张氏在唐末已迁入，这里是张氏的另一支。还有其他支系。宋仁宗年间（1023—1063年），张祥国从江西石城茅塘迁居石壁；宋淳熙十二年（1185年）张八十郎从石城八都背田尾坑迁居江头村；宋景炎二年（1277年），张卓立从浙江龙泉迁居石壁千家围。

姚氏始祖念一郎，字景清，由莆田迁居宁化。宋时又迁往梅州之均田，生子四：长子祖德，迁海阳；次祖隆、三祖盛德皆迁平远；四祖章徙居虔州，念一郎七世孙得祺，生子四，老三玉岗迁大埔银溪，为大埔开基始祖。

曹氏十八世孙明贵，于宋乾德年间，由山东曹州迁宁化石壁，为闽曹氏开基祖。

兴宁黄陂曾氏族谱云："惇（公）官封鲁国公，宋政和二年（1112年），由南台徙福建宁化县石壁卜居焉。生子仲辉，辉子桢孙、佑孙，因元末兵扰，不能安居，由宁化徙广东长乐家焉。现居兴宁、梅县、平远、镇平、五华、龙川、惠州、河源、和平、广州、新宁等县[地]之曾姓，皆为此祖之后。"

这么多的姓氏来到石壁地区，引起了宁化县人口的大量增加。靖康之难后，随着宋室南渡，北方受到金人控制，石壁地区的汉人迁入数量剧增，从唐末的3万人猛增到南宋宝祐年间（1253—1258年）的20万人，成为这一时期闽赣连续地域的聚集中心。这一时期正是客家民系的孕育时期。[①] 这个数据不一定可靠，但也反映出石壁地区人口剧增的情况。据史料记载，宋元丰年间（1078—1085年）汀州主客户81456。时汀州四县（长汀、宁化、上杭、武平）县均2万余户，人口不超过10万。[②] 但是当时的宁化包括宁化、清流及明

---

① 刘善群. 宁化史稿[M]. 福州：福建教育出版社，2014：6.
② 刘善群. 宁化史稿[M]. 福州：福建教育出版社，2014：56.

溪的一部分，同时它比闽西其他各县的开发和建县更早，石壁吸纳汉人的能力比较强大，北宋元丰年间人口已然超过10万。

据有明确迁入时间的218姓族统计，南宋迁入63姓族，占总数的29%。宁化的人口在南宋宝祐元年（1253年）为38000户，11万多人口。[1] 综合上述对宁化宋代的人口达到十多万的统计应该比较适合。南宋因宋室南渡，淮河以南的地区人口剧增，一些百姓为了生存，寻找生活条件更好的定居点，自然条件较优越、路程较近、道路便行的地方基本为少数。如闽北地区与浙江、赣南相邻，北宋之际人口已经人满为患。因此，南宋之际，南渡的汉人只能进入人口较少的闽西地区。此时，大量百姓迁居石壁地区，这里又迎来了一波迁居高峰。刘善群对南宋迁居宁化的姓族做过一个统计表格，写明姓氏、迁出地，共有54个族姓。分别为：徐（一郎、洪郎二支，分别从江西宁都、江西石城迁入）、练、阴、危、韩、居、古、昌、杜、熊、沈、艾、朱、卓、余（二支分别从江西九江、福建清流迁入）、李、梁、华、宁、冯、薛、丁、蓝、吴、池、荚、邓、万、李、卢、林（远绍）、马、连、汤、郝、汪、易、傅、叶、上官、潘（法明、进郎二支，分别从河南开封、福建邵武迁入）、谌、陈、洪、范、高、周（三支，分别从河南光州、江西抚州、石城迁入）、曹、莫49个姓氏。

到了两宋时期，按当时的自然条件和生产力发展水平，石壁地区的人口已基本达到高负荷的水平。也正是这个时期，汉人与土著民有了足够的条件进行融合，客家民系进入了从孕育到形成的时期，南迁汉人与当地原住民经过二三百年混居通婚、文化交融、生产合作、习俗融合，逐渐产生了新的民系。这也是大多数外迁他处的客家人，自称与石壁有着不可剥离的关系的原因。

由于人口剧增，生活资源逐渐短缺，再加上自然灾害特别是南宋末年的元兵兵灾，客家人由此开始了从石壁地区向外迁徙的历程，主要是向闽西、赣南、梅州等地迁徙，被称为"客家第四次大迁徙"。例如，南宋末期迁到梅州地区的有曾、徐、谢、饶、丘、华、邓、刘、陈、巫、何、温、吴、罗、

---

[1] 刘善群.客家与石壁史论［M］.北京：方志出版社，2007：33.

黄、廖等姓氏。虽然迁入不少，但"不甚安稳，多复散四方"[①]。清代客家籍学者黄遵宪说："客人来州（指梅州），多在元时。"亦如1965年，罗香林先生在《客家史料汇篇》（第一集）中认为：孙、李、吴、郑、王、陈、何、张、华、邹、彭、薛、方、罗、傅、黄、萧、颜、林、郭、刁、丘、钟、刘、古、饶、巫、邓、黎、缪、曾、胡、徐、凌、洪、赖、涂、卢、廖、温40姓86谱中的客家源流中，都提到与石壁地区有着紧密的联系。甚至有人做出判定，20世纪40年代末期有学者估算，传自石壁的客家人共5000余万。虽然这只是一种判断，意味着谁也无法精确统计，但也反映出两个历史情况：一是石壁外迁的客家人数量庞大；二是梅州是石壁地区客家人迁徙最主要的接收地。之后，梅州地区或其他地区的客家人又向广西、潮汕、海南、四川、港澳台及海外各国和地区迁徙。因此，石壁被世界客家人认为是客家人的祖籍地和早期聚散中心，是客家姓氏最集中的输出区。

---

① 刘善群.客家与石壁史论［M］.北京：方志出版社，2007：35.

第四章　石壁客家人外迁的历史状况

第一节　石壁客家人的人口历史概况

　　三明市岩前村万寿岩古人类文化遗址揭开了闽地早期的人类活动痕迹。考古中发现了"万寿岩""灵峰洞"和"船帆洞"三个文化遗址，反映了旧石器时代的闽地古人类文化印痕。漳州莲花池山旧石器遗址发现的8万到4万年前的刮削器、石核、石片、砍砸器等旧石器，反映了古人类的生产生活发展水平。清流县沙芜乡洞口村北和现安砂水库中段旁的狐狸洞发现了距今约1万年前的古人类牙齿化石6枚以及大量哺乳动物化石，哺乳动物化石的种属有华南巨貘、中国犀、东方剑齿象、猕猴、野猪、獐、水鹿、西藏黑熊、无颈鬃豪猪、水牛、山羊、竹鼠、黑鼠、普通鼩鼱、南蝠等8目17种，属更新世华南"大熊猫—剑齿象动物群"，反映了三明地区及周边古人类已进入大规模狩猎生活阶段。后来，闽人和闽越人先后生活在此地，汉武帝时，闽越国被灭，一些来自北方的汉人进入，开启了汉人与闽越人融合的过程。

　　独特的地理条件和丰饶肥沃的土地，为古闽人和闽越人的生存提供了优良的生活条件。他们上山狩猎耕植，下水捕捞鱼虾，行走于江河湖海之间，以舟楫为主要交通手段，穿行于山间河谷之中，甚至渡海捕捞，不知岁月年轮，过着自由自在的生活。部落之间可以独自生存，老死不相往来，形成丰富多彩的古百越部落文化。他们有不同的图腾信仰，不同的生活习俗，不同的方言土语，不同的精神气质，因此被称为"百越"。石壁地区在新石器时期就存在人类活动的踪迹。早期有记载的先民是闽越族，被称为"蛮夷"。后来分布着畲、苗、瑶等族百姓，其中畲族至今仍有大量分布。闽越族主要来自闽北，秦汉时期（前334—前110年）由外来迁至闽北定居的古干越人与古闽人融合形成。①根据畲族传说，他们的祖先发源地是广东潮州凤凰山，现在许多学者经考证认为其是来自"武陵蛮"。中原汉人来此定居起始于汉代，到了西晋"永嘉之乱""五胡乱华"开始举族南迁，故有客家人所称的"举族南迁"和"衣冠南渡"的说法。由于唐末的"黄巢起义"和北宋末的"靖康之乱"，以及宋室南渡，中原难民和流民大规模南迁。这些南迁的难民和流民在唐、五代至两宋时期大量迁居石壁地区，与当地土著逐渐整合，孕育形成客家民系。由于两宋时期本地居民大量增加，为了生存与发展，自南宋末以后，又大批量向闽西、江西、广东梅州和潮汕一带迁徙。石壁成为客家先民迁居与侨居的中转站，客户不断地迁入和迁出，使本地的人口不断变动。

石壁为宁化县西部广大地区，宁化于唐开元十三年（725年）升为黄连县，天宝元年（742年）取"宁靖归化"之意，改名称为宁化县。据《资治通鉴》记载："唐昭宗乾宁元年（894年），黄连峒蛮二万围汀州，福建观察使王潮遣其将李承勋将万人击之。"②当时主要居民是本地峒蛮，客家先民来此定居的仍为少数。汀州建州于唐开元二十四年（736年），辖长汀、沙县、宁化三县。据《唐书·地理志》记载：建州初期的天宝年间（742—756年）仅有4680户，13702人，汀州辖地3万余平方千米，平均每2平方千米才有1人，人口极为稀少。③由于北方汉人的南迁，部分已进入石壁地区，当时的汀州人口还很少，而宁化就有不少人口，当然与石壁地区的汉人迁居有一定的关系。据当地族谱记载，因西晋"永嘉之乱"和"五胡乱华"的历史事件发生，由北方中原迁居石壁的客家先民有邓、钟两姓。南北朝迁居的有巫、刘、廖、许、陈、涂6姓，隋朝大业年间迁居的有罗、巫、蒙3姓。根据《宁化县志》记载："隋大业之季，群雄并起。东海李子通率众渡淮，据江都，称吴帝，改元明正，遣使略闽地。其时土寇蜂举，黄连人巫罗俊者，年少负殊勇，就峒筑堡卫众，寇不敢犯，远近争附之。罗俊因开山伐木，泛筏于吴，居奇

---

① 陈永成，吴景华．三明史略［M］．上海：华东师范大学出版社，1995：6.
② 刘善群．宁化史稿．福州：福建教育出版社，2014：49.
③ 张东民，熊寒江．汀州历代户口变动情况表［M］//闽西客家志．福州：海潮摄影艺术出版社，1998：17.

获赢，因此观占时变，益鸠众壁土。"[1] 可见较早的来自中原的汉民巫氏在此已经有相当强的实力，后来他们被称为宁化的开山祖。由于石壁地区经济不断发展，社会生活稳定安宁，又具备幅员开阔的石壁大盆地，可耕种的田地较多，具备较大的人口承载能力，因此吸引大量的北方汉人和本地的土著在这里生活。到了唐代高宗乾封二年（667年），这里开始建立黄连镇，58年之后升为黄连县。县建制意味着社会经济发展的水平程度，所以这里具有强大的人口吸引力，在整个唐代迁居的姓氏有43姓，全境人口大幅度增加，特别是到北宋时期，这里的人口增加的幅度达到了空前的规模。据统计，到唐元和年间（806—820年）汀州居民降为2618户。至北宋太平兴国五年至端拱二年（980—989年）汀州民户主户19730，客户4277。至北宋元丰年间（1078—1085年）汀州所辖长汀、宁化、上杭、武平4县户口，主户67157户，客户15297户。[2] 比元和时增加8.17倍，比太平兴国时期增加3倍。[3] 就宁化县而言，北宋元丰三年（1080年）人口增至15000人。由于唐末黄巢起义未波及石壁及宁化其他地区，这里仍为一片太平乐土，所以流民大量迁居，人口急剧增加。从五代至北宋迁入石壁及周边的姓氏达44姓。至南宋庆元年间（1195—1200年）石壁及宁化其他地区人口达到75000人。

靖康之难，宋室被迫南移，中原流民迁居石壁，整个宁化县人口急剧增加，至南宋宝祐年间（1253—1258年），经过50多年，宁化县总人口达到11万，此时福建西北部一带人口都在急速增加，达到第一次人口高峰。石壁地区的人口太多，出现历史以来超负荷的程度，造成了人均耕地减少，人均粮食生产降低，开始出现饥荒。为了寻找更加优越的生存条件，石壁客家人开始大规模地向闽西南、粤东北及赣南等地迁出。自唐至北宋的500多年，石壁及周边的客家人外迁的姓氏仅23姓，仅南宋152年间，外迁的客家姓氏多达52姓。到了元代近百年历史过程中，蒙古帝国实行种族压迫政策，加之多年的战乱及自然灾害，石壁及周边外迁的姓氏多达26姓。明代时期，外迁的

---

[1] 李世熊.宁化县志[M].福州：福建人民出版社，1989：9.
[2] 数据来源于《太平寰宇记》.
[3] 张东民，熊寒江.汀州历代户口变动情况表[M]//张东民，熊寒江.闽西客家志.福州：海潮摄影艺术出版社，1998：17.

姓氏33姓。到了明洪武二十四年（1391年），宁化县总户数12588户，人口44830人，明成化八年（1472年）全县户数下降至5157户，人口下降至33152人。明末清初，连年的天灾人祸，民不聊生，石壁客家人继续外迁，至清顺治九年（1652年），宁化全县人口仅15529人。

南宋，迁入的客家先民有180姓以上。其中，有谱牒资料依据的有172姓，在南宋以前有明确的迁入时间的有145姓，占84.3%，至南宋宝祐年间，宁化出现历史上第一个人口高峰。原来"地广人稀"变成了人口饱和，同时，宋元交兵殃及宁化，石壁已不再是"世外桃源"。石壁客家人外迁的时间主要在南宋以后。由于南宋朝廷与地方政府政治腐败，激起各地农民起义。南宋绍定二年（1229年），宋理宗赵昀荒淫无度，朝政相继被奸臣丁大全、贾似道等掌控，国势急衰。此时闽西爆发了晏彪（晏头陀）领导的农民起义，战事历时两年多。到了元代至正二十二年（1362年），在宁化南乡会同里发生了曹柳顺领导的农民起义。战争的破坏性可想而知，加上连续不断的自然灾害，出现了大饥荒、人相食的惨象。南宋以后，石壁地区人外迁的数量剧增，其中迁往梅州地区的人口数量最大，所以才有梅州地区客家人称自己十有八九是来自石壁的说法。

第二节　石壁客家人迁往梅州的历史状况

相比而言，梅州地区人口增长的高峰期较晚，大量的人口来自赣南、闽西，其中多数来自石壁地区。根据史料记载："梅州，旧户属潮州籍，开元户一千八百。"（清代吴宗焯、温仲和《嘉应州志·食货》）《新唐书·地理志》记载：潮州领海阳、潮阳、程乡3县，均为中下县，天宝间（742—750年）有4420户，26745口，三县平均每县1500户左右。北宋太平兴国四年（979年）至雍熙四年（987年）有主户1201户、客户367户，合计1568户。宋熙宁八年（1075年）至元丰三年（1080年）有主户5824户、客户6548户，合计12372户。南宋末年，梅州地区成为南方抗元义军的根据地。文天祥勤王，招募了大量的梅州义兵。元将易正大攻陷梅州，失败之后，嘉应地区百姓受到牵连，遭到元兵惨烈的杀害，其余四处逃亡，一部分逃亡到南洋一带，导致了"兵败后，所余遗子，只杨、古、卜三姓，地为之墟"和"郡，地旷民惰，而业农者鲜，悉汀赣侨寓者耕焉；故人不患无田，而田每以功不给废"（清代吴宗焯、温仲和《嘉应州志》）的惨剧。可见梅州地区经过宋末兵乱之后，其人口大规模缩小。按《元史·地理志》载："至元二十七年，梅州户二千四百七十八，口一万四千八百六十五。"① 即到了元大德七年（1303年），仅存2478户，14860人。然而此时，恰逢石壁地区人口外迁的高峰期，石壁客家人源源不断外迁至梅州地区，满足了本地虚荒的需求。正如黄香铁在《石窟一征》一文谈及的宋元时期蕉岭情况："今邑中旧族，南宋来者，亦复寥寥……而南宋后迭遭兵燹，土著逃亡，仅存一二，而遗黎凋敝，转徙他乡。"② 本时期此地人口空虚给客家人迁入提供了有利的空间。所以"闽之邻粤者相率迁移来梅，大约以宁化为最多。所有戚友，询其先世，皆宁化石壁乡人"（清《嘉应州志·卷32》）。由于闽西、赣南大量客家人的迁居，梅州人口数直线上升。到了明初，这里利用大兴土木、救济灾民、屯田兴学、做堤修坝、兴水利之便，吸引了大批外来的客家人。③ 具体数据显示：明洪武二十四年（1391年）1686户，6989人；永乐十年（1412年）2617户，10769人；嘉靖十一年（1532年）增至3099户，38366人。直到明末清初，梅州客家及居住在潮汕的客家人数量增加到一定程度，逐渐出现饱和状态，他们才开启了下南洋谋生的历程。

由于石壁地区及闽西其他地区客家人大量迁居梅州，到清代前期，清王朝开始休养生息，加上康乾盛世，梅州人口大量增加。至清嘉庆二十五年（1820年），嘉应州所属四县原人口52180人，而滋生丁口1314050人，此外，屯民丁口19170人，总计1385400人。如此众多的衍生人口，使嘉应州当时的人口密度达到每平方千米135人，仅次于广州、潮州、高州三府，居广东全省第四位。④

---

① 王文楚，魏嵩山.中国历代地理总志丛刊[M].点校本.北京：中华书局，1984：1519.
② 黄舜琪.宁化石壁与蕉岭的亲缘关系[C]//张恩庭.宁化石壁与客家世界学术研讨会论文集.北京：中国华侨出版社，1998：306.
③ 谭元亨.华南两大族群文化人类学建构[M].北京：人民出版社，2012：174.
④ 刘善群.客家与宁化石壁[M].北京：中国华侨出版社，2000：50-51.

除了梅州（梅县、蕉岭、丰顺、大埔、平远、兴宁、五华）以外，其他广东地区如龙川、紫金、河源、博罗、增城、惠州、惠阳、惠东等也是迁入的地区。梅州是石壁迁入最多的地区，据黄遵楷的《先兄公度事实述略》记载："嘉应一属所来者，皆出于汀州宁化石壁，证诸各姓，如出一辙。"[①] 无论从谱牒还是从客家后裔对祖先迁居梅州的记忆，都应当具有一定的可靠性。从地方史志类观察，依然存在同样的记载，如光绪《嘉应州志·丛说》中说："闽之邻粤者相率迁移来梅，大约以宁化为最多。所有戚友，询其先世，皆宁化石壁乡人。"[②] 此外还有大量的学者，如史学家罗香林、英国传教士艮贝尔、中国台湾地区研究者陈运栋等都论及石壁是梅州客家人最主要的祖籍地。1989年1月23日，梅州客家文化考察组来到石壁并考察石壁客家史；与此同时，梅州客家联谊会着手对本地区族谱进行大规模的调查整理，编辑出版了《客家姓氏渊源》第一集，收入梅州客家人共34个姓氏，其中有明确记载来自石壁及周边的宁化客家人有30个姓氏。后来又编辑了第二集，共收入35个姓氏，其中明确记载来自石壁及周边的宁化客家人有18个姓氏。明确记载的69个姓氏中有48个姓氏，如彭、雷、杨、余、宋、郑、洪、胡、唐、李、张、黄、陈、刘、钟、温、吴、谢、曾、罗、杨、林、廖、丘、梁、何、邓等姓氏。按1989年人口统计，梅州主要姓氏有24个，人口总数共449979人，从宁化迁入的18个姓氏，人口数为382052人，占比高达85%，这也印证了上述学者们调查的结果。根据1992年版的《蕉岭县志》记载：清朝中期统计资料显示，镇平县（今蕉岭县）有40多个姓氏，其中16个姓氏明确记载了他们是从福建宁化石壁辗转迁徙而来的，约占当时镇平县姓氏的40%。此外，《蕉岭县志》记载：上述16个姓氏中，有11个姓氏在全县分布较广，占全县分布较广的17个姓氏的65%左右。[③] 这些数据完全与众多学者调查数据吻合，体现了梅州客家人与石壁地区的客家人有着特殊的迁徙关系。

---

① 曾耀东，钟德彪.从黄遵宪到李欣——兼论客家精神[C]//张恩庭.宁化石壁与客家世界学术研讨会论文集.北京：中国华侨出版社，1998：478.

② 吴宗焯，温仲和.嘉应州志·丛说[M]//黄顺忻.客家风情.北京：中国社会科学出版社，1993：5.

③ 黄舜琪.宁化石壁与蕉岭的亲缘关系[C]//张恩庭.宁化石壁与客家世界学术研讨会论文集.北京：中国华侨出版社，1998：312.

根据宁化客联会客家学者的资料收集和整理，从石壁地区直接迁入广东各地的部分姓氏如下：

兴宁《河西刁氏族谱》载：始祖刁清，生四子，元末明初自宁化石壁始迁潮州府揭阳县蓝田村第八图小径村。明洪武三年再迁海阳县丰政大椹。

宁化《上官氏谱》载：上官氏，上官潘，宋时自杭州迁泰宁经光泽而抵邵武，咸淳间转徙宁化泉上热水新坊，为入宁始祖。其孙统郎，生九子，分衍宁化各地。八子峰郎生子四七郎，其裔孙、富郎、远郎、志郎皆迁广东。

《兴宁县志》载：南宋之初，有马七郎移居宁化安乐乡，其九世孙十三郎，于明永乐五年，出任惠州府营千总，十年，落籍兴宁西厢茅塘堡。

广东《河婆风土志》：宋末，避元兵九世孙仲勋（仲贵）与胞兄仲显，肩负祖、父骨骸，自宁化石壁南迁广东居汤坑建桥乡竹园下，后迁河婆曲湖寨。

梅县《邓氏族谱》载：八十九世大猷，宋徽宗时为国子监，于汀州宁化立业。其子显，又称望七公，生三子：志圣，号天乙，生五子分衍上杭、丰顺、梅县、英德、斗门、惠阳、揭西及江西兴国等地。志贤，号夫乙，生四子，分衍福建、云南、贵州。志斋，号太乙，以进士官广东提举司，升授广东布政司。南宋宁宗庆元五年（1199年）由宁化石壁移居广东程乡，为梅州一世祖，后裔衍播广东、广西、香港、台湾、闽西、赣南各地。

《兴宁县志》载：南宋时，三十七郎自宁化石壁出仕广东惠州，落籍斯地，明洪武末，其玄孙石崇山溯东江而入兴宁，卜居北厢龙归洞陶古村。

《兴宁县志》载：南宋末，卢天保由宁化迁广东大埔，其子卢隐乾徙梅县，传五世崇埔、崇福移兴宁南厢开基。

《宁都西平郡池氏族谱》载：池氏裕郎，字公余，于北宋初避乱自河南经浙江迁入虔化县西门鹅鸭塘，宋开宝元年继迁宁化县治平。明清时分迁揭阳、大埔、饶平、程乡等地。

《宁化客家姓氏源流》载：南北朝时许氏由中原乔迁宁化石壁村。至元末，行四郎公之子念三，肇基广东潮州府饶平县元歌都岭脚社寮背乡，建祠名曰"永恩堂。"

宁化、梅县《刘氏族谱》载：唐中代始祖祥公裔孙龙公，字景灰，生九子，依次名为开一至开九。第七子开七，宋嘉定时官授潮州总镇，随任居潮州。

兴宁《伍氏族谱》载：远祖宋公（一作宗公），元末由宁化石壁迁入广东松口溪南，后衍兴宁、蕉岭。

《孙氏族谱·远祖世系》载：五十二世契全公，家住宁化石壁。元末荒乱，沿途迁徙，于明洪武八年（1375年）移居兴宁东厢留田堡之官亭。

宁化《巫氏族谱》载：始祖天生，居湖广长沙府博罗县，自楚迁建昌，生子三。长子德益，于南齐永明元年（483年）移黄连峒（宁化古称）吾家湖，传五世，裔孙罗俊，创建黄连镇，授为黄连镇将，被尊为一世祖。裔孙大郎迁广东曲江，绍兴间其孙禧移居兴宁。

梅县《杨氏族谱》（新杨）载：杨氏，原姓林，住宁化石壁村，传至第七代绍远，于元末徙梅县半径村，更姓杨，绍远称梅县一世祖。

《广东龙门连氏族谱》载：上党连氏大始祖称公，其五世祖明公，自山西迁居宁化石壁，至下世光裕公，偕其三子：进步、道步、达步，自宁化迁广东五华。道公之子迁龙川、龙门。

梅县《陈氏族谱》九十世万顷，宋末迁居宁化石壁。下传五世德兴，元进士，由宁化迁嘉应州，为梅县陈氏始祖。

《范氏族谱》载：范仲淹之孙祖禹，自苏州吴县（1995年撤销）徙福建清流开基，传七世孙元冈，原居宁化石壁村，于明嘉靖元年（1522年）徙居广东大埔。

石壁客家与梅州客家的关系，如今考察起来，从文献入手最便捷有效。石壁客家迁往广东各地主要有两条路经：一是直接从石壁地区迁入广东；二是先迁往闽西或赣南，侨居一些时日，或繁衍一代至数代，再徙往广东的梅州、潮汕等地区。其实石壁客家人大规模南迁广东大约在南宋以后，迁入地点主要是兴梅、潮州地区一带。南宋末年，元兵南侵，文天祥在赣南、闽西、粤东等地募兵勤王，抗击元兵。原有居民流离失所，不得不顺着祖先的迁徙路线向梅州等更加广阔的地区迁移。而当时梅州地区的情况是"地为之墟""郡，地旷民惰，而业农者鲜，悉汀赣侨寓者耕焉；故人不患无田，而田每以功不给废"。黄香铁先生的《石窟一征》中在谈到蕉岭的情况时说："今邑中旧族，南宋来者，亦复寥寥……而南宋后迭遭兵燹，土著逃亡，仅存一二，而遗黎凋敝，转徙他乡。"(《嘉应州志》)自宁化或其石壁直迁广东梅州地区的姓氏，他们的族谱都记载得极其清楚，大致能够反映石壁客家人迁往梅州等地的历史脉络。

今天许多学者认为族谱存在攀附名门望族的可能性，对族谱的可靠性产生了疑问，当然其中自有道理。吴松弟认为："虽然不少的家谱记载未尽可靠，但在没有其他资料的前提下，则仍须利用之，只是需要采用新的视野重新进行审视。"[①]研究客家历史和源流问题一直是客家研究者的一个困惑，主要原因是正史中基本没有提到"客家"这个概念，就是清代李世熊所修撰的《宁化县志》也只字不提，更不用说一些史书。研究客家也只有族谱这一历史资料，其他史料的研究只能通过推论的方式加以证明，对于其的可靠性也是意见不一。固然，"石壁"作为客家先民南迁的中转站，历史上并不是什么望郡，也没有出现过什么历史名人。迁往各地的客家后裔也没有必要去攀附石壁这个名称。虽然族谱记载不能说完全可靠，但是他们对自己祖先经历的记载大多数应是真实历史。"北有大槐树，南有石壁村"是客家人口头传承的俗语，并不能作为当今学者质疑石壁在客家人迁徙中所起历史作用的依据，相反这样的俗语恰恰体现出石壁在客家民系形成及迁徙过程中的重要性。然而，对梅州地区的客家族谱的编修时间比较早，基本是客家民系形成以后，由汀赣二州迁徙而来，由以上所列举的文献资料观之，宁化石壁与梅州等地客家人的族源关系极其紧密。

第三节　石壁客家人迁往大陆其他地区

一、迁往闽西其他地区

宁化比闽西其他地区开发较早，建县比闽西其他地区也早得多。由于宁

[①] 吴松弟.客家南宋源流说[J].复旦大学学报（社会科学版），1995（5）：109.

化没有大河，在闽西偏北位置，故难置州郡，唐代归属汀州府管辖。可是宁化县石壁又是客家先民南迁的中转站和集散地，客家民系形成的过程中，由于石壁地区人口大幅度地增加，为了寻求更为优越的生存空间，部分客家人离开石壁迁往闽西其他客家地区。

石壁客家人主要迁往的闽西其他地区是长汀、上杭和武平三县，其余各县姓氏也是大多与石壁相关。长汀于府唐开元二十四年（736年）建，其余二县建制都是宋代，与石壁同属一个州府，人员往来相当频繁。

（一）长汀

长汀县，原为汀州府所在地，历史与宁化相差无几，两县相邻，人员流动相当大。根据2005年9月宁化县客家联谊会统计数据，石壁地区自南宋以后迁往长汀的姓氏有钟、石、刘、孙、邢、吴、夏、温、蔡、阙、詹、廖、李、姚、曾、邹、董、谭、马、上官、孔、包、华、陈、沈、卓、胡、赵、骆、赖、柯、翁、莫、康、谌、游36个姓氏。例如，钟氏：钟朝，西晋"五胡乱华"时期，江西兴国迁居宁化石壁，不久又迁长汀白虎村；徐氏：南宋末年，徐一郎，为避元兵之祸，自宁都迁宁化石壁，后迁长汀，又迁往上杭；石氏：南宋末年，三十七郎自宁化迁长汀，后经上杭入广东留居惠阳；丘氏：元至正年间，礼郎裔孙一郎从宁化迁往连城，后世丘荣祖又迁居长汀；张氏：石壁张氏二十一世杨德，居宁化石壁，生三子：化龙、化凤、化孙，张化孙为宋进士，南宋嘉泰二年（1202年）迁居上杭北乡深坑尾西洋村（今白砂镇茜黄村），官至中宪大夫，生十八子，后子孙分居于闽、粤各地，十六郎倬公徙往汀州。可见由石壁迁往长汀的姓氏数量极为可观。

（二）上杭

根据《上杭县志》记载，唐大历四年（769年）置上杭场时，大量南迁的中原汉人迁入上杭。宋室南渡之后，又有大批汉人经过宁化石壁中转至上杭定居，根据资料，由宁化石壁迁入上杭的姓氏有李、丘、简、江、罗、朱、伍、官、陈、袁、范、张、黄、曾、詹、谢、严、龚、包、伊、汤、吕、巫、吴、沈、高、温、傅、阙、黎、冯、梁、赖、廖、薛35个姓。根据各姓氏谱牒记载：

李氏，"其南来之祖，则溯始于唐之末年，有宗室李孟，因避'黄巢之乱'，由长安迁移汴梁（今开封），继入宁化石壁乡"。李孟之孙火德，李火德出生于石壁，宋代末年，与家兄李木德及妻伍氏迁往上杭县稔田镇丰朗村开基，后被尊为上杭李氏始祖。《始祖火德翁传》谓："火德翁李姓，其先汀之宁化人，值宋季元兵乱，与妻伍氏避居福建汀漳道上杭县胜运里之丰朗乡。"闽粤各地的李氏宗祠，多数供有李火德的牌位，以其为南迁入闽的一世祖 a。

故陈氏郡望称颍川。北宋末年，中原士族纷纷南下随帝（宋高宗赵构）室播迁，有陈魁者率其族众九十三人，移居福建汀州之宁化，有裔迁上杭。（《崇正同人系谱·卷一源流》）

林氏宋八郎由宁化始迁白砂横岗头，分居于白水磜、濑溪、才溪等地。

据《长汀客家姓氏渊源》载：宋末元初，据徐一郎，避乱由宁都迁宁化，再经长汀迁上杭。二郎迁入永定。

温氏始祖铜宝于唐时居宁化之石壁乡，宋时念九郎自宁化徙居上杭安乡，为上杭始祖。

曾氏曾中彦迁福建宁化。宋末，曾六十四郎迁上杭。

宋末，丘氏由河南固始迁居宁化石壁乡。丘三五郎为宁化始祖，其后迁上杭。三五郎逝于宁化石壁，儿孙将其遗骨改葬于太拔黄岩寺屏风岭，奉为始祖。

傅氏一郎，南宋进士，任太守，由吴抵宁化石壁。其孙念六郎移居上杭。

由此观之，由石壁迁往上杭的姓氏与长汀数量相当。

（三）武平

根据1994年4月版《武平县志》记载：民国三十年时，武平居民共有95姓。1987年全县人口普查，原有的乐、伍、陆、尉四姓于县内不复存在。另有亿、叟两姓各仅1人。武平县林富保在《武平客家与宁化石壁的渊源关系》一文中写道：借阅摘录武平各姓氏族谱三十多部，其中确切记载经宁化及其石壁辗转迁来武平的姓氏达33姓。其中刘、林、张、李、曾、何、吴均属武平著姓，人口众多，分布很广。还有钟、曹、梁、巫、萧、王、范、徐、郭、

---

① 尊李火德为开闽一世祖，实际不是，其祖父李孟定居南方，据说是在石城，李孟之子李珠已在石壁定居，生五子，以金木水火土为名。

戴、吕、郑、余、邹、方、赵、包、危、潘、石、宋、程、连、童、朱、卜26姓，都曾定居宁化或石壁，而后繁衍于闽粤赣各地。但仍有50余姓因缺乏谱牒，得不到了解。林富保先生在具体介绍了上述33姓的流迁情况后说："以上三十三姓，其中何、冯、薛、夏、练五姓自宁化石壁直接迁至武平；汤、刘、黄三姓在宁化居住数代，历几百年才分衍转徙武平；其余二十五姓迁出宁化之后，分别返迁赣南，或移闽西、粤东诸县而分派，辗转迁徙武平。这些史实说明，宁化或其石壁是武平客家的祖籍地、摇篮、中转站，如前所述，笔者所见的武平各姓族谱中，他们的祖先十之八九均经宁化石壁迁来武平。宁化石壁，确是包括武平在内的客家人不可忘怀的圣地。"[1]

（四）永定

明成化十四年（1478年）建县，之前属上杭县。据所查到的资料，境内的阙姓，是唐末五代十国时期迁入的汉族中仅存的姓氏。南宋入籍的有卢、廖、郑、胡、江、巫、林7姓。据《永定县志》载，1987年全县有112姓，明成化十八年（1482年）编审户口，全县人口仅11129人。县邑居民大多是中原后裔，情况与上述上杭县基本相同，大多是经宁化石壁转迁来永定落籍开基。

（五）连城

根据《连城县志》记载，1987年连城有86个姓，其中人口较多，分布较广的有吴、李、罗、沈、黄、童、谢7大姓氏。县内居民均是中原后裔，先迁徙江西，在唐代至元代期间，经宁化石壁再迁至连城。他们聚族而居，繁衍子孙，形成村落，后来多以他们的姓氏为村名。如李姓在宋绍兴二年（1132年）从宁化石壁迁来。谢姓在宋绍兴二十年（1150年）从建宁迁入，谢佐是谢氏两祠之始祖。12年后，谢十一郎和十三郎从宁化石壁迁来连城定居，成为谢氏东祠和城墙窝祠之始祖。[2]

---

[1] 林富保.武平客家与宁化石壁的渊源关系［C］// 张恩庭.宁化石壁与客家世界学术研讨会论文集.北京：中国华侨出版社，1998：293-304.

[2] 钟德彪，苏钟生.闽西近代客家研究［M］.北京：北京燕山出版社，2000：33-37.

（六）清流

北宋元符元年（1098年）建县，之前为宁化县辖地，一衣带水，山水相连，不少姓氏同宗、同祠，古往今来，居民互相迁徙的现象很普遍，大体情况与宁化相似，并且在唐代时期，属巫罗俊开辟黄连峒的范围。根据《清流县志》记载：隋唐以后，北方移民大量迁入。历史上较大规模的迁徙有三次：第一次是唐至五代时期；第二次是北宋末年；第三次是元末明初。明清时期邻近各县也有陆续迁居清流的。清流人口逐渐增多，达到一定规模的姓氏有李、叶、江、巫、上官、黄、伍、罗、林、陈、邓、赖、魏、王、温、丘、雷、廖、张、邹、萧等。主要姓氏从石壁地区迁入的有：

李姓于唐末由江西抚州入闽，居住于邵武，宋元祐三年（1088年）李伍郎由宁化会同里下坪盘固山（今宁化治平）迁居清流长校。主要居住在长校、沙坪、河排、黄坑、河背、解水、李村、李家寨等地，现约万人。

叶姓原居于叶（今河南叶县南部），后徙豫章临江牛栏郭，至福民解组，经宁化止于新村里叶坊（今宁化安乐乡），传至七世念十郎，始卜居清流供坊等地。现主要居住在童家坑、供坊、草坊等自然村，人口约1000人。

宋太平兴国四年（979年），巫姓万一一子由宁化移居清流永得里林畲石龙（石下）。高宗年间（1127—1162年）宁化济村巫家湖后裔里章迁居清流草坪。现主要居住在石下、龙山背、大路口、草坪等村，近千人。[①]

明清时期，石壁地区迁居清流的姓氏进一步增加，譬如自元至清乾隆末，宁化方田龙虎地余氏迁往清流的共有38个支派，主要居住地点以嵩溪、嵩口两地为多，还有长校、芹口、沙芜等地。迁徙时间：元代有十世同郎、豹郎迁往嵩溪；其余分别于清康熙、雍正、乾隆年间迁入。

（七）归化（现明溪县）

归化县部分原属巫罗俊所开辟的黄连峒范围。根据《明溪县志》记载，全县姓氏258个，其中有一定人口规模的姓氏20个，外来人口流入时间较早，分布较广，其中李、黄、罗、陈、杨、邓、夏、林、曾、张、叶、赖、廖、萧等为大姓。流入明溪的姓氏有三个途径：其一，由江西豫章（南昌）等地

[①] 钟德彪，苏钟生. 闽西近代客家研究［M］. 北京：北京燕山出版社，2000：33-37.

直接迁入；其二，由延平府将乐、沙县和邵武、泰宁等地迁入；其三，由宁化、清流、长汀、连城等地迁入。迁入明溪的族姓，大部分是在唐宋时期，主要由延平府之沙县、邵武、将乐、泰宁、南安、建要、永安，江西南昌，汀州宁化、清流等地迁入。明清时期亦有迁入明溪之族姓，迁出地大多在毗邻的客家地区。如王姓，明时由宁化迁入。周姓，明时由宁化迁入。[1]由于明溪县靠近沙县将乐和泰宁等较早置县地区，人口迁入的地方多为经沙溪和闽江支流进入的地方，与闽北联系较方便，也更密切，而宁化迁入的人口相对较少。

二、迁往闽南地区

石壁地区客家人迁往闽南地区的不在少数，大约始于五代后梁时期，元、明两朝最多。主要聚居区是广东潮汕地区的饶平和与闽西相连的漳州西南部平和、南靖、诏安、云霄四个县的山区以及龙岩县。根据《唐山过台湾的故事》记载，宁化卢氏传自开封刺史卢孟贤的第四子卢馆延，其七世孙三六郎自虔州迁宁化石壁乡。其孙天禄，天禄之子名县尹，宋时仕闽同安县，其子孙自宁化迁居同安县，再迁安溪县。宁化、梅县和台湾《丘氏族谱》记载，八十七世丘三郎，讳法言，宋太平兴国至景德年间，由河南迁居宁化石壁村，生三子：三四郎、三五郎、三六郎。三四郎移居西洋。三六郎移居溪南、永定。三五郎讳效锡，居宁化，登进士第，诰封直奉大夫。后由宁化迁上杭胜运里。生十子，依次名为伯一郎至伯十郎。伯一郎分衍湖洋、龙岩。伯二郎，衍翁源、河源、长宁。伯四郎衍上杭、始兴、英德。伯九郎衍英德，伯十郎，衍归善、丰郎。伯七郎生三子：继龙、从龙、梦龙，裔衍广东、台湾、海南及闽西龙岩、上杭、诏安等地。诏安《李氏溯源》记载：唐总章二年（669年）陈政为岭南行军总管，统府兵入闽平漳，李伯瑶为先锋，随军居家福建，伯瑶生十三子。其第六子笙，守绥城，迁居宁化石壁开基。其后一支裔孙传至云霄县含溪。明末又分衍至蒲顶村。丰顺《吴氏族谱》记载，吴宥，后梁时迁居宁化石壁村，生四子。长子坎一郎，传派漳州、龙岩、石牌前；次子坤

---

[1] 钟德彪，苏钟生. 闽西近代客家研究[M]. 北京：北京燕山出版社，2000：33-37.

二郎随父自宁化迁居龙岩。石壁《张氏族谱》记载，一百一十七世张端自陕西南迁、入居宁化石壁。其后有一百一十八世明翁（一作睦翁），字岭川，徙居福建侯官县。一百二十一世张德杨，生三子：化龙，迁居泉州；化凤，迁居福州；化孙，留居宁化石壁，生十八子，分衍闽粤各地。其中，吉云生五子，分衍漳州、潮州、泉州；庆云，生五子，迁福州；祯云，生九子，分衍泉州、晋江、德化、惠安、福州等地。根据《南靖县志》（民国稿本）记载，梅江乡（今梅林），梅东、梅西保，梅林始基祖魏进兴，元末由宁化县石壁溪迁入。根据《平和县志》（新版）记载，"九峰朱氏：朱熹第十代孙朱祯及其子于元至正年间（1341—1368年），避乱从宁化、上杭流徙至大坪浮山，最后定居于田心社（今九峰镇东）。九峰曾氏：至元四年戊寅（1338年）曾僮煊偕子启杰从宁化莲花石壁村徙上杭胜运里迁入九峰。"平和县"安厚、芦溪、坂仔赖氏：至元十年（1273年）赖氏三兄弟荆、梁、雍从宁化石壁城田心移居平和、诏安"[①]。由此可见，石壁地区迁入闽南地区的人为数不少，正如林嘉书先生在《从文化角度谈谈客家方言研究》中所认为的："其实移民经宁化石壁之后迁入闽南为闽南人者，很难说会比入客家地区的少多少。闽南大多数姓氏家族均经过汀州一站，宁化石壁也是闽南人的摇篮。"[②] 林瑶棋先生在《台湾客家人的弱势族群情结》中写道："许多客家人（包括闽南）的族谱都记载着祖先是经由宁化石壁再播迁到粤东（或闽南），因此，石壁这个地方被客家人公认为客家人的摇篮或总祖地。""我们从各种族谱中可以发现许多福佬人与客家人是同一祖先，足可以说明石壁也是闽南福佬人的祖地。"[③] 这些迁往闽南的客家后裔大部分被闽南文化同化，逐渐融入闽南文化圈，后来台湾地区便出现"福佬客"的称呼，意即会讲闽南话的客家人。

三、迁往江西地区

石壁地区与赣南联系紧密，石壁通往石城县最大的隘口站岭隘是江西与

[①] 王炳南. 客家人与近代闽南[M]//张恩庭,刘善群. 石壁与客家. 北京：中国华侨出版社，2000：713.
[②] 吴泽. 客家学研究·第三辑[M]. 上海：上海人民出版社，1990：23.
[③] 张恩庭. 石壁客家光彩[M]. 香港：中国文化出版社，2015：100.

石壁地区往来的最主要通道。李世熊《宁化县志》记载，据此或知石壁村实位于江西石城与福建宁化交界处之站岭隘东。而自石城至站岭隘以达宁化县城，本为闽赣交通要道，雍正《江西志》卷六《城池石城县》云："东陆大路自东门二十五里至大畲桥，福建汀州府宁化县交界。"卷三十四《关津赣州府》云："南岭隘，县北六十里通宁化广昌；站岭隘，县东五里达宁化……已上俱石城县。"由于两地相邻，交通方便，两地百姓从来是有来有往双向互动的关系。总体而言，宋以前，由赣南迁往闽西较多；宋以后，特别是明清时期，则由闽西迁往赣南较多。宋代以前，由赣东南迁入石壁地区的姓氏共达74姓之多，分别为石城25姓、宁都27姓、广昌12姓和瑞金10姓。明清时期由石壁地区迁往赣东南各地的有55姓。其中，石城15姓，宁都21姓，广昌11姓。① 根据张如山先生《上杭客家与江西的亲缘关系》一文中的统计，明末清初向瑞金移居总数为223例，其中，上杭96例，占43%；长汀53例，占23.8%；宁化26例，占11.7%；永定2例，占0.9%；连城8例，占3.6%；其他38例，占17%。宁化向瑞金移民数占到闽西地区的第三位。瑞金与长汀有一个隘口古城口，所以上杭与长汀迁往瑞金的客家人要多于石壁地区。迁往赣南的部分姓氏列举如下：

滕氏在唐代时居江西抚州临川县滕家州，生三子，第三子学珠自临川徙居汀州宁化招得里（今安远乡），裔孙于明代迁居江西石城丰山、高田。

高氏六九公，宋代自江西抚州迁居汀州宁化淮土，后衍江西石城小姑。

卢氏处信，宋代自虔州迁宁化石壁村，裔孙返迁赣州安远、兴国。

池氏裕郎，宋开禧六年自宁都迁入宁化龙上里，明万历间裔孙分衍石城小姑。

吴氏六十六世宣诚公生三子：纶、经、绍。纶生三子，长子和、次子念，由江西临川迁居宁化。至八十七世宣石公徙居江西石城。

邹氏元大公，宋时自江西南丰徙福建建宁，再迁宁化，至清代，后裔迁江西石城。

甘氏祖上原居宁化石壁葛藤村，后迁江西赣州府信丰县，分衍成三大派，

---

① 黄舜琪.宁化石壁与蕉岭的亲缘关系［C］//张恩庭.宁化石壁与客家世界学术研讨会论文集.北京：中国华侨出版社，1998：306.

分迁赣南、广东、长乐、陆丰。

罗氏于景新避黄巢之乱自山西徙宁都，转迁宁化石壁葛藤村。五代之后，裔孙迁江西南昌、吉州、虔化、石城、泰和、兴国、于都等地。

上官氏启郎，自宁化迁江西宁都。

温氏一百四十世高简，自洛阳迁江西石城。传三世南枭公由石城迁宁化石壁。南枭有三子九孙，长孙元春迁江西宁都，元夏、元秋、元林迁石城。

王氏一百零五世十四郎迁宁化。一百三十三世仪公自宁化迁居宁都，世传迁兴国；一百三十四世应模自宁化迁瑞金南兜。

其实姓氏迁徙的路线有很多，并不一定是直来直去，通过其他地方周转的也有很多。如徐氏由虔州迁宁化迁清流再迁居石城；雷氏由抚州迁宁化再迁居石城；伊氏由广昌迁宁化再迁居石城；丘氏由永丰迁宁化再迁居石城；另一支丘氏由抚州迁宁化再迁居石城；魏氏由南昌迁宁化，再迁沙县、清流，裔孙又返迁居江西临川、石城；马氏由南丰经石城迁宁化、迁安乐、迁清流、迁宁化，再迁居石城。

江西中北部开发较早，人口众多，但到元代以后，特别是明末清初，各地遭受清兵铁蹄的踩躏，加上疾疫等自然灾害的影响，人口骤减。顺治九年（1652年），开启了"湖广填四川"的移民运动。如江西的义宁州实施了"招垦开荒"的优抚政策，对客家人产生了巨大吸引力。1999年修水客家联谊会编撰《客家人在修水》，该书所做的"部分迁修客属开基祖原籍统计表"，显示了40多个县的客家人有933个支派开基义宁州，以下列举几个从石壁地区来此开基的姓氏：

张氏：鄞江始祖化孙，原籍宁化石壁，后迁上杭白砂茵黄，生18子108孙，其裔孙由上杭直迁江西义宁州的主要有6支：益昌公，世居闽杭，幼随英郎公客居义宁之四都；衍通公，为化孙公七世孙，自上杭迁义宁开基；化孙公二十二世孙亮汉，迁徙安乡沙埚里桃陇开基；化孙公二十五世孙武进公，徙桃源铺开基；文渊公幼随诜振公商宁之彭市，遂家焉；辉石公于乾隆年间随父元基公自杭徙宁，橘迁彭市，再迁杨庄陇。

李氏李火德、李木德原籍宁化石壁，分别迁居上杭稔田和太拔院前开基，自清康熙初年到乾隆五十年之间，火德、木德二支裔孙陆续迁入江西义宁都开基者计61人，其中木德裔孙16人，火德裔孙46人。

陈氏始祖陈魁原居宁化，裔迁上杭，再迁江西修水。

中都邱氏始祖三五郎，原籍宁化县，宋时迁居上杭胜运里开基。裔孙惟乾，又名明光，于嘉庆甲戌年（1814年）自上杭迁居修水县黄沙镇老鸦山湖洞立业。三五郎八世孙，百五郎一脉迁居修水的计27支。

唐末征西番将军赖氏赖标携家定居宁化石壁，裔孙开基上杭古田，子孙繁衍甚众，其裔孙迁徙江西修水者计11支。

廖氏：五十世实蕃，讳花，世居宁化，其后迁居上杭蓝溪觉坊，奉实蕃为一世祖，其裔孙迁修水者二支。花公二十四世孙洪贵公，康熙间，自上杭庐丰田鸡浮塘迁义宁州安乡十三都，今黄沙桥镇长坑村桃树坑开基立业。另一支为花公二十二世孙仕兴，于康熙间携男自上杭移居义宁州安乡十三都正源立业。①

石壁地区的客家人由于各种原因，在明清时期返迁赣中北和东北部等地的也有不少姓氏。以下列举其中几个姓氏：

宁化安远《太原王氏族谱》载：王氏十四郎，宋时自邵武禾坪迁入宁化招贤里五都（今水茜乡）。后传七世六十郎（英甫）徙招得里（今安远乡），裔孙万寿，领妻徙江右弋阳月山；万春徙浙江；国四禾、国达、国斗迁江西铅山石塘；国经、国趾兄弟迁铅山曹家坂；国直、国兴徙弋阳月山；国棚兄弟及国鼎，徙铅山港东。

黎丰《马氏七修族谱》载：马氏世顺公于清康熙间，自宁化迁黎川钧峰狮子排。

石城（琴高）《汪氏十修族谱》载：汪氏三九公，讳昌，宋进士，迁宁化招得里下汪村头。至七十一世六二，字若虚，迁清湖，后徙南城珀玗。七十七世延斌之子朝俸迁广昌塘坊开基。

罗氏仪贞公，长子罗景新，避黄巢乱自宁都迁宁化石壁葛藤村，五代之后有太官人迁居南昌；荣显官人迁吉水白沙；正舍人迁虔化；六五迁湖广，继昌移吉水；孟洪居万安；福兴迁遂川，希白居泰和；建华居万安。

---

① 严雅英. 从馆藏客家文献看上杭客家向义宁州的移民[C] // 罗勇."赣州与客家世界"国际学术研讨会论文集. 北京：人民日报出版社，2004：79-86.

萧氏以奇泰公为一世，传至四十四世理，携季子梅轩自泰和迁居宁化石壁葛藤凹，其后又迁松源都，为梅县开基祖，裔孙分衍江西泰和县、兴国县及湖南境域。

还有其他地区与石壁客家人关系密切，正如刘美崧先生所言："客家后裔根据方志、族谱记载和祖先的回忆：客家人从中原迁移到南方乃至世界各地，几乎都曾经过宁化及其石壁。萍乡也不例外，据20世纪40年代末的资料，萍乡县内来自福建汀州、广东嘉应州（梅州）的达200多姓。而梅州的客家人大多是在南宋以后由汀州宁化迁去的。"[①]总而言之，石壁地区回迁江西的客家人成为客家迁徙的重要组成部分，这也反映了人口迁徙的复杂性。

四、迁往四川

石壁地区的客家人迁入大约于明清时期为盛，特别是"湖广填四川"的移民运动。明朝末年，朝政腐败，赋税日重，兵灾连年，民不聊生，四川人口大量减少。清廷采用鼓励外省人入川和强行移民入川两项措施，继湖广（元朝将鄂、湘两省区划为湖广省，近代川人沿袭元时行政划分习惯，仍把湖南、湖北省称为湖广省）人移民入川后，广东、福建等一百多万客家人迁徙入川定居，这就是历史上四川著名的"湖（湖广人）、广（广东客家人）填四川"大规模移民运动。[②]因此四川客家人大量增加，据数据统计，四川客家人全省分布有40多个市县，人口达250多万人。石壁地区的客家人有的是直接迁入四川，但大部分是通过闽西、广东和赣南中转迁入的。著名的文学家郭沫若的家族是由宁化直接迁往四川的。他在1939年所著的《德音录》中记载："吾家原籍福建，乾隆四十六年（1781年）由闽迁蜀，世居乐山县铜河沙湾镇，入蜀四代而至秀山公（沫若祖父）族已昌大。"[③]《我的童年》中记载："我的祖先是福建移来的，原籍是汀州府宁化县。"根据调查，郭沫若祖先原

---

① 刘美崧.宁化石壁与萍乡一带客家文化的亲缘关系[J].中南民族学院学报（哲学社会科学版），1998（2）：68.
② 张明兴，江映红.四川客家人历史初探[C]//张恩庭.宁化石壁与客家世界学术研讨会论文集.北京：中国华侨出版社，1998：504.
③ 政协沙湾区委员会文史资料研究委员会.郭沫若父丧专辑：第1本[J].沙湾文史，1987（3）：7.

居宁化县龙上里七都，属古代石壁地区，大约在乾隆四十六年（1781年）之前，他的祖先郭有元到四川做苎麻生意，而后定居下来。大约在乾隆末年嘉庆初，迁居到四川嘉定府乐山县沙湾镇。[①] 根据宁化县龙虎地的清宣统二年庚戌（1910年）七修《新安郡余氏族谱》，这里大量的余氏都迁往了四川。淮土刘氏于清康乾年间，直接迁徙四川的共计十余户。中沙《廖氏九修族谱》记载，廖氏始祖审忠公，清初，裔孙一支迁四川。河龙《伊氏十一修族谱》记载，唐僖宗乾符二年（875年）文敏偕弟文景避难南迁，卜居宁化武典锡源驿，生二子：崇、显。显为伊氏入宁始祖，自迁居至今已历1100多年，传衍30多代，自三世起，有裔孙外迁，其中，九世迁袁州，十八世迁潮州，十三、十九、二十世迁江西宁都；二十一世迁广信，二十五世、二十七世于清初迁四川。

诸多石壁地区的客家人，通过闽西其他地区，或者由赣南、广东中转入川。李全中在《成都东山客家氏族志》一书的导言中写道："成都东山客家敬奉的始祖基本上是宋末元初由江南迁到闽西宁化县石壁乡的，或再南迁至粤东嘉应州和惠州等地的。"

李氏：成都金堂县《李氏古泉新修族谱》（纂于民国十八年）记载，火德原居宁化县石壁村李家坊。至敏公迁广东兴宁县。南宋建炎二年（1128年）又迁长乐县紫金山下居住。至清代，桂生公，同族弟兄十八人，由粤入蜀，始居川东隆昌县，继迁成都北关外石子岭，后于雍正庚戌又迁金堂县南关外三十里地名杨柳湾，即今之地四口堰白衣庵李家冲是也。

周氏：《四川周氏族谱》（民国十九年修）载，始祖仁德，字善长，原籍湖南营道，先世随宋南渡，累迁福建宁化县。公当南宋之造，避乱广东。定籍长乐县，由元及明，三百余年，公之后裔，支派繁衍，至清初（康熙、雍正、乾隆年间），居粤周氏宗族二十八派先后迁蜀数百人，分别定居二十七府州县。

四川新都《吴氏家乘》（1992年修成）载：余姓所传泰伯公，君于吴，以国氏而吴以兴，尝远历江左，近涉豫章，寻根于闽（闽赣粤吴氏祖地多源于

---

① 余兆廷.宁化客家姓氏源流[M].北京：中国华侨出版社，2000：123.

汀州宁化——编者），求系于粤，按其谱序要皆上溯周封，次绪秦汉，以为派衍之始，至清初，有九十世兰盛公自粤入蜀，定居新都县。

四川新都《冯氏族谱》[光绪二十二年（1896年）修]载：冯氏一族世居始平郡（陕西兴平东南），始祖汉广公，始居闽省宁化县，后迁粤省长乐县，复又移居龙川县，至康熙初年，十二世英茂、英胜两公率廷宗公由粤入蜀，落籍新都县东乡报恩寺侧，自入川以来，二百余年，世代繁昌。另据成都华阳《冯氏宗支谱》载：冯氏原籍福建汀州府宁化县石壁村，移居广东省潮州府海阳县，至天瑞公，移居嘉应州长乐县，清雍正初年，始移四川省成都府华阳县。

成都清白江区《张氏家谱》（1996年修）载：张氏戴公居陕西凤翔府郿县，南宋时，有时中公居江西，已历三代，理宗时任福建汀州上杭县主簿，生子世贤，中戊辰进士，因世乱不愿出仕，遂入籍于宁化县，是吾来脉之祖也。由宋而元而明，明亮公迁居广东长乐。清雍正七年（1729年）恭人公、俊人公等携室入川，次年达于金堂简州，立业置家，恭人公为张氏一宗入川之始祖。

四川《严氏族谱》载：唐时严氏少祖迁宁化县石壁村卜筑安居，后迁广东潮州府揭阳县。吾祖大千公与妣邓氏福娘，携子德荣迁嘉应州长乐县泉砂约坪上村居住，至雍正年间不辞跋涉之劳，移居西蜀。《成都东山客家氏族志》在《严氏族谱》提要中云："谱序称：严氏远祖繁衍生息于天水一带。春秋时，楚庄王之庶孙，以王谥为氏，得姓庄。东汉时，为避汉明帝刘庄之讳，改为严姓。严姓始祖子陵，不入仕途，隐居江南。唐朝乾符年间，严氏一支迁徙福建宁化石壁。后世又迁广东揭阳。明朝初年，太祖大千公、妣邓氏福娘，携子移居长乐县泉砂约坪上村创业立基。清朝初年，长乐严氏宗族相继徙居西川。康熙五十七年（1718年）十世严国宽入川，置业新都县。雍正五年（1727年）严国宝入川，置业华阳。严国寅也于清初迁居四川，立业华阳崖家店，其后裔又及川南、简州、建昌等地。"

成都《林氏族谱》（成谱于民国三十四年）载：晋，林氏林禄由宦至闽居家。宋末元初林评事由闽入粤（评事为宁化石壁林家城林氏始祖林显荣字清香之长子——编者）。清雍正癸丑（1733年）正月，林培玉携眷自粤长乐徙蜀，至成都、华阳定居立业，是为入川林氏一宗之先祖。

成都《钟氏族谱》（清咸丰九年修成）载：唐初钟氏酉公携家渡江居金陵，后徙虔州。朝公放官福建，家宁化石壁。至宋，理公携家再徙广东长乐。强公移潮州府程乡县。文进公是为长乐南街塘湖发派之祖，称塘湖分派。文进公下十三世宁哉公，妣曾氏，于清康熙庚子年（1720年）正月，携眷自粤迁蜀，适重庆府永川县东山寺侧居住，其后又迁威远。乾隆乙丑年（1745年）九月，再迁成都府华阳县置家立业。

四川《卢氏新续族谱》载：据石壁谱记，卢氏始先祖原出秦始皇时卢生之后，唐时卢绾、卢怀慎是苗裔也。秦时居于燕，迨后移吴头（南京）楚尾（湖广地）。祷天祝嗣，随生移于虞华县。唐末因黄巢作乱，有卢吏迁于闽之宁化石壁洞。迨明，我祖移于潮之程乡，庐于石狮栋下。粤系十二世祖卢仁彦，于清乾隆二十二年正月携子迁蜀，越三月余，至成都府华阳北门外隆兴场。乾隆四十九年仁彦公一族创业于凉水井，嘉庆三年拓业华阳崔家店、莲花堰。仁彦为卢氏迁蜀始祖。

成都《巫氏族谱》［清咸丰六年（1856年）修］载：巫氏始祖巫公号罗俊，字定生，系属平阳，世居建业。唐初，曾以武康之节来治于闽福汀郡，克树殊勋伟列。唐皇敕命，晋封镇国武侯兼赐上方剑戟，便宜行事，袭荫三代。妣柴氏，赠夫人；纪氏，封夫人，生子明甫公袭荫职，生孙万宗公，袭荫职，遂相居于宁化石壁乡焉。则今之宁化城址，即我祖罗俊公肇基之版图也。历十三世大纲公，妣王氏，接住宁化三都龙湖，生巫公光一郎，遍观闽地，见邑上杭，土衍膏腴，可作乃家至计，始迁上杭中村礤头。后又分徙永定县溪南，递及大溪豁口居焉。又数代至巫公大一郎，妣王氏、黄氏、吴氏。共生七子：长念一郎，妣李氏，住蒲岭高车坝；次念二郎，妣王氏，住英德尧山蒲东；三念三郎，妣张氏，住惠州金鸡塔下；四念四郎，妣王氏，住长辅东水竹径都；五念五郎，妣杨氏，住永定溪南；六念六郎，妣李氏，生三子，次子忠立讳禧，妣谢氏，由宁化徙之广东兴宁罗凤肇基焉。迨数传而后，有徙之龙川下塔、长乐、程乡、永定、连平、和平诸郡邑者，更而徙之广西、江西、湖广、四川诸省者，则皆念六郎之嗣胤也；七念七郎，妣何氏，生一子廿郎，妣张氏，住永定大溪豁口及罗滩。巫氏入川始祖为巫锡体，原籍广东长乐，于清雍正十三年（1735

年）西迁重庆府荣昌县大草坪，旋又迁永川县王家坪。

成都《刘氏族谱》（1944年修）谱序称：唐时，先祖刘祥自南京徙汀州府宁化县。至开七公放官广东潮州府，居家立业。清雍正末年，东粤大旱，刘氏祖公锡倓，于乾隆元年（1736年）西迁入蜀，几经周折，聚族拓业于新都高观山。另据四川于民国三十四年手抄本《刘氏族谱》载：开七公之子广传公为本宗刘氏一世祖，至二世刘巨源，迁居惠州府兴宁县北厢，至十五世刘纯纪，于清初自广东徙居四川省成都府华阳县三甲地西河坑拓业置家。十七世刘光荣，移居华阳县保知场倒石桥创业。奉节《刘氏考订谱》云：唐僖宗时，曹州黄巢作乱，世祖祥公昆季三人，自江南沛县避难各别。仅得祥公一人流寓福建汀州府宁化县石壁洞葛藤坑，立业安居。至开七公之孙刘巨涟于明洪武四年约同兄弟从福建宁化县石壁洞迁居广东，公则创业嘉应州兴宁县南厢。十八世祖秀标公生于乾隆三十九年（1768年），14岁时，因家庭窘迫，母亲彭氏叫他"吾土田所产，举家难赖，汝次兄已往川省，汝亦可自出营生"。刘秀标听从母命，离家入川，艰苦创业，家业大发，裔孙播衍数省。①

成都《廖氏族谱》（1924年修）载：周武王封侯，十六弟辛伯封于廖地（甘肃武威），其后以封邑为姓。至唐朝，廖崇德赴任江西虔化令，家于赣，其后世又分别移往福建汀州上杭，世传廖德源再迁广东兴宁。（据《闽粤赣廖氏世系》载：四十一世崇德公，唐贞观年间任虔化县令，任满家于虔化，为闽粤赣开基祖。崇德四世孙四十一郎，自虔化移居宁化石壁。至五十世实蕃，讳花，字循正，号五郎，由宁化迁居上杭。实蕃八世孙德源，于明洪武元年移往兴宁开基，奉实蕃为入粤廖氏一世祖。）雍正四年（1726年）春，廖明达，字体用，携子经湖广西上四川，达川西至什邡市镇。至雍正十年其子徙新都。乾隆八年（1743年）又迁华阳新河堰立业。②

由此观之，石壁地区在清代迁往四川境内的客家人数量不少，迁徙的过程也较为复杂。

---

① 刘善群.客家与宁化石壁［M］.北京：中国华侨出版社，2000：260.
② 李全中.成都东山客家氏族志［M］.成都：四川人民出版社，2001：3.

五、迁往广西

广西的客家人主要分布在东南部，主要在陆川、博白、贵县、桂平、武宣、平南一带，有近200万人。最早是清乾隆年间（1736—1795年）迁入，最晚是民国初年迁入。大多是从广东、闽西迁入。正如清代桂林人氏龙启瑞所撰的《粤西团练辑略序》中所言："外郡地多山场旷土，向招粤东客民佃种，数世后，其徒益繁，客主强弱互易。"广西客家多数从广东中转迁入，广东客家大多与石壁有关系，所以广西多数客家人是石壁地区的客家人后裔，也有部分是从石壁地区直接迁到这里的。譬如，李用善于元至正二十五年（1365年），从福建宁化县城内迁徙到广西浔州府武宣县城内居住。其子李颜荣，字满，明永乐十五年（1417年）丁酉科举人，出任安南谅州府同知。李满被尊为武宣李氏一世祖。广西陆川县李世杰乡亲曾向宁化来函称：我祖有怀公，宋末从宁化石壁迁入广西陆川县开基。广西博白县刘氏宗亲认为他们的祖宗是从福建宁化迁往广西，大约于明朝中叶，先居北流，而后定居博白。抗法名将黑旗军将领刘永福，他的先世大约于五代十国，从河南刘邑（偃师县）迁居于福建宁化石壁葛藤坑，到了明弘治年间，开始从宁化迁往广西白州御前村（今博白县东平镇富新村）秧地坡屯，后移居钦州小峰乡。刘永福出生于钦州，八岁时随父流亡到广西南部的上思县。清廷抗法主战派人物唐景崧，他的先祖世居山东唐县。永嘉之乱，自山东迁江西，唐末再迁福建宁化县，明末移居广西灌阳。广西柳城县邓氏，原籍福建宁化县。明末迁居广东嘉应州梅县松口，清乾隆庚申岁，迁往广东阳江县石坡村购置家产，同治辛未年间，又迁往广西柳城县大埔村居住。还有太平天国天王《洪秀全家谱》云："始祖贵生公，字怀远，与妣许氏，始迁潮州丰顺布心。父老又云：移自宁化石壁。"如此记载还有很多，有待继续挖掘。

六、迁往陕南地区

客家人迁徙陕南的主要原因在于，清初朝廷为应对郑成功父子领导的东南军团，而实施的把东南沿海百姓大规模迁往内地的政策。顺治十六年（1659年）发布了迁海令，大量濒海客家人向内地迁徙。此时，郑成功率军十八万由长江口溯流而上，水陆并进，直指南京，大江两岸民心归附。为切断郑成功义师同广大人民群众的联系，清廷于顺治十八年（1661年）正式发布迁海令，其内容主要是将福建、广东、浙江、江苏、山东、河北六省沿海及各岛屿的居民内迁三十至五十里，在沿海一带形成一个无人区。[①] 并且派钦差大臣监督。加上垦荒令和"湖广填四川"运动，大量客家人从福建、广东、江西等地返迁陕西商洛、安康、汉中等地区。现今，陕南的客家人有40多个姓氏，共达100多万人口。陕西客家人最多的地方是商洛地区，主要有张、蔡、赵、罗、师、阮、成、兰、颜、钟、赖、黄、吴、刘、杨、李、邱、曾、刁、叶、彭、明、贺、陈24个姓氏。由闽粤赣迁往此地的大量客家人，他们从闽粤赣交界处来到秦岭南部山区。他们离开南方客家人聚居地已有300至500年左右不等的时间，他们中的许多人仍保留着祖先从南方带来的客家话及客家人的风俗习惯。许多客家村落仍保留着祖先留下的各姓氏宗祠、宗谱（族谱）及记载有从南方客家地区××县××年迁陕的基碑。并且世代相传着祖先遗训要求：崇敬祖先、尊老敬贤、艰苦创业、奋发图强。[②]

迁往陕南的客家人主要集中在福建汀州和广东嘉应州，包括宁化、镇平、兴宁、平远等地区。闽粤客家人迁居陕南之后，往往集中居住，形成一个个被称为"福建村""广东村"的村落，至今仍然保留着客家方言和风俗。统计显示与石壁地区有关系的姓氏列举如下：

谢氏是源于宁化石壁迁徙陕南后人口繁衍最多、分布最广的一支移民。其中有两支谢氏移民分别来自广东镇平和福建龙岩。龙岩谢氏是福建移民中的大家族。据《安康谢氏族谱》载，安康谢氏先祖先居陈留郡，后徙固始县，宋末又自固始南移福建汀州府宁化县石壁溪。其后，谢氏支派九二郎公自石壁溪迁漳州府龙岩州马坑社东太保林，龙岩谢氏奉九二郎公为始祖，传至明末，其十五世祖映斗公遇害，祖妣刘老太君携三子避难武平县居武平新城中街（即今中山镇），乾隆十五年（1750年）迁陕西兴安州汉阴县，后又迁居安康等地。

---

① 陕西客家联谊会.陕西客家人[M].西安：太白文艺出版社，2008：35.
② 徐锦才，杨鼎昌，姚秀林.当代"桃花源"——秦岭深山的罗家湾[M]//张恩庭，刘善群.石壁与客家.北京：中国华侨出版社，2000：10.

镇平谢氏来自宁化石壁，根据《潮州谢氏族谱》记载，潮州谢氏自福建宁化石壁分派迁移广东潮州府嘉应州镇平县（今蕉岭县）等地开基，繁衍生息十四代，十四世祖谢登云公，妣何氏，于康熙三十七年（1698年），离粤迁楚。先居长沙府浏阳县西乡大岸段，后移东乡第七都高湖市石狮口。登云生三子：瑞乾、瑞初、瑞开。瑞开公，妣载氏生六子，于乾隆丙戌年正月，自湖南平江县横江移居陕西兴安府汉阴分府南山堰坪埔地大艾子沟陈家坡居住，嗣孙创业。百余年后，谢氏在陕南发展为根系盘错的大家族，其后裔繁衍安康、汉中两地区七八个县市。

黄氏亦属于宁化石壁的客家人。据四川西昌《黄氏谱序》称：兴宁黄氏支脉"祖宗讳化公者，住福建汀州府宁化县石壁溪，洪武年间迁居广东广州兴宁县仁和乡罗坝二家居住"。清康乾间族人先后迁居四川和陕南。兴宁黄氏裔孙黄国煌，康熙间，携妻经长途跋涉，来到陕西汉阴县凤凰山以南的凤江乡堰河村定居，后裔人口蕃盛。

闽赣粤廖氏开基祖崇德公，唐时家于江西虔化，宋时，其四世孙四十一郎自虔化迁居宁化石壁，明时有廖德源者迁居粤之兴宁，后有裔孙西迁四川，居临江府清江县中潭里，为临江望族，奉闽赣粤开基祖廖崇德为始祖。嘉庆年间，有名廖居庆者，甫冠来陕西宁陕县，经商起家，为临江廖氏迁陕始祖。后有廖诒坦，字洪维，于道光三十年（1850年）前后自临江迁陕，妣萧氏，生五子一女，裔孙人丁兴旺。

粤东《邱氏家谱》载，邱氏本姜太公开基，周朝成王封皓公于河南中州高邱，爰以邑为氏。后迁于闽之上杭，宁化石壁……至六世祖迁粤之沈香（今广州市郊），从口而存。森公又迁惠郡龙川之张方约池鸡危楼下，开基创业。邱氏在此安居200多年，繁衍了九代。八世祖邱常珊于乾隆三十一年（1766年）迁江西义宁州，至乾隆四十三年（1778年），携老幼迁居陕西兴安州月河川道。

迁陕陈氏多为福建龙溪义门陈氏。龙溪陈氏源自宁化石壁。香港《崇正同人系谱》载，宋时，魁公，名参琬，带家九十七口入居宁化石壁乡，生五子：昆、仑、嵩、岳、峰。昆、仑之裔徙闽南；嵩之裔徙永定、大埔为多；岳之裔迁大埔、曲江、和平等处；峰之裔迁广东蕉岭、梅县繁衍且盛。龙溪陈氏陈嘉猷者于清雍正初年，从九龙江流域向西迁徙，终定居汉中府之城固县，陈嘉猷为迁陕陈氏始祖。[1]

因此，客家人迁往陕南主要原因是行政命令。

第四节 石壁客家人迁往港澳台和海外

一、迁往港澳地区

石壁的客家后裔直接迁往港澳地区的为数不多，诸多后裔是在闽西其他县或广东定居之后再迁往港澳地区的。最早可追溯到宋元之际，明清时数量较大，这个时期也是石壁地区迁出最多的时期。如客家李氏开基祖李火德，宋开禧二年（1206年）十一月生于宁化县石壁村，19岁任宁化县教谕，宋宝庆二年（1226年），从宁化石壁迁居上杭胜运里（今稔田镇丰朗村）开基。李火德有三个儿子，长房（三一郎）三世千三郎，由上杭迁往永定湖坑乡开基，到了二十一世崇文兄弟迁居台北县三芝乡；二房（三二郎），是元代至元三十一年（1294年）甲午科武举，任赣州于都象湖镇（今瑞金县）都阃府职，其后裔播迁至粤、闽、桂、赣各地；三房（三三郎），明代时七世德明由上杭迁往广东程乡县（今梅县）溪南浚头开基，到了十二世衍白，遇到明清之际的动乱，迁往海阳，后又迁徙丰顺，之后又再迁往大埔左野唐开基[2]，其后裔迁往香港地区，主要在香港新界各地。

香港客家人大约从清代初年迁居于此，至今有200多万人，大多数是从石壁迁往各地，再从闽西、广东和赣南迁徙而来。譬如荃湾区陈氏，根据家谱《四必堂陈氏族谱志》记载，远祖最初定居于福建汀州府宁化县，其后有部分族人迁入广东的龙川居住，至明朝末年再向南迁徙至博罗、惠阳及罗芳等地。18世纪中叶，十三世祖陈任盛随伯父候德自罗芳徙居浅湾，即今荃湾老屋坑，在濒海的地方筑磡，开垦耕地，以务农为业。[3]

---

[1] 陈良学.宁化石壁客家人移垦秦巴山区考略[M]//张恩庭，刘善群.石壁与客家.北京：中国华侨出版社，2000：23.

[2] 刘善群.客家与石壁史论[M].北京：方志出版社，2007：268-269.

[3] 刘善群.客家与石壁史论[M].北京：方志出版社，2007：269.

香港新界上水《廖氏族谱》记载，唐时，廖氏先祖由江西于都避乱，迁宁化石壁寨。

香港新界《曾氏历代宗亲谱》记载，曾氏先祖于宋政和壬辰年（1112年），自南丰迁徙福建汀州府宁化县石壁乡居焉，生子仲辉，辉生二子：桢孙、佑孙，因宋元兵扰，不能安居，由宁化徙广东长乐县家焉。

香港很多客家姓氏均迁自宁化或石壁，其迁徙途径是：

李氏，宁化—上杭—兴宁、五华—惠州、深圳—香港新界各地。

吴氏，宁化—梅州—博罗、深圳—香港新界元朗大井围、荃湾等地。

张氏，宁化—上杭—梅州—博罗—香港新界粉岭、大屿、长沙、水口、贝澳老围、荃湾、大埔等。

刘氏，宁化石壁—梅县—惠阳—香港。

何氏，宁化石壁—兴宁—深圳—香港。

巫氏，宁化—兴宁—深圳—香港。

叶氏，宁化—龙川—南雄—潮州—惠州—东莞—香港新界莲麻坑。

丘氏，宁化—潮州—惠州—香港—新界樟树滩、赤泥坪。

郭氏，宁化—潮州—惠州—香港新界提水坑。

黄氏，宁化—潮州—惠州—新界沙田。

邓氏，宁化—潮州—惠州—新界蓝田、荃湾。

刁氏，宁化—潮州—新界荃湾。

马氏，宁化—潮州—惠州—新界碗窑。

朱氏，宁化—惠州—香港—石塘咀、九龙沙挖铺等。[①]

澳门原来是一个小渔村，旧名是濠镜或濠镜澳，因停靠渔船的泊口称为"澳"，所以后来就被称为"澳门"。澳门本属广东香山县辖地，南宋咸淳七年（1271年）元军攻陷宋都临安（今杭州），宋室张世杰、陆秀夫、文天祥等重臣拥戴宋端宗赵昰，护送这位南宋皇帝南下避难，几经周折到达南海，因遇台风狂袭而临时驻扎澳门。后来，遭元军追杀，宋端宗溺海而崩，一部分溃散的南宋军民就定居于澳门，成为最早的居民。明嘉靖三十二年（1553年）起，葡萄牙人在澳门定居。1887年12月1日，葡萄牙人正式占领澳门，为了

---

① 刘善群.客家与石壁史论[M].北京：方志出版社，2007：269–270.

城市建设而雇用了大量闽、粤劳工，其中有不少闽、粤客家人，这些客家人当中有部分源自石壁地区的客家后裔。根据梅县《杨氏族谱》（新杨）记载，先祖原姓林，籍居宁化石壁村，传至第七代名远绍，字千三郎，于元末徙居梅县半径村，易姓杨（新杨），其后裔杨睿，传十六世亥琮迁澳门定居，繁衍子孙。到了清代，澳门已有不少客家人。

二、迁往台湾地区

台湾地区客家人数量众多，占全台人口数的14%左右，大部分是从广东、闽西迁往台湾的，大多都与石壁地区有着密切关系。1945年抗日战争胜利后，宁化人入台的有500多人。所以，台湾客家人无论是早期入台，还是近代入台，其关系都较为复杂，且人口众多。正如陈国强先生所说："台湾客家与宁化关系密切，不仅他们的祖根在宁化，就是现在台湾的物质文化也保留了一些传统特点。""台湾客家的历史，据有关史料记载：大量是在清康熙二十年以后，即康熙二十二年（1683年）台湾与祖国大陆统一后，广东嘉应州属（今梅州市属）各县的客家，纷纷和福建闽南人迁居台湾。但在此之前，已有客家人迁入，而且嘉应州的客家，祖地即在宁化石壁。"①

除了客家人以外，还有大量的闽南人，或者说是被同化为闽南人的人，也是从石壁及周边迁徙而来的。正如林嘉书先生在《客家摇篮——石壁村》中所说的："台湾至少有六十个常见姓氏中的六百多万人口与石壁村相关，其中三百余万是客家人，另外二百余万是传自石壁，又从闽南南靖、平和、诏安、漳州等地迁台的闽南人。"②

明清是客家人迁往台湾最多的时期。明郑时期，福佬人大规模迁台，到了乾隆时期，客家人开始大规模迁台。福佬人入台较早，主要分布在台湾西部平原地区，客家人迁台较迟，主要分布在南部、中部和西北部山区，如台湾中部的南投，南部的屏东、高雄、台南等县的山区和东北桃园、新竹、苗栗等县山区。他们来到这里垦荒耕种，建立一个又一个的客家庄。据统计资

---

① 陈国强，林加煌.宁化石壁与台湾客家[M]//张恩庭，刘善群，张仁藩.石壁之光.厦门：厦门大学出版社，1993：90.
② 林嘉书.客家摇篮——石壁村[N].华声报（台湾），1987-03-03.

料显示，石壁地区与台湾客家人有亲缘关系的姓氏超过97姓，列举部分姓氏如下：

蕉岭《汤氏族谱》记载的路线图是于南宋高宗年间，汤氏从商丘经湖南、江苏南京、浙江萧山迁居于宁化石壁塘。后传四世至益隆公，于明洪武年间，携子五二、五三分居上杭、武平；其妻何氏带五八、五九迁往广东，定居于程乡高思村，后裔播衍至粤东、赣南各地。至清乾、嘉间开始迁往台湾，最初居苗栗，后播衍到新竹、桃园等县，之后一些后裔播衍至巴西、日本、毛里求斯、东南亚各国及澳大利亚等世界各地。

台湾巫氏是出自宁化巫氏始祖巫罗俊的后裔。早在唐初巫罗俊就率众在黄连峒开疆拓土，被封为"黄连镇将"，为宁化巫氏一世祖，裔孙多在闽西、粤东、赣南各地。台湾的《平阳之光》（巫氏宗亲总会十周年会刊）记载："十七世祖仕献公，字福谦，原居宁化乌村溪，因营潮郡生意，取道丰顺县汤坑南日都，其第三子念八郎即肇基于此，再传十二世孙巫乃需，于清乾隆十二年迁台湾开基。今台湾巫氏人口2万多人，居全台湾700多种姓氏中72位。"

罗氏罗令纪为黄连县（宁化县建县之初的称谓）建县的最大功臣，也是宁化罗氏最主要的开基祖。根据闽赣《罗氏联修族谱》记载，至五十八世罗启芳，偕长子于清乾隆间，由梅县畲坑横径塘罗屋迁居台湾府北路淡防厅内港武涝湾。五十九世声文之子阿流，荣文之子廷懿、廷祉、廷义，德文之子传清，端文之子硕清，名文之子锐清均迁台湾。六十世儒清之子成珩，迁台湾北路咸革珊。六十一世发瑞之子荣爹、肴二、阿四、阿五、阿德等俱徙台湾。大埔湖寮罗氏自六十二世至六十九世，几乎每代都有人居住或迁入台湾，迁住地主要是高雄和屏东等地。另一支石壁罗氏开基祖景新公①，随父避黄巢之乱，由西山徙虔州（宁都）太平乡鸦鹊林，后迁宁化石壁洞葛藤村紫源里。罗德达是罗景新的第二十四代孙，于明孝宗弘治年间开基广东镇平广福乡铁坑，其后裔于清代东渡台湾开基，现在台湾已播衍二十三、二十四代。罗氏人口，在台湾姓氏中占第28位。

《永定县志》载，林氏入闽始祖林禄公，后裔林文德官任宁化县尹，宋亡

---

① 景新公：字文新，号大庆，为仪员公长子。生于唐中和辛丑（881年）九月十七日午时。

不回原籍，隐居宁化石壁，生九子。第九子林九郎携眷避战火，徙居龙岩龙门象山东坑仔。裔孙于元至正年间迁南靖。明末清初，其裔孙随民族英雄郑成功移居台湾中草屯镇月厝内。《台湾姓氏探源》载，诏安林氏"应源堂"始祖林向日，字双溪，南宋进士，祖居宁化石壁村，署理程乡县儒学。元初迁居安溪东上营村，生四子，分衍诏安、饶平、揭阳等地，后有裔孙林学优、林先国等移居台湾嘉义县诸罗、白杞寨村等地。

《台湾姓氏探源》载，黄峭山公之子黄化，在宁化龙上里（今宁化济村乡古背村）开基，后传四世，兄弟二人，大源迁上杭，大本移永定。至六世孙黄天从（浦西派开基祖），其十三世孙国成、国仪、国勇等后裔均在台湾立基。黄化二十五世孙开懋于清光绪三年（1877年）渡海抵台，落籍今台中市西屯区的中埔、仔埔。黄化十五世孙讳小五，其第五子均坤的第九子九郎，自宁化石壁徙广东饶平后又迁诏安秀篆。九郎第六子名聪派下亦东渡台湾。①

台湾丘姓大多是宁化石壁三郎公衍派。据宁化、梅县、台湾《丘氏族谱》载，始祖八十八世三郎讳法言，宋太平兴国景德年间由河南迁居宁化石壁村，生三子：三四郎、三五郎、三六郎。三四郎移居西洋；三五郎迁居溪南、永定；三六郎留居宁化，后迁上杭胜运里，生十子分衍闽西、闽南、广东、赣南及台湾各地。丘法言第十五世丘景岳于乾隆年间到台北县树木山仔脚开基；丘永镐到屏东县开基；第十六世至二十一世裔孙又相继到台湾云林县古坑乡、苗栗县、新竹县、台中县、台北县等地开基立业。

永定《济阳江氏高头族谱》记载，江氏始祖八郎公宋时由宁化石壁下移至上杭开基。四世祖百八郎移高头乡上社开基。至九世分五房：长房传四代，至十三世于明崇祯十二年（1639年）移海澄石斧岗头；二房传三代，至十二世移平和葛布大溪；三房（东山房）至十世外迁福州、温州各一支；四房（北山房）至十五世开始往台湾分迁的很多，如十五世以春、以光、以茂，十六

---

① 据台中市南屯区黄金柱先生提供的资料：先祖峭公（住邵武和平镇坎头村）——宁公（亦称化公，迁汀州府宁化县石壁龙上里）——省公——潜善公——久盛——廷——十七郎——十三郎（省、察）——梗全——十六郎——国章（住上杭金丰里奥香乡浮山中村）——小五（念八）——均任——仕端——贵稀——百三郎（居漳州府南靖县书洋乡田螺坑）——千七郎——万四郎——荣川——元贵（迁台湾台中市南屯麻楜埔）。黄氏在台湾分居于桃园、涂城、龟山、宜兰等地。

世一玉，十八世济澜五子（有的迁四川），十九世涵柱、鹏伍（书九）、铅伍、珀伍、凤伍，二十世武远、中远、庆远、泰远、钦敏等，都在清代先后迁徙台湾定居。

闽西、粤东、台湾何氏大多是何大郎的后裔，据宁化、梅县《何氏族谱》载，大郎，以进士授宁化县尹，至后唐明宗天成元年（926年）任满定居宁化石壁村，次年迁居武平岩前，生五子分衍闽西、粤东、赣南各地。梅县松东中江何氏以大郎为一世，传至二十一世有宏然、宏勋、宏苍、宏广、宏选、宏位、笃侃；二十二世有允中、奕授；二十三世有辉川、戌伯等，其先后都迁居台湾。

宁化、武平、蕉岭《钟氏族谱》载，钟氏钟贤之子钟朝，一名朝九，另名会正，初为黄门侍郎，后因平乱有功升任福建都督府，居家宁化石壁，后又迁长汀白虎村，后裔子孙众多，分衍闽、赣、粤各地。清嘉庆开始，钟氏裔孙迁台的日益增多，布居于苗栗、头份、铜锣、公馆、狮潭、台北大安、淡水、桃园、龙潭、杨梅、新屋、新竹、北竹、台中、高雄、杉林、屏东、万峦、高树等地。

迁往台湾客家人多数的谱牒记载着与石壁地区的迁徙关系，认为自己的祖先在石壁地区居住过。所以，每年石壁客家祖地祭祖之际，台湾各姓氏组团参加的人数比其他客家地区要多得多，这足以显示台湾客家人对客家祖地石壁的认同与追念。

三、迁往海外

（一）东南亚国家

石壁客家人迁往海外的大体路径是：先到闽西，特别是永定；或者迁梅州各县及广东其他客家地区，之后迁往海外。对于闽西和广东而言，客家人出洋谋生和定居海外，较早可以追溯到宋末元初，由于避害于蒙古大军，被迫下南洋求生存。到清代以后，特别是受到土客械斗、天灾人祸等因素影响，大批客家人到南洋谋生。闽西地区航运关口在永定的峰市码头，由于棉花滩是个险滩，无法行船，汀江上游来的货物在此卸货上岸，搬运到广东大埔石市码头下船。过去峰市多个码头是闽、粤、赣三省十多个县航运转驳的地方，是货物汇集的中心。到了大埔后，进入三河坝江汇合处，进入广东的主要航运河流韩江。韩江水系主要码头有三河坝、松口、梅城等，直通广东沿海潮汕地区。

由于地理位置和交通问题，下南洋最多的闽西客家人地区当然是永定。卢姓来自石壁，后迁往永定。根据《卢氏族谱》记载，宋光宗年间，从宁化石壁下村，卢文宝偕弟卢文新举家迁居古上杭县丰田里枫林下石壁寨[①]，卢文宝、卢文新为永定卢氏开基始祖。根据永定胡大新先生考证，他认为闽西（永定）客家人出洋谋生肇始于15世纪，有美籍华人、祖籍永定的卢石拱，有信件为证："我的祖先是于宋末元初从上杭县溪南里芦竹坝十字街迁居海外的，十字街有座麻公庙。"溪南里就是今天的永定仙师、金砂，上杭丰稔等地。芦竹坝即今仙师芦下坝，可见，芦下坝十字街的卢氏乃最早迁居海外的闽西人。据有文字可考的记载，汀州人谢文彬"因贩盐下海，为大风漂入暹罗（泰国），遂入其国"，时间在明朝成化年间。[②] 到了1840年鸦片战争以后，许多闽西人以华工形式迁徙至东南亚各地，大多是怀揣着出国"淘金梦"的目的下南洋，称"过番"。"这部分华工都是乘帆船沿中国南海出口，路途较短，船资较少，大多数都是自己设法支付；靠外商垫付，作为契约华工国前去的，所占比例不大。"[③] 在这些过番的客家人之中，相比较闽西人下南洋，广东客家人下南洋的数量更为庞大。当然，客家人下南洋与福佬人及广府人不能相提并论，但梅州客家人下南洋数量之多，却是一个特例。

下南洋的客家人有的是主动漂洋过海去谋生的，有的是被诱骗当"猪仔"的华工，有的是中华人民共和国成立前梅州"水客"引路来到南洋各地。他们主要从事开矿、小手工业、小商业、服务业等行业。根据罗香林对下南洋客家人的概述可知，客家人下南洋大约是从南宋末年开始，但没有具体的地区与姓氏。明清时期是广东客家人频繁下南洋的时期，特别以清代为最。根

---

① 石壁寨即今永定县龙潭镇枫林下石壁溪村。
② 钟德魁，苏钟生.闽西近代客家研究[M].北京：北京燕山出版社，2000：134.
③ 郑有奎.猪仔的掠夺及其利润[M]//陈翰笙.华工出国史料：第4辑.北京：中华书局，1981：242.

据史料反映，宋代末年，元兵进入江西、广东一带，文天祥广招梅州义士抗元，与元兵展开激烈的战斗，最后失利，退至梅州松口，从水路败走潮州，乘海船退到崖山，最后沉舟于此，部分梅州客家人幸免于难，出走南洋。如梅州客家人卓谋，召集生存者，结队乘坐木船，漂泊南洋，至婆罗洲（即今印度尼西亚加里曼丹）定居，开垦荒地，创家立业。[①]明代郑和下西洋，也有部分客家人到南洋谋生。到清代下南洋的客家人数量相当多，清乾隆元年（1736年），广东嘉应州数以千计的百姓，迫于生计，纷纷背井离乡，到当时安南（今越南）、老挝、柬埔寨一带做工。[②]乾隆十年（1745年），广东大埔客家人张理、丘兆进和福建永定客家人马福春，从潮州乘坐大眼鸡船漂洋过海，准备到印度尼西亚雅加达谋生。到了南洋海面，突遇飓风，大眼鸡船被冲到槟榔屿的一个突出海角——海珠屿上（即现在马来西亚地域）。当时，船已毁废，无法再去爪哇岛，只好在此居住。[③]还有清代中叶，因太平天国，参加金田起义失败后，大批客家人被迫逃往南洋和日本等地。从18世纪初到清乾隆四年（1739年），中国帆船到达雅加达者不断增多，每年有15~20艘。18世纪二三十年代，中国人在雅加达经商务农者，共有10余万人（数据参考自清代陈伦炯的《海国闻见录》）。又有统计资料显示，东南亚有几百万客家籍华人，具体分布如下：印度尼西亚150万人，马来西亚125万人，泰国55万人，新加坡20万人，越南15万人，缅甸5.5万人，柬埔寨1万人，文莱0.8万人，菲律宾0.68万人。[④]从不同数据统计观察，出入很大，但东南亚的客家人有几百万人应是事实。

1. 印度尼西亚

印度尼西亚是世界有名的"千岛之国"，印度尼西亚群岛也称为"努桑塔拉地区"，共有17508个岛屿，其中南婆罗洲（今加里曼丹岛）是客家人的聚居区。18世纪成为荷兰殖民地，属"荷属东印度公司"管辖。南宋末年（1279年），广东梅县松口卓谋率领800族人跟随文天祥抗元，兵败广东崖山后，卓

[①] 罗英祥.飘洋过海的客家人[M].郑州：河南大学出版社，1994：4.
[②] 罗英祥.飘洋过海的客家人[M].郑州：河南大学出版社，1994：4.
[③] 罗英祥.飘洋过海的客家人[M].郑州：河南大学出版社，1994：4.
[④] 严修鸿.新加坡的客家人及客家话[J].客家文博，2017（1）：58.

谋带领10余名（一说为8名）士兵逃难到婆罗洲（今印度尼西亚西加里曼丹）。据传说明代已有客家人定居印度尼西亚，特别是郑和下西洋之后，越来越多的客家人来到印度尼西亚及南洋各地。"明朝万历年间，程乡县（今梅县）人林朝曦与饶平客家人张琏因作乱兵败，潜逃苏门答腊，后来饶平客家人陆续南来，繁衍至今，现该地客家人多讲饶平客家话。"[①]清朝康熙二十三年（1684年）解除海禁令，粤闽客家人迁徙印度尼西亚人数增多，大量客家人来此是在清代中后期。

印度尼西亚的人口达2.62亿（2019年数据），其中华人有1000多万。本国客家人主要是来自广东的梅县、蕉岭、惠州、陆丰，福建永定县的下洋、大溪两镇。客家人主要集中在苏门答腊北部、邦加岛、勿里洞岛、西加里曼丹及印度尼西亚等地区，还有的分布在坤甸、山口洋、烈港、槟港、文岛、巨港、乌戎潘当、安汶、雅加达、万隆、三宝垄、泗水及梭罗等城市。客家人的数量不好统计，有的说有三四百万，有的说有一百多万，也有人认为据20世纪初期的统计，印度尼西亚的客属华侨有20万人左右。[②]近年来统计的客家人数量有很大的变化，如根据《印尼客属联谊总会成立两周年纪念特刊》记载，"现今，在印尼全国的2亿4000多万人口中，华人约2000万，而客家人约有600万"[③]。客家人在印度尼西亚开基垦荒，种植早中晚三季水稻，开采金矿、锡矿，采伐木材，从零售商品到发展工商业等，为印度尼西亚的社会事业发展做出了巨大的贡献。譬如："200多年前的梅县石扇人罗芳伯带领一批同乡南渡到加里曼丹坤甸，创立'兰芳大总制'的民主政体之雏形，被尊称为'大唐总长'。清末民国初期的著名实业家张弼士，早年从大埔县西河来到印尼棉兰发展橡胶和锡矿业，富甲东南亚，后回国创办了'张裕酿酒公司'，酿造出'白兰地葡萄酒'，在巴拿马万国博览会夺得金奖，为祖国赢得了荣誉。华侨实业家张榕轩昆仲于清朝末年从梅县松口抵达印尼棉兰，成为

---

① 丘峰.近代东南亚客商开拓史［C］//世界客属第二十六届恳亲大会组委会.世界客属第二十六届恳亲大会国际客家文化学术研讨会论文集.香港：日月星出版社，2013：70.

② 廖楚强.南亚客家社会的回顾与展望［J］.海交史研究，1998（2）：83.

③ 印尼客属联谊总会.印尼客属联谊总会成立两周年纪念特刊［M］.雅加达：印尼客属联谊总会，2010：10.

开埠功臣之后,承办了中国近代史上第一条由华侨投资的纯商办的'潮汕铁路'。"①

印度尼西亚客家人与石壁地区也有着密切的渊源关系。例如,梅县珠系六十世罗麟之子茂伯迁于文岛(印度尼西亚);婆罗开埠侨领梅县珠系七十世罗芳伯,他是珠系五十六世,梅州石扇罗氏开基祖九清的第十四世孙,于清乾隆三十七年(1772年)离开梅县出国。他们的先祖珠系二十八世景新、三十五世成、四十五世尚立、四十七世昭远、四十八世循矩都是石壁地区的客家人氏。还有梅县《杨氏族谱》(新杨)记载,吾祖姓林,传七世易姓杨(新杨),原籍福建汀州府宁化县石壁村人。元明之交,兵燹骚然,宁民转徙,公与所善戴姓,结伴携家人入粤,客居梅县半径村。生三子:万一郎(开基)、万二郎、万三郎。后裔分八房,每房一世至十三世,或一世至十八世,除大多数在广东省内定居外,有十六个世回迁闽、赣;后有三十三个世移居广西、海南、四川、湖南、浙江;有二十一个世迁往中国澳门地区;有十九个世迁居中国台湾地区;有八个世移居印度尼西亚、越南、泰国等地。

虽然印度尼西亚经历多次排华运动,但这个因素并没有阻碍华人回到祖国的步伐,每年依然有大量华人回到祖国寻根认亲。印度尼西亚的客家人始终不忘传统,不忘祖国,特别是第一、二代客家人对祖国和祖宗的情愫尤为深厚,"他们以身为华人而自豪,认为华人聪明、勤奋、朴实、诚恳。为了延续中华文化,不让子孙后代忘了中国的根,他们大都不惜代价送子女到中国学汉语,有的坚持在家讲华语、说客话"②。不断有人组团参加石壁客家祭祖,印度尼西亚客家人与宁化石壁的关系越来越紧密。

2. 马来西亚

马来西亚分为西马和东马,西马在马来半岛南部,东马在加里曼丹岛北部。据资料统计,早在唐代有华人到南洋的时候,就已经到达了马来西亚一带。明代郑和下西洋,在这里建立据点,更多的华人来这里定居。马来西亚是我国海外华人在东南亚地区的主要聚居国之一,华人人口数多达645万,占

---

① 印尼客属联谊总会.印尼客属联谊总会成立两周年纪念特刊[M].雅加达:印尼客属联谊总会,2010:12.

② 李小华.印度尼西亚的客家人[J].客家文博,2013(1):85.

东南亚国家华人人口数量（3348.6万人）的19.2%，主要有福佬、广府、客家等三大族群。在华人族群中，客家族群的人口数量有125万，占华人总数的19.3%[1]，最新统计显示客家人已经达到165万。

初期到达这里的客家人主要从事一些比较粗重的体力活，比如开矿、打锡、开荒种植，还有小手工业等。后来，一些客家人开始经商、办教育、办企业等。特别是到了近代，出现一些高官巨贾、社会名流。据英国人莱特记载："华人成为我们居民中最宝贵的一环，有男女及儿童，约3000人，从事各种不同的行业，如木匠、石匠、金匠、店员、种植人、商人。"[2]华人来到马来西亚必须团结一致、协作努力、共同发展，这样才能更好地生存。加上华人强烈的宗族观念，所以来这里之后成立了大量的会馆。就客家人而言，根据《马来西亚客属会馆史料汇编》的记载，1801—1999年，几乎每年都有客属会馆建立，共计150多家。石沧金在其《马来西亚华人社团研究》一书中整理了自18世纪以来至2006年全马来西亚客家地缘会馆的名录，西马135个，东马22个，共157个。[3]这些客家会馆的主要职能是使客家族群参与社会组织、参与政治、从事经济、举办华文教育和掌握宗教事务，这在客家人的社会生活和生存发展中起到了重要的作用。

马来西亚的客家人与宁化石壁的关系更多是因外迁梅州、永定的客家后裔而产生，例如姚氏始祖姚念一，字景清，在宋代从福建莆田迁宁化开基，后任梅州驿，迁居梅州平远，为梅州客家始祖。其裔孙播衍闽、粤、川及东南亚各地。马来西亚姚森良、姚美良兄弟等姚氏后裔是景清公第二十五世孙。又如台东《官氏族谱》载，官氏官膺，本姓关，黄巢起义后，与祖母避居宁化石壁，改姓官，传四世，元至元间，兄弟四人：官耀迁广东大埔，官擢迁福建诏安，官跃迁广东海丰，后裔播衍东南亚。再如五华《缪氏文仁、文智派下家族》记载，缪氏允宁公，元代徙居宁化县，后迁广东归善县，裔孙衍广东、广西、四川及海外马来西亚、新加坡等地。正是由于马来西亚客家人

---

[1] 庄国土.东南亚华侨华人数量的新估算[J].厦门大学学报（哲学社会科学版），2009（3）：64.

[2] PVR CELL V.The Chinese in Southeast Asia [M].Znd ed. London：Oxfood University Press，1965:244.

[3] 石沧金.马来西亚华人社团研究[M].北京：中国华侨出版社，2005：378.

与石壁关系的紧密性，20年前，马来西亚客家后裔与宁化取得联系，并前来寻根谒祖。1995年到达宁化石壁的马来西亚客家乡亲共312人次，此后前来参加祭祖大典和寻根的客家后裔数量越来越多。

3. 新加坡

新加坡是马六甲海峡边上的岛国，由新加坡岛及54个岛屿组成。全国面积618平方千米，人口不到300万，是个多民族国家，华人约占77%。据统计资料显示：2004年，在新加坡华人中，闽南人约占40%；潮州人约占20%；广府人占近20%；客家人占近10%。新加坡是贸易港口，客家从商不多，在新加坡的客家人大约为20万人，在华人比例中并不算多。

新加坡客家人与石壁客家人的关系紧密。曾采先生在《客家来源》中说道："现在新加坡客家人的后裔知道自己祖先从哪里来的恐怕日渐减少了，且让我把一些已经为人知晓的姓氏的客家祖先迁徙的途程列下，希望各姓客家的后裔也能知道客家之源，自己的根。"他列举了南宋客家姓氏迁徙的19姓，其中起程于宁化的有丘（邱）、徐、邓、刘、巫、张、温、吴、罗9姓；途经宁化的有魏、曾、黄、廖、陈5姓，共计14姓。实际上以石壁地区为祖籍地的客家后裔迁新加坡的远不止这些。还有李氏、刘氏、钟氏、杨氏、胡氏、梁氏、赖氏、萧氏、戴氏、姚氏等客家人也是来自石壁地区。如新加坡原总理李光耀就是李氏客家始祖李火德的第二十八世裔孙，他的先祖出生在石壁。

近30年来，新加坡客家人频繁来到石壁祭祖。新加坡客家后裔与宁化石壁建立了紧密的联系。

4. 泰国

泰国旧称"暹罗"，有"白象王国"之称。泰国是一个历史悠久的东南亚国家，早在汉代的时候就有中国人到达泰国，到了19世纪中下叶，华人大量下南洋在泰国定居。据统计，1825年泰国的华人有23万人，1900年泰国的华人有68.8万人，1910年全泰华人达79.2万人，至2007年达700万人。有关泰国华人的具体数字，许多学者各有各的说法，有的认为是450万人，有的认为是500多万人，还有的认为是1000多万人。[①] 泰国的客家人有60万人，主

---

① 陈思慧. 泰国的客家人与客属总会 [J]. 八桂侨刊，2014（1）：31.

要分布在曼谷、清迈、合艾、董里、素叻、普吉、勿洞、呵叻、乌隆和北榄坡等地区。泰国客家社团主要是泰国客属总会，在处理泰国客家人各种事务方面起到了重要的作用。

比较确定的客家人到泰国定居的时间约为明代。例如，明成化十三年（1477年）闽西汀州客家商人谢文彬因贩盐下海遇大风漂至泰国，后来就在泰国定居，改名美亚出任该国岳坤（相当于中国的学士），这大概就是最早到达东南亚的客家人了。[①] 到了清代，到达泰国的客家人越来越多。例如，1989年修订的《丰顺县志》载："石湖乡肇吉公房派下十二世陈宏谋在暹罗万磅设寿元堂药行。""考宏谋兄宏昭生于清雍正丁未年（1727年）"，据此推算陈宏谋出洋当在1750年前后。[②] 与其他地区相似，泰国客家人下南洋到达泰国也是为了谋生。正如广东方志所言："由于地荒山区，土地贫瘠，山高水冷物产不足，交通不便，加之历代战乱、灾荒，众多移民不得不远走他乡，出洋谋生。"[③] 客家人在泰国谋取生存的同时，也为泰国做出巨大的贡献。譬如：谢枢泗（1886—1972年），广东梅县周溪乡人，19岁时赴泰国（暹罗）谋生，先在曼谷乡亲的德兴泰酒行中任职。1909年暹罗政府为了开发南部边疆，泰王拉玛五世命令修建一条从碧武里府通往南部边界的铁路运输线，以便把早在1900年已开始建设的南线铁路继续延伸到南方的边远地区。这时谢枢泗自愿报名参加承建这条铁路的建筑工程。当时他便被任命为碧美武里府至童颂地段铁路工程的总经理。在那里劳动的几千名华工大部分都是客家人和潮州人。不久以后，谢枢泗又承揽了博他仑至大仓路段的铁路工程，并且连续四年主持了差旺至童颂地段铁路工程的建设工作，之后又承揽了北大年府鹊坡县铁路建设工程。可以说泰国南方边远地区的铁路交通，几乎是由谢枢泗和他带领的一大批客家华工建设起来的。[④] 所以，努力工作和流下血汗的客家人为泰国的社会发展做出了巨大贡献。

[①] 廖楚强. 东南亚客家社会的回顾与展望 [J]. 海交史研究，1998（2）：81.
[②] 陈思慧. 泰国的客家人与客属总会 [J]. 八桂侨刊，2014（1）：31.
[③] 广东省地方史志编纂委员会. 广东省志·华侨志 [M]. 广州：广东人民出版社，1996：178.
[④] 廖楚强. 东南亚客家社会的回顾与展望 [J]. 海交史研究，1998（2）：81.

泰国客家人与石壁地区也具有一定的渊源关系。如泰国客家巫氏基本是宁化巫氏始祖巫罗俊的后裔。泰国合艾市开埠元勋谢枢泗是宁化谢氏谢朴六的后裔。谢氏于唐末迁居宁化石壁，南宋景炎二年（1277年）朴六任梅州尉令，移居梅州，为梅州谢氏开基祖。谢枢泗是朴六传下第二十二世孙，清光绪三十年（1904年）出海抵达泰国曼谷定居。泰国客家后裔后来不断到达宁化石壁寻根谒祖，并保持了紧密的联系。

（二）其他国家

历史学家赫斯特和汤姆森认为19世纪是全球大移民时代："1815年以后的这个世纪中，有记录的大规模自由移民最伟大的时代开始了。约6000万人离开欧洲前往美洲、大洋洲、南部和东部非洲。大约1000万人自愿从俄罗斯移民到中亚和西伯利亚。有100万人从南欧到达北非。大约1200万中国人和600万日本人离开他们的祖国并且移民到东亚和南亚。有150万人离开印度到达东南亚、南部和西部非洲。"[1]客家人移民也是这个世纪大移民的一部分。从19世纪上半叶开始，一些客家人从中国及东南亚地区迁往世界各地，特别是鸦片战争之后，由于太平天国运动、广东土客械斗和红巾军起义等战乱因素，导致生存资源极度紧张，人民生活困苦艰难，迫于生计，大批的客家人到海外充当华工。除上述介绍的国家以外，资料显示，世界的客家人分布状况如下：

缅甸约10万人，主要集中于仰光、曼德勒、土瓦和墨尔本等地区；越南约15万人，主要集中于胡志明市；菲律宾约6800人，集中于马尼拉；印度约2.5万人；日本约1.2万人，主要集中于东京和大阪。

大洋洲也有部分客家人分布，大体情况是大洋洲约6万人，澳大利亚4.3万人，主要集中于墨尔本市、悉尼、新南威尔士州、维多利亚州、南澳大利亚洲、珀斯和大尼亚洲等地区；其他国家和地区，如大溪地（又译作塔希堤）、斐济、新西兰、所罗门群岛、马绍尔群岛、巴布亚新几内亚、瑙鲁、萨摩亚等都有客家人聚居。

---

[1] HIRST P，THOMOPSON G. Globalization in Question [M]. Cambridge：Polity，1999：23；余彬. 世界客家运动：一种国际移民族群权利运动研究 [J]. 嘉应学院学报，2013（9）：6.

美洲的客家人约46万人，分别集中于以下国家和地区：美国约28.4万人、加拿大约8.1万人、秘鲁约15万人、牙买加约10万人。在古巴、圭亚那、特立尼达和多巴哥、苏里南、巴拿马、巴西也有较多的客家人。此外，阿根廷、厄瓜多尔、委内瑞拉、墨西哥、哥伦比亚、智利、多米尼加、玻利维亚也有少数客家人居住。

旅居欧洲的客家人约20万人，分布在16个国家和地区。其中英国最多，约15万人，法国约3万人，荷兰、比利时、卢森堡也有数千至上万人。

旅居非洲的客家人约8万人，分布在12个国家和地区。其中毛里求斯较多，约3.5万人，留尼汪约1.8万人，南非约2.5万人。

可以说，客家人在地球上的分布，正如流行谚语中所声称的那样："有太阳的地方，就有中国人；有中国人的地方，就有客家人，……海水所到之处，就有华侨；有华侨的地方就有客家人。"（罗英祥《飘洋过海的客家人》）从国际环境来看，客家已无可置疑地成为华人社会中有巨大影响力的群体，它对世界文明的影响与贡献，也正以"春雨润物细无声"的态势浸透到世界的每一个角落。

其他各大洲地区的客家人与石壁地区依然是紧密相关、血脉相连。如广东《幸氏族谱》载，八十九世郎鄾公于明洪武二年（1369年）自南康迁居宁化石壁。郎鄾公曾孙钦凤、宗远、智崇、宗明兄弟四人肩负三代祖骸，迁往广东兴宁开基，为入粤始祖，裔孙除播衍中国内地外，还播衍美国、瑞典、马来西亚、泰国。还有蕉岭《汤氏族谱》载，宋高宗年间，汤氏庆可，迁居宁化石壁塘。后传四世至益隆公，于明洪武年间，携子五二、五三分居上杭、武平，其妻何氏携五八、五九迁居广东程乡高恩村，其裔孙播衍巴西、澳大利亚、日本、毛里求斯、印度尼西亚、东帝汶、新加坡、泰国。《简氏族谱》（台湾、南靖、永定）记载，始祖乃蜀汉间简雍二十一代孙简国鸣，其裔孙简会益（孟一），于北宋末年自清江迁居汀州宁化。生三子，长子名驱，随父会益迁居上杭；次、三房迁广东。驱之子致德，又从上杭徙永定洪源，裔孙续衍闽西、闽南、台湾等地区以及荷兰、印度尼西亚、缅甸等国家。

第五节　石壁客家人迁居海外的现代意义

　　石壁处于福建省内陆，在交通不便的时代，似乎与海外关系不多，但在考察石壁客家史的过程中发现，石壁客家人与海外存在着不可截断的"脐带"关系。大量文献记载，宁化石壁客家人在宋以后不断外迁至广东梅州及潮汕一带，至清后期走向海外。虽然历史上石壁客家人与海外客家人并无太多的直接关联性，但其作为客家人的祖源地，其后裔走向海外的不计其数。在探寻石壁客家人与潮、梅及海外客家人的关系中，可以发现石壁客家人在建设"海上丝绸之路"时做出了不朽的社会贡献，石壁与海外客家人的互动及参与"一带一路"建设，都显示了当代价值与意义。

一、客家人与海上丝绸之路的历史回溯

　　"海上丝绸之路"是中国通往海外最为古老的海上航线之一，也是古代中国与外国商贸往来和文化交流的海上通道。客家人主要聚居于粤闽赣三角边地山区，交通的不便并没有阻隔他们与海外的交流与沟通。自宋代以来，客家人与"海上丝绸之路"存在着千丝万缕的联系，他们参与了"陆上丝绸之路"和"海上丝绸之路"的建设，并取得了骄人成绩。下面以潮梅渡海为例，说明一下客家人是如何参与"海上丝绸之路"建设的：第一，梅州瓷器是"海上丝绸之路"贸易佳品。除了福建建窑、德化白瓷、江西景德镇等陶瓷著称于海外之外，梅州客家人生产的瓷器也闻名于海外。如水车窑的瓷器，质量上乘，受到亚非各国欢迎。还有大埔县陶瓷在明清之际也由韩江经潮州港运往海外。第二，客家人的"下南洋"热潮。汀江、梅江是韩江上游，这里的客家人顺流经潮州港走向南洋。明成化十三年（1477年），福建汀州人谢文彬航海贩盐遇到狂风，漂到泰国，上岸定居，后来出任泰国"岳坤"。18世纪中叶，马来西亚槟榔屿被尊为"三伯公"神的张理、丘兆进和马福春，讲述了客家人创业的经历。清朝乾隆年间，大量客家人沿汀江、梅江、韩江到汕头，到泰国、印度尼西亚、马来西亚、新加坡等地谋生。第三，南洋"开埠"。南

洋广泛流传着一句俗语:"客家人开埠,广府人旺埠,潮州人占埠。"客家人到南洋拓荒垦殖,开采矿产,亮出了他们的特长。随后他们参与了城市建设、开设银行、创办学校、发展交通等事业。如梅州出生的罗芳伯于1777年在印度尼西亚西加里曼丹首府坤甸创办了兰芳公司,该公司存续至1885年。客家人还参与兴建路桥、医院、寺庙等公益事业,为南洋的社会发展做出了巨大贡献。平远客家人姚德胜在马来西亚怡保投资锡矿,发展得较好,后来投入大量资金建设市政,建店铺500余间,所在街区被怡保市议会命名为"姚德胜街"和"姚德胜市场"。第四,"水客"与南洋贸易。水客客家人顺着汀江、梅江和韩江把闽西、梅州一带货物送到南洋,又从南洋把各种货物带到国内,送往南洋的货物主要有茶叶、梅菜干、烟丝等土特产,带回的主要有药材、钟表等产品。新中国成立之前,水客达到上千人,以梅州和大埔为多数,在中国与东南亚的贸易史上记下了浓厚的一笔。

二、时代使命与海洋丝绸之路的未来

进入21世纪,随着国际政治、经济形势的变化,政治格局与经济模式也发生了变化,中国作为世界第二大经济体,具有五千年历史的文明古国,其"中国模式"正在影响世界,在这样的背景下,国家提出了"一带一路"倡议。"一带一路"是"丝绸之路经济带"和"21世纪海上丝绸之路"的简称。在"一带一路"倡议合作中,经贸合作是基石。遵循和平合作、开放包容、互学互鉴、互利共赢的丝路精神,中国与沿线各国在交通基础设施、贸易与投资、能源合作、区域一体化、人民币国际化等领域,高举和平发展的旗帜,主动发展与沿线国家的经济合作伙伴关系,共同打造政治互信、经济融合、文化包容的利益共同体、命运共同体和责任共同体。合作的姿态开放与包容,核心思想是提倡与打造区域共同体,构建合作共赢、共同发展、共同繁荣的命运共同体。"一带一路"倡议第三部分的框架构思中提出了"民心相通",并认为民心相通是"一带一路"建设的社会根基。传承和弘扬丝绸之路友好合作精神,广泛开展文化交流、学术往来、人才交流合作、媒体合作、青年和妇女交往、志愿者服务等,为深化双多边合作奠定坚实的民意基础。扩大相互间的留学生规模,开展合作办学,中国每年向沿线国家提供1万个政府奖学金名额。沿线国家间互办文化年、艺术节、电影节、电视周和图书展等活动，合作开展广播影视剧精品创作及翻译，联合申请世界文化遗产，共同开展世界遗产的联合保护工作。深化沿线国家间人才交流合作。积极开展体育交流活动，支持沿线国家申办重大国际体育赛事。① 由此可见，文化交流是"一带一路"建设中一项重要的内容，民心相通是"一带一路"建设极其重要的一个环节。

基于此，南洋是海上丝绸之路的重要国家，从回溯历史中，不难看出这些客家所侨居的国家，在经济发展、人文交流、政治关系等多方面，发挥了重要的作用。南洋是海上丝绸之路国家中独具地理优势和人文优势的地方。今天，国家高瞻远瞩，提出了"一带一路"建设，赋予了南洋客家侨眷们新的历史使命，南洋客家侨眷将发挥更大、更具历史意义的作用。宁化石壁是世界客属的朝圣中心，是广东潮梅地区和海外多数客家人的原籍地，这些客家人在艰苦岁月时远涉重洋，如今回到石壁祖地寻根谒祖，进行人文交流，加强团结协作，形成了难得的海内外沟通与交流的契机。因此，石壁人理应把握这个契机，更多更好地与南洋客家侨胞联系在一起，主动融入"一带一路"建设。同时，国内的中华儿女也有义务，主动联系海外侨胞共同参与"一带一路"建设，秉承客家先辈"开洋"时艰苦勤奋、开拓创新的硬颈精神，创造更好的条件，吸引全世界客家人融入"一带一路"建设，为全世界的共同繁荣和人类美好未来做出更大的贡献。

---

① 推动共建丝绸之路经济带和21世纪海上丝绸之路的愿景与行动［EB/OL］.人民网，2015-03-29.

第五章　石壁与海内外客家人的宗亲往来

从20世纪80年代开始，中国大陆实施改革开放政策，传统文化开始回归，海外华人纷纷回到祖国寻根谒祖，客家人也自觉加入这股大潮。一些客家人从自己的祖先记忆、宗族传说、谱牒手稿等资料中，发现自己与宁化石壁有着不可剥离的关系。有的从族谱追"宗"发现自己的祖先从石壁迁出，有的从海外回到大陆，发现他们的原籍地在宁化石壁。于是一些客家人陆续来到宁化、来到石壁，调查研究，探寻根脉，从而很快就兴起了一股客家寻根的热潮，宁化石壁成为最终的精神之地。

第一节　海内外客家后裔寻根之旅

20世纪80年代，海内外客家后裔开启了石壁客家祖地的寻根之旅。海内外寻根之旅最早到宁化石壁的是梅州的寻根团。1984年10月，广东梅州地区组织了"文博民俗学习考察组"，由梅州本土作家刘天一带队，当天考察石壁村之后，他撰写了考察报告，认为"客家先民曾避黄巢之乱，经福建宁化石壁，后再转迁徙于各地""宁化石壁的民情风俗与粤东客家基本相同"。后来他对此次考察进行了总结，认为宁化石壁应该是客家人的一个"祖地"，它不仅仅是多数客家人的祖居地，也应该是刘开七公其他谱系后裔的祖居地。之后，一些研究者和客家后裔纷纷来到石壁进行调查和寻根，石壁与海内外客家人关系的历史真相不断地被发掘和揭示出来。

1988年1月13日，厦门大学中文系教授黄典诚、周长揖等3人考察团，到石壁考察客家方言和调查客家历史。黄典诚还留下一首诗：

　　　　五洲客家起寻根，尽忆闽宁石壁村。

> 屋舍依然谁版筑，南东其亩数耕耘。
> 只今寂寞擒篮地，依旧萧疏蓬荜门。
> 有望乡亲伸一臂，家园重整俗吾昆。

1989年1月23日，为了寻找石壁与梅州客家人的关系更为翔实的资料，广东梅州再次组团，称为"客家文化考察组"，来到石壁进行细致的客家史田野调查。12月12—14日，全国人大常委会副委员长陈丕显（福建上杭人，客家后裔）、全国政协副主席杨成武（福建长汀人，客家后裔）来宁化视察，并到石壁对客家文化进行了详细的考察。

20世纪80年代，海内外客家人前来石壁寻根祭祖的只是少数，到了20世纪90年代逐渐增多，并达到了相当的数量。20世纪90年代初，随着石壁客家祖地的理念初步形成，海内外客家后裔、政府要员、学术研究者开始关注石壁，并纷纷前往石壁调查研究，寻根谒祖。在此过程中，石壁对客家民系的产生和客家后裔移民的重要性慢慢清晰。为了显示客家后裔对自己先祖的感念，他们纷纷漂洋过海、不远万里来到石壁祭奠他们的祖先。为了更好地显示海内外客家后裔对石壁的崇敬和思念之情，以实际行动践行敬宗睦族之心，笔者特把海内外祭祖前十年的情况进行了统计，以此说明石壁客家在世界客家人心中的真实意义。

一、国内

（一）内地（大陆）各地

对石壁客家祖地关联性统计，因数量巨大，仅展示中央一级和外省团体来到石壁的情况。他们或为祭祖，或为对石壁的关怀，显示了中央政府和国内客家后裔对石壁的关怀和认同，对宁化客家祖地事业的关注和支持，并以此体现国内客家后裔对石壁的敬仰。具体主要事件按年份列举如下：

1990年3月14日，由多家媒体组成"客家祖地旅游新闻采访团"，队伍人数28人，县政府特地在石壁安排举行"客家文化庙会"，接受记者的各种采访与调查。

1991年4月2日，全国政协原副主席杨成武为石壁亲笔题字，即"石壁客家祖地"六个大字，其中"客家祖地"四个大字后来被悬挂在客家祖地公祠的牌楼上。

1994年2月10日，中华全国台湾同胞联谊会会长张克辉夫妇一行8人到宁化石壁客家祖地视察。

1995年8月11日，县政府发函，请求全国政协副主席叶选平为"客家公祠"牌匾题字。

1996年

6月1日，广东省梅州市副市长何万真一行12人到石壁客家祖地考察。

6月10日，云南省烟草公司副经理詹金华一行12人到石壁客家祖地考察。

6月28日，第四届客家民俗田野调查报告会在宁化召开。出席会议的有30多人。

9月3日，全国政协常委胡平一行16人到石壁客家祖地考察，并题词："弘扬客家精神，建设中华文明。"

10月27日，广东省梅州市军分区政治部主任孙新生一行3人到石壁客家祖地考察。

10月31日，广东省梅州市侨办副主任赖克一行10人到石壁客家祖地考察。

1997年

6月13日，中国政协港澳台侨委员会联络委副主任萧岗一行3人到石壁客家祖地考察。

10月16日，福建省首届客家文化节暨第三届世界客属石壁祖地祭祖大典在石壁隆重举行，国内来宾有国家机关、省市领导及有关部门负责人，共1000多人。时任省委常委、副省长张家坤，省长助理李庆州，国务院台办交流局局长袁祖德等出席庆典。

1998年2月15日，时任中共福建省委副书记习近平一行10人到石壁客家祖地考察工作。

2000年4月21日，广东省饶平县文联主席张树标、县志办主任张松乐到石壁寻根，了解张氏渊源。

2001年10月6日，广东省安全厅退休干部姚秋兰（姚美良的姐姐）和海南省信州市客联会会长刘治尧等一行10人来宁化石壁客家祖地寻根谒祖。

2002年6月23日，时任中共中央政治局委员、国务院副总理温家宝，水利部汪恕诚部长以及七部委（办、局）的领导到宁化视察，时任福建省委书记宋德福、省长习近平，三明市委书记苍震华、市长叶继革，宁化县委书记吴俊慰、县长陈忠杰陪同。

2003年

11月20日，江西兴国客家公祠副总经理黄丝俊一行5人考察石壁客家祖地。

12月8日，广东省梅州市委书记刘日知一行7人到石壁客家祖地考察。

2004年

1月29日，广东省梅州市客家题材剧目制作组一行6人到石壁客家祖地采风、调研。

6月6日，广东惠州五星集团有限公司总经理赖加宏为团长及顾问何文定带领祭祖团35人，到石壁客家祖地祭祖。

除了上述中央一级和省外考察以及谒祖于石壁的个人和团体之外，还有大量的省市县各级人员及社团前来考察和祭祖，他们一样对宁化石壁客家祖地事业做出了巨大的努力和贡献，特别是省市政府的关心与支持，对石壁客家祖地的建设与宣传起到了重要的作用。

（二）台湾地区

随着大陆与台湾地区的政策放宽，台湾地区的客家后裔不断前往大陆寻根谒祖。1991年3月8日，台湾"10家旅行社大陆旅游团"共14人，对宁化景区进行观光，并考察石壁客家文化，此后台湾一些客家社团陆续到达石壁进行寻根谒祖。大致情况按年份列举如下：

1992年

2月25日，台湾旅游观光团12人到宁化天鹅洞景区观光，并到石壁调查考察。

3月11日，台湾《中国时报》发表了记者林斯定的《客属衍四方，朝夕不忘祖》，记述了其在客家祖地宁化石壁村访问和考察的经历，林斯定并感慨地说："石壁客属衍四方，苍天水碧庆炽昌。年远外境亦吾境，朝夕不忘祖地祥。"

1995年11月28日，举办石壁客家公祠落成暨第一届世界客属石壁祖地祭祖大典。台北市中原客家崇正会会长陈盛雄先生为团长，副会长彭焕堂先生为副团长，他们率领中原客家崇正会祭祖团一行17人参加了大典。台湾世界客属总会会长陈子钦先生为团长，副会长林烈豪先生为副团长，他们率领台湾世界客属总会祭祖团一行7人参加了大典。

1996年7月3日，台湾大陆客家文化逍遥团团长黄子尧一行16人到石壁客家祖地考察，并进行了文化交流座谈会。

1997年

2月25日，台湾长乐文化公司刘建良副总经理率《客家寻根》电影摄制组一行5人到石壁客家祖地现场采访摄影。他们说石壁是块风水宝地，是客家人的自豪。

6月24日，台湾各姓渊源研究会理事长、台湾源流杂志社社长林瑶棋教授一行5人到石壁客家祖地考察石壁与台湾客家渊源和各姓渊源。

10月16日，福建省首届客家文化节暨第三届世界客属石壁祖地祭祖大典在石壁隆重举行，台湾客属联谊会，香港客属社团首长联谊会理事长黎国威先生为团长，一行12人参加本届祭祖大典。

1998年

10月2日，台湾新竹翔顺旅行社经理范成祥一行15人，到石壁客家公祠参观。

10月3日，宁籍台胞雷臻焰夫妇到石壁客家公祠参观。

10月16日，举办第四届世界客属石壁祖地祭祖大典，参加本届祭祖大典的有台北世界客属总会顾问叶英超先生；旅台宁化同乡会理事贾斌先生为团长的一行8人。

1999年

1月19日，台湾新竹翔顺旅行社经理范成祥等4人到石壁客家祖地考察旅游线路。

2月4日，台湾台北旅游团郑万经一行13人到石壁客家祖地参观。

3月14日，台湾客家文化考察团，桃园县客家民俗研究会总干事杨炽明先生为团长，一行10人，到石壁客家祖地考察参观。

4月26日，台湾怀宁录影传播事业有限公司领队彭启原和顾问温怀磷等10人到石壁客家祖地拍摄《客家人》电视专题片。

5月12日，台湾新竹翔顺旅行社祭祖团，以郑万经、范成祥为领队一行13人，到石壁客家公祠寻根祭祖。

6月22日，台湾新竹县客家寻根祭祖团由团长陈辉勋、顾问王昌源带领，一行15人，到石壁客家公祠寻根祭祖。

10月15日，台湾《客家杂志》主编、台北县客家协会理事长黄子尧先生一行7人组成"台北客家采访团"，抵达石壁客家祖地进行《客家源流》专题录影采访。

10月16日，第五届世界客属石壁祖地祭祖大典在石壁客家公祠隆重举行，参加本届祭祖大典的有：台湾台北市长汀县同乡会会长郑健为团长的一行15人；台北客家文化采访团黄子尧为团长的一行7人。

11月29日，台湾客雅传播有限公司经理汤庆添先生一行7人抵石壁客家祖地拍摄《客家之旅》电视系列片。

12月10日，台湾新竹县客家祭祖团团长范镜灵先生一行16人到石壁客家祖地寻根祭祖。

2000年

2月8日，台湾曾有才先生一行3人，到石壁客家公祠寻根谒祖。

4月9日，台湾新竹县湖口乡农会客家祭祖团以农会理事长张桂相为团长，一行18人，到石壁客家公祠寻根谒祖。

10月15日，台湾高平旅行社黄国泳和范成祥带领16人到石壁客家祖地寻根祭祖。

11月22—23日，世界客属第十六届恳亲大会石壁祖地祭祖大典在宁化石壁隆重举行，参加本届祭祖大典的有台湾梅州同乡会祭祖团一行6人。

2001年

3月10日，台湾新竹客家公会祭祖团一行16人到石壁客家祖地寻根谒祖。

3月17日，台湾新竹客家公会祭祖团一行19人到石壁客家祖地寻根祭祖。

10月6日，台湾梅州同乡会会长温怀麟等2人来宁化寻根，寻找温同保公墓。

10月18日，第七届世界客属石壁祖地祭祖大典在石壁举行，台湾新竹客家公会翔顺旅游公司董事长范成祥一行3人参加了本届大典。

11月20日，台湾台北市苏有明先生一行5人到石壁客家祖地寻根谒祖。

2002年

4月12日，台湾苗栗客雅传播有限公司副总经理钟华正一行21人到石壁客家祖地和客家公祠参观。

8月14日，台湾苗栗客雅传播有限公司总经理汤庆添先生一行50人到石壁客家祖地寻根谒祖。

9月14日，台湾大学校长邱清辉教授一行4人到石壁客家祖地考察。

9月25日，台湾大冒险家摄制组一行9人到石壁客家祖地摄影。

9月27日，台湾旅行团23人到石壁客家祖地参观。

10月16日，第八届世界客属石壁祖地祭祖大典（第二次）在石壁客家公祠隆重举行。参加本届祭祖大典的有台湾企业界人士林振强先生一行4人。

2003年

9月26日，台湾赖瑞源宗亲来宁寻根谒祖，他说，祖宗赖朝英于宋光宗绍熙三年（1192年）出生在宁化县石壁田心里，并任过宁化知具。

10月1日，台湾高雄、台南客家文化采风团：台南市客家文化协会常务理事林享郎先生、高雄水彩画会会长曾文忠画家、东亚美术馆馆长洪春木等一行8人到石壁客家祖地参观并采风，先后到客家公祠、石壁村古民居拍照并采访。

11月22日，宁化石壁客家公祠建竣十周年暨第十届世界客属石壁祭祖大典在石壁举行，参加本届祭祖大典的有台湾台北梅州同乡会祭祖团18人。

台湾客家人心怀自己的"原乡"，更怀念祖先生活过的祖地，他们满怀热情到达石壁客家祖地寻根祭祖，带回祖地黄土，寄托永远的怀念之情。台湾客家人占台湾总人口的比例超过14%，他们大多与石壁有着不可割离的关系。特别是在马英九担任台湾地区领导人之后的几年中，海峡两岸关系日趋融洽，两岸同胞来往更加密切和频繁，到达宁化石壁祭祖的人数不断攀升，有的年份多达几百上千人次。近年来，台海关系趋紧，但丝毫没有阻挡台湾客家人寻根谒祖的热情，依然有大量台湾客家人抵达石壁祭祖。

（三）香港地区

200万香港客家人，大多与石壁存在着祖籍地与聚居地的关系。香港客家领袖与宁化客家先贤们关系紧密，石壁客家祖地祭祖的成功举办离不开香港南源永芳集团有限公司的大力支持。姚氏兄弟多次来到宁化石壁，注入大量资金，使石壁客家祭祖大典如期举办，并使之在全世界享有盛誉。香港客家人来到石壁祭祖前十年的情况列举如下：

1995年11月28日，举办石壁客家公祠落成暨第一届世界客属石壁祖地祭祖大典。香港南源永芳集团公司董事长姚美良局绅为团长，率领香港南源永芳集团公司祭祖团一行48人。香港客属社团首长联谊会名誉会长姚美良局绅为名誉团长，理事长黎国威先生为团长，副理事长李寿坤先生为副团长，率领香港客属社团首长联谊会祭祖团一行9人。

1996年

6月6日，全国政协委员、香港南源永芳集团公司董事长姚美良先生一行16人，到石壁客家祖地寻根祭祖，并为"客家之路"的落成揭幕。

6月18日，香港客家人董伦茂夫妇，到石壁客家公祠寻根。

7月11日，姚美良先生一行11人，到石壁客家祖地检查筹备祭祖情况。

10月6日，香港崇正总会会长、香港星岛报业集团董事主席胡仙博士一行8人，前来石壁客家祖地。到达后，先参加了石壁客家中学新落成的"胡文虎基金会教学大楼"的剪彩仪式。

10月16日，第二届世界客属石壁祖地祭祖大典在石壁客家公祠隆重举行。香港参加本次祭祖大典的有：香港客属社团首长联谊会理事长黎国威先生为团长，率领香港客属社团首长联谊会祭祖团一行17人。香港南源永芳集团公司董事长姚美良先生为团长，一行29人。

1997年

10月3日，全国政协委员、香港南源永芳集团公司董事长姚美良与随行等2人，到石壁客家祖地检查第三届世界客属石壁祖地祭祖大典准备情况。

参加1997年祭祖大典的有香港南源永芳集团公司董事长姚美良局绅为团长的一行17人。

1998年

2月17日,香港张锦善带领大埔张氏一行9人,到石壁客家祖地寻根谒祖,并查族谱。

8月3日,全国政协委员、香港南源永芳集团公司董事长姚美良先生一行9人,到宁化石壁检查1998年祭祖筹备情况。

10月16日,第四届世界客属石壁祖地祭祖大典举行,参加本届祭祖大典的有香港南源永芳集团公司董事长姚美良先生为团长的一行20人。

1999年

2月26日,《香港文汇报》驻福建记者温明荣,来宁化了解客家祭祖活动开展等情况。

5月11日,香港崇正总会助资人民币25万元,兴建石壁镇(杨边)崇正小学。副县长董香妹带领教育、建设、客家"两会"、石壁镇等领导到杨边村具体落实规划、设计、施工等事宜。

12月7日,香港李颖先生和闽西客家学研究会会长李蓬蕊一行5人,参观考察了石壁客家祖地和客家公祠。

2000年

5月11日,香港南源永芳集团公司董事长杜怀泰(已故姚美良先生的夫人)一行10人,到石壁客家祖地考察。

5月14日,香港客属社团首长联谊会理事长黎国威先生率领广州油画家3人,到石壁客家祖地考察采风。

11月16日,香港崇正总会会长、国际客家学会会长、香港岭南大学族群与海外华人商业研究部主任郑赤琰教授到石壁客家祖地考察,并参加石壁崇正小学落成揭牌仪式。

11月22—23日,世界客属第十六届恳亲大会石壁祖地祭祖大典在宁化石壁隆重举行。

2001年10月18日,第七届世界客属石壁祖地祭祖大典在石壁举行,香港三明联会代表张初考一行2人参加了本届大典。

2002年

6月8日，香港中文大学谭伟伦副教授、博士生张德贞到宁化及其客家祖地调查客家民俗。

9月24日，香港胡文虎基金会董事长胡仙博士一行10人，到石壁客家中学和客家公祠视察指导。

10月16日，第八届世界客属石壁祖地祭祖大典（第二次），在石壁客家公祠隆重举行。参加本届祭祖大典的有香港南源永芳集团公司办公室主任廖巧嫒女士一行2人。

2003年1月1日，香港客属社团首长联谊会理事长黎国威先生一行3人，到石壁客家祖地考察。

香港崇正总会是客家人组织的，创立于1921年9月29日。除了对其他世界客家工作的支持以外，对宁化石壁客家祭祖工作始终给予积极的支持，并组织客家后裔对宁化的客家工作进行资金的捐献，对石壁客家祖地文化园建设给予大力的支持，对祖地祭祖提出诸多宝贵的建议和意见，使石壁客家祭祖如期开展，并使影响力在全世界客家人心目中不断扩大。

二、国外

（一）新加坡

宁化县委、县政府对本县客家工作极其重视，主动与海外客家乡贤进行联系，早在1991年2月26日，组织了由张恩庭、刘善群等5人的联络团，专程奔赴安溪县蓬莱镇岭美村，拜访了新加坡回乡探亲团，受到了新加坡南洋客属总会总务张让生先生和新加坡张氏总会总务张振利先生等6人的接见，从此开始与新加坡客属组织建立了联系。这次会面拉开了宁化石壁客家人与海外客家后裔联系的帷幕。

两年的时间过去了，张让生经过仔细比对族谱，发现闽南张氏是石壁张氏的一支。1993年9月22日，新加坡张让生先生等2人，再次来到石壁客家祖地进行考察。1994年6月14日，新加坡张让生先生和夫人何华英携儿子张段昌到石壁客家祖地寻根祭祖，并为客家医院捐款人民币12万元。其他石壁客家后裔前来祭祖的情况列举如下：

1995年11月28日,举办石壁客家公祠落成暨第一届世界客属石壁祖地祭祖大典。新加坡南洋客属总会会长曾良材先生为团长、副会长刘再光先生为副团长,率领新加坡南洋客属总会祭祖团一行16人参加大典。

1996年

5月7日,新加坡武吉班让客属公会祭祖团以罗焕文先生为团长,一行17人到石壁客家祖地寻根祭祖。

5月13日,新加坡1105客属寻根祭祖团以邹联有为团长,一行10人到石壁客家公祠祭祖。

5月24日,新加坡国际客家学会副主席陈松沾、新加坡历史博物馆馆长林孝胜一行7人,到石壁客家祖地考察客家历史和寻根问祖。

1997年

5月8日,新加坡嘉应张氏公会一行16人,在福利主任张艺民、总务张伟运的率领下,到石壁客家公祠和追远堂张氏家庙寻根谒祖。

9月19日,新加坡武吉巴督客家公会会长张少坤先生一行18人,到石壁客家祖地寻根谒祖、祭祖。张少坤先生说:"感谢你们为我们寻根祭祖提供方便,真感激不尽,我们一定要教育后代不能忘祖呀!"

10月16日,福建省首届客家文化节暨第三届世界客属石壁祖地祭祖大典在石壁隆重举行,参加本届祭祖大典的有:新加坡茶阳(大埔)励志社顾问周通盛先生为团长的一行22人;新加坡茶阳(大埔)励志社社长黄德昭先生为团长的一行22人;新加坡南洋客属总会第一副会长刘再光先生为团长的一行80人;新加坡武吉班让客属公会会长罗焕文先生为团长的一行23人。

1998年

2月6日,新加坡兴宁同乡会客家黄氏公会祭祖团,黄昌盛先生带领一行10人到石壁寻根祭祖。

10月16日,第四届世界客属石壁祖地祭祖大典隆重举行,参加本届祭祖大典的有新加坡南洋客属总会副会长何振饮先生为团长的一行20人。

1999年

10月16日,第五届世界客属石壁祖地祭祖大典在石壁客家公祠隆重举行,参加本届祭祖大典的有新加坡南洋客属总会代表张庆春为团长的一行

41人。

10月28日，新加坡珠宝公司经理贺道生一行11人，到石壁客家公祠寻根祭祖。

2001年10月18日，第七届世界客属石壁祖地祭祖大典在石壁举行，客家旅行团领队邝诗薇女士一行23人参加本届祭祖大典。

2002年11月6日，新加坡旅行团一行22人，到石壁客家祖地参观。

2003年3月4日，新加坡客家祭祖团8人，到石壁客家公祠寻根祭祖。

2004年5月29日，新加坡茶阳（大埔）励志社客家文化考察暨探亲团，罗焕文团长带领57人，到石壁客家公祠寻根祭祖。

从宁化石壁于1995年11月举办首届祭祖大典开始，每年都有人组团到石壁寻根谒祖，与客家工作负责人联络密切，建立亲密关系，双方互动极为频繁。特别是张让生先生为宁化石壁捐献了大量的资金，为石壁客家祖地的建设做出巨大的贡献。

（二）马来西亚

自从1995年5月24日始，以马来西亚客家公会联合会会长萧光麟为团长、姚美良为顾问的马来西亚客家文化寻根访问团来到宁化，到石壁观光、寻根谒祖，全团人数多达153人。宁化县对此高度重视，在石壁举行热烈盛大的欢迎仪式，迎接访问团的到来，并受到来自海外的客家人后裔广泛的赞誉，也带来极大的影响力。同年7月21日，姚美良先生又派永芳公司宣传部部长李南一行5人，作为首届祭祖大典的先遣组，到石壁客家祖地调查了解并筹备祭祖大典事宜。10月3日，姚美良先生带队一行12人，到石壁了解祭祖准备情况，并与县主要领导交流祭祖的各项准备工作。是日，马来西亚居銮客家公会姚森良为团长的祭祖团一行22人，到石壁客家公祠祭祖。该年在姚美良先生的发动和带领下，开启了马来西亚客家人后裔的石壁寻根之旅。此后每年都以极大热情，大批量的到达宁化石壁寻根祭祖。根据前十年的记录，马来西亚是世界海外客家人到达宁化石壁祭祖数量最多、规模最庞大的国家。前十年马来西亚客家人后裔抵达石壁祭祖的情况列举如下：

1995年

10月14日，马来西亚美里大埔同乡会客家寻根访问团，团长唐世谕，副团长邹精田、谢奖新一行14人到石壁客家祖地寻根祭祖。

11月11日，以王平忠为团长的马来西亚沙巴中国客家文化寻根祭祖团到石壁客家祖地寻根祭祖，全团66人。

11月28日，举办石壁客家公祠落成暨第一届世界客属石壁祖地祭祖大典。马来西亚居銮客家公会会长黄全昌局绅、姚森良局绅为团长，陈学林先生、营良兴先生为副团长，率领的马来西亚居銮客家公会祖团，一行28人。马来西亚沙巴客家公会会长萧伦开先生为团长，刘志光先生为副团长，带领的马来西亚沙巴客家公会祭祖团，一行12人。

1996年

5月22日，马来西亚熊应源先生一行6人，到石壁客家祖地寻根、考察。

6月4日，马来西亚客家公会联合会中国客家文化寻根访问团一行160人，在团长萧光麟博士，副团长黄拔祥、胡万锋、罗超德先生的率领下，到石壁客家公祠寻根祭祖。

6月6日，马来西亚加拉冷岳客家公会祭祖团团长曹建强拿督，副团长萧胜铨、杨丽顺、苏汉林率领141人，到石壁客家祖地寻根祭祖，并为"客家之路"落成揭幕。

10月16日，第二届世界客属石壁祖地祭祖大典在石壁客家公祠隆重举行。马来西亚参加本次祭祖大典的有：马来西亚亚庇客家公会会长曹德安拿督为团长，率领的亚庇客家公会祭祖团一行19人；马来西亚吧巴客家公会会长刘永龙先生为团长，率领的吧巴客家公会祭祖团一行37人；马来西亚根地咬客家公会会长杨国华先生为团长，率领的根地咬客家公会祭祖团一行20人；马来西亚丹南客家公会会长黄伟初先生为团长，率领的丹南客家公会祭祖团一行20人；马来西亚保佛客家公会会长郭翰翔先生为团长，率领的保佛客家公会祭祖团一行20人；马来西亚居銮客家公会会长黄全昌先生为团长，率领的居銮客家公会祭祖团一行39人；马来西亚客家公会联合会总会名誉会长姚森良局绅为团长，率领的马来西亚客家公会联合总会祭祖团一行39人。

1997年

3月13日，马来西亚吡叻州嘉应会馆祭祖团一行54人，在国会议员、拿督丘思东局绅团长，李丙文副团长的率领下，前往石壁客家公祠寻根祭祖。

5月24日，马来西亚关丹客家公会寻根访问团一行43人，在会长、局绅黄志仁团长，刘岩来副团长的带领下，到石壁客家公祠寻根祭祖。

10月16日，福建省首届客家文化节暨第三届世界客属石壁祖地祭祖大典在石壁隆重举行，参加本届祭祖大典的有：马来西亚居銮客家公会会长姚森良局绅为团长的一行36人；马来西亚沙巴亚庇客家公会副会长彭德聪为团长的一行61人；马来西亚沙捞越客家公会会长黄伟群先生为团长的一行93人；马来西亚瓜拉冷岳客家公会会长钟国水先生为团长的一行55人。

1998年

4月18日，马来西亚吉隆坡马福旅游探亲团林智健一行16人，到石壁客家祖地寻根祭祖。

10月16日，第四届世界客属石壁祖地祭祖大典，参加本届祭祖大典的有马来西亚居銮客家公会会长姚森良先生为团长的一行39人。

12月16日，马来西亚霹雳州客家寻根祭祖团，以拿督、国会议员丘思东先生为团长的一行18人，到石壁客家公祠寻根祭祖。

1999年

8月8日，马来西亚财政部副部长黄思华拿督一行15人，到石壁客家公祠寻根祭祖。

9月23日下午，马来西亚客家文化寻根访问团，团长萧光麟，副团长孙均生、蓝武昌、萧友、丘志华、沈观铭、陈景全、黄剑锋、胡振金等一行128人（其中日本、印尼、新加坡地区的共10人），到石壁客家公祠寻根祭祖。

10月16日，第五届世界客属石壁祖地祭祖大典在石壁客家公祠隆重举行。参加本届祭祖大典的有：马来西亚居銮客家公会会长姚森良为团长的一行23人；马来西亚新山客家公会财政钟三顺为团长的一行20人；马来西亚沙巴洲客家公会理事张荣强为团长的一行10人。

11月29日，马来西亚加拉冷岳客家祭祖团，团长张惜开一行16人，到石壁客家祖地寻根祭祖。

2000年

4月25日，马来西亚槟城汀州会馆、永定同乡会、胡氏安定堂寻根拜祖观光团，以永定同乡会署理主席、客属公会副会长徐胜俊先生为团长的一行

24人，到石壁客家公祠寻根祭祖。

11月22—23日，世界客属第十六届恳亲大会石壁祖地祭祖大典在宁化石壁隆重举行，参加本届祭祖大典的有：马来西亚居銮客家公会祭祖团，团长姚森良局绅一行68人；马来西亚古来客家公会祭祖团，团长蓝群华先生一行22人；马来西亚古晋陇西客家公会祭祖团，团长李福安先生一行24人；马来西亚客属公会联合会祭祖团，团长管良新先生一行55人；马来西亚山打根客家公会祭祖团，团长邓福恩拿督一行25人。

2001年

3月11日，马来西亚客家公会联合会祭祖团一行29人，到石壁客家祖地寻根祭祖。

3月18日，马来西亚雪兰莪客家公会祭祖团一行40人，到石壁客家祖地寻根祭祖。

10月2日，马来西亚怡保客家公会祭祖团，团长古学沾会长一行16人，到石壁客家祖地寻根祭祖。

10月18日，第七届世界客属石壁祖地祭祖大典在石壁举行，参加本届祭祖大典的有：马来西亚居銮客家公会Ａ团祭祖团团长姚森良局绅一行29人；马来西亚居銮客家公会Ｂ团祭祖团团长温添贵先生一行24人。

2002年

10月15日下午，马来西亚马六甲客家公会祭祖团团长黄树党先生一行29人前来宁化，参加祭祖大典。

10月16日，第八届世界客属石壁祖地祭祖大典（第二次），在石壁客家公祠隆重举行。参加本届祭祖大典的有：马来西亚居銮客家公会会长姚森良局绅为首的祭祖团一行77人，该团还有新山客家公会副会长黄志成先生，居銮客家公会永远名誉会长李木生先生；马来西亚茶阳（大埔）社团联合总会会长刘柏鑫局绅一行104人，该团还有麻坡茶阳会馆会长陈育象先生，峇都巴辖茶阳会馆会长蓝步振先生，怡保大埔同乡会会长罗祺森先生，诗巫大埔同乡会会长何保广先生，太平茶阳会馆会长罗宽平先生；马来西亚客家温氏宗亲会会长温添贵先生一行3人。

10月26日，第八届世界客属石壁祖地祭祖大典（第三次），在石壁客家公祠隆重举行,马来西亚两个祭祖团共181人参加。

2003年

3月19日,马来西亚客家祭祖团30人,到石壁客家公祠寻根祭祖。

10月23日,第九届世界客属石壁祖地祭祖大典,在石壁客家公祠隆重举行。由马来西亚雪兰莪客家公会常务理事杨表来为团长,理事钱锦发为副团长的祭祖团,一行36人。马来西亚客属居銮客家公会会长姚森良率团一行23人。

11月27日,马来西亚柔佛州客家旅游团陈先生一行19人,到石壁客家公祠寻根谒祖。

2004年

3月9日,马来西亚居銮客家公会署理会长姚森良局绅、永久荣誉会长李木生及张原泰前往石壁寻根谒祖。

6月1日,马来西亚芙蓉客属联合会祭祖团,团长叶玉萍带领30人,到石壁客家公祠寻根祭祖。

是日,马来西亚森美兰茶阳会馆会长、团长梁裕发带领27人,到石壁客家公祠寻根祭祖。

9月20日,马来西亚马六甲茶阳会馆祭祖团,团长李木生带领36人,到石壁客家公祠寻根祭祖。

11月22日,宁化石壁客家公祠建竣十周年暨第十届世界客属石壁祭祖大典在石壁举行,马来西亚共8个团174人参加本届祭祖大典。

抵达宁化石壁的马来西亚客家人不仅数量最多,对客家祖地的建设贡献也最大,其中客家领袖姚美良[①]和姚森良兄弟对石壁客家祖地注入大量资金,并在东南亚宣传和带动客家人到石壁客家祖地参加祭祖,使"石壁客家祖地"名扬于东南亚。

(三)泰国

泰国客家人对石壁客家祖地祭祖的热情很高,一年一度的祭祀大典客属

---

① 姚美良(1955—1999年):出生于马来西亚,祖籍中国广东大埔县,被称为"化妆品大王",马来西亚南源布庄私人有限公司董事经理、南源永芳集团公司董事长,南源(新加坡)私人有限公司董事长,香港南源永芳集团有限公司董事长。所以本书把他和姚森良代表香港客属列入香港部分。

总会基本都会派员参加，虽然数量不多，但能够反映出客家人溯本追源的思想精神。1995年11月28日，石壁举办客家公祠落成暨第一届世界客属石壁祖地祭祖大典。泰国客属总会会长刘志群先生和副会长朱钿福先生，率领的泰国客属总会祭祖团一行5人前来参加祭祖大典。前十年抵达石壁寻根谒祖的情况如下：

1997年10月16日，福建省首届客家文化节暨第三届世界客属石壁祖地祭祖大典在石壁隆重举行，参加本届祭祖大典的有泰国兴宁会馆原福利股主任罗伟珍先生带领的一行4人。

1998年10月16日，第四届世界客属石壁祖地祭祖大典，参加本届祭祖大典的有泰国梅州同乡会理事长谢其昌先生为团长的一行5人。

1999年

9月23日上午，泰国长有旅行社客家寻根探亲团，团长侯胜芳，副团长钟鸿生、杨万年一行27人（其中印尼2人），到石壁客家公祠寻根祭祖。

2001年11月14日，泰国客属总会副理事长周铨麟先生一行5人，到石壁客家祖地考察、寻根、谒祖。

2004年11月22日，宁化石壁客家公祠建竣十周年暨第十届世界客属石壁祭祖大典在石壁举行，参加本届祭祖大典的有泰国兴宁会馆祭祖团共32人，泰国客属商会祭祖团共17人。

泰国60万的客家人大多数是从梅州迁过去的，他们的祖先大多在石壁定居过，到石壁祭祖的人数不算很多，但基本没有间断过，这也体现出泰国客家人对祖先的崇敬与怀念。

（四）印度尼西亚

印度尼西亚的客家人数量众多，他们大多是从梅州迁到这里，与石壁的客家祖地关系紧密，早在1996年6月15日，印度尼西亚雅加达灵石私人有限公司董事长李梓材和总经理李锦材就到石壁客家祖地参观。到了2000年1月27日，印度尼西亚客属总会会长吴能彬先生一行6人到石壁客家公祠寻根祭祖。2000年11月22—23日，世界客属第十六届恳亲大会石壁祖地祭祖大典在宁化石壁隆重举行，参加本届大典的有印度尼西亚客属联谊总会祭祖团，团长张庆寿先生一行106人；印度尼西亚万隆客属公会祭祖团，团长陈富声先生一行30人；印度尼西亚客属总会祭祖团，团长吴能彬会长一行94人。

2003年4月4日，印度尼西亚客属联谊总会常务主席张抗祥，监事长刘嘉其为团长一行15人，以及印度尼西亚梅州会馆副理事长王清为团长一行15人的两个祭祖团，到石壁客家公祠寻根祭祖。后来，印度尼西亚客家人也不间断地到达宁化石壁祭祖。特别是近年来，三明学院举办"一带一路"客家论坛，每年都会有几十位客家后裔及学者前往石壁祭祖。

（五）国外其他国家和地区

除了上述各国家和地区的客家人抵达宁化石壁祭祖之外，其他国家的客家学者和客家后裔也纷纷来到石壁进行调研与考察，并参加祭祀大典。他们不仅在研究上做出了巨大贡献，还在宣传与实证石壁客家祖地方面做出了不懈的努力，产生了不同凡响的效果。具体情况如下：

1995年

6月24日，荷兰客家人保和平（谐音）女士，到石壁客家祖地考察。

9月2日，法国学者劳格文和省社会科学院周立方来宁化石壁考察客家民俗。

1996年

7月1日，法国学者劳格文博士一行3人到石壁客家祖地考察。

10月16日，第二届世界客属石壁祖地祭祖大典在石壁客家公祠隆重举行。参加本届祭祖大典的有法国崇正总会祭祖团，以张维新先生为团长的一行3人；美国三藩市嘉应同乡会会长黄汀芳先生为团长、黄清文先生为副团长，率领的嘉应同乡会祭祖团一行20人；缅甸客属祭祖团，以钟华盛先生为团长的一行4人。

1997年

6月20日，由巴西客家崇正总会会长谢先安先生率领的巴西客家崇正总会和巴拉圭客属宗亲会等两国的迎香港回归访问团一行27人，专程来到石壁客家祖地寻根谒祖。团长谢先安先生到了石壁客家祖地参加祭祖系列活动之后激动地说："到了这里心里很宽，虽然远涉重洋，行程万里，但真的很难得，我们祖宗选择的这个地方真好，回去以后要发动年轻人都来朝拜，寻根谒祖，饮水思源。"

10月8日，法国学者劳格文博士和省社会科学院客家研究中心主任杨彦杰来宁化参加客家学术研讨和祭祖。

10月10日，法国远东大学、香港中文大学劳格文博士，到石壁调查考察客家民俗。在10月14日参加了"宁化石壁与客家世界"学术研讨会，并在会上致辞。

10月16日，福建省首届客家文化节暨第三届世界客属石壁祖地祭祖大典在石壁隆重举行，参加本届祭祖大典的有法国崇正总会会长张维新先生为团长的一行6人。

1998年

4月11日，法国海外省留尼汪客家祭祖团团长为李碧廉的一行9人，到石壁客家祖地寻根祭祖。

5月1日，英国崇正总会祭祖团，以英国崇正总会会长张醒雄为团长的一行20人，到石壁客家公祠寻根祭祖。

5月17日，美籍华人（宁邑）雷静波（动春）到石壁客家祖地参观。

9月10—15日，法国远东学院博士生导师、香港中文大学客座教授劳格文先生一行2人，来宁化调查客家民俗。

1998年10月16日，第四届世界客属石壁祖地祭祖大典举行，参加本届祭祖大典的有法国崇正总会会长李德智先生为团长的一行26人；越南崇正总会理事长詹志荣先生为团长的一行2人。

2000年

11月3日，日本东京都立大学社会人类学教授渡边欣雄一行4人，来宁化调研客家文化，历时五天。

11月17日，印度尼西亚、加拿大、毛里求斯三个祭祖团共68人到石壁客家公祠祭祖。

11月22—23日，世界客属第十六届恳亲大会石壁祖地祭祖大典在宁化石壁隆重举行，参加本届祭祖大典的有法国崇正总会祭祖团，团长为刘国良先生的一行11人；英国旅英惠东宝同乡会祭祖团，团长为叶焕荣先生的一行17人；日本东京崇正公会祭祖团，团长为张全清先生的一行21人；澳洲北澳客属公会祭祖团，团长为叶时忠先生的一行7人；缅甸仰光市江氏客家宗亲祭祖团，团长为江道明先生的一行3人；美国加州永靖同乡会客家祭祖团，团长为陈贵寿先生的一行15人。

2001年

6月15日，日本福冈华侨总会副会长、福冈福建同乡会、日本林英株式会社董事长兼社长、九州唐人馆董事长林其根先生一行3人，到石壁客家祖地考察。

10月6日，法国远东大学劳格文教授一行4人来宁化做客家经济、文化、民俗等方面的田野调查，共15天。

10月18日，第七届世界客属石壁祖地祭祖大典在石壁举行，法国学者劳格文一行4人参加了本届祭祖大典。

2002年

6月4日，法国远东学院劳格文博士、阿世彼博士生，香港中文大学谭伟伦教授、张德贞博士生，福建省社会科学院客家研究中心主任杨彦杰教授，研究生钟晋兰、张燕清等6人来宁化和石壁客家祖地调查客家的经济、文化、民俗等方面，为期10天。

8月14日，澳大利亚客家人史蒂文先生一行5人，到石壁客家祖地寻根谒祖。

10月1日，法国远东大学教授劳格文博士一行3人，来宁化及石壁客家祖地对其经济、文化做田野调查，为期10天。

2003年

8月19—22日，法国远东大学教授劳格文博士和福建省社会科学院客研中心主任杨彦杰研究员一行3人，前来宁化进行田野调查。

11月19日，全球客家崇正会联合总会总执行长黄石华教授、澳门崇正总会副会长赖高辉、客家民歌手廖芬芳3人到达宁化，先后考察了石壁崇正小学，拜谒了石壁客家公祠。

2004年11月22日，宁化石壁客家公祠建竣十周年暨第十届世界客属石壁祭祖大典在石壁举行，参加本届祭祖大典的有加拿大梅州同乡会祭祖团27人；毛里求斯客属会馆祭祖团24人；美国美东台湾客家联络会祭祖团24人。

在祭祖和客家文化研究学者之中，法国汉学家、宗教史和民族志学者劳格文教授对宁化石壁进行了多达十次的田野调查和研究,他以石壁客家祖地为研究对象,对其进行了细致的调查与研究,后来与福建省社会科学院杨彦杰研究员合作撰写成"客家传统社会丛书",系统地反映了客家传统的社会结构,特别是对石壁这一最具代表性的客家传统社会的分析,更为细致入微,为石壁作为客家祖地提供了更加翔实的佐证资料。

第二节　海内外姓氏宗亲石壁祭祖

客家人是一个尤为重视宗族传统的民系,特别是迁徙到海外的客家人,他们的主要社会联系纽带是社团组织,如宗亲会、客属公会、崇正会、同乡会等社团结构,这些社团把华人各宗族紧密地团结在一起,并处理一些公共的社会事务,维护华人的利益,巩固生存根基。他们回到宁化石壁祭祖时,往往以社团的形式一道前往,从中体现了客家人团体的精神。石壁是海内外客家人的共同祖地,每年的客家祭祖和春秋二祭,海内外客家人各姓氏都会以社团组织的名义,不远万里前来祭祖。从1999年巫氏石壁祭祖始,后来各姓氏都纷纷组团分批次前来石壁,各姓氏参加祭祖的具体情况列举如下:

1999年

10月25日,闽、粤、赣三省12县罗氏宗亲57人,到石壁客家公祠参观。

10月27日,澳大利亚巫氏宗亲联谊总会委员巫金声先生一行20人,到石壁客家公祠考察、寻根。

10月29日,参加巫罗俊塑像揭幕的海内外巫氏宗亲80多人,到石壁客家公祠参观。

2000年5月30日,台胞钟均盛先生一行7人,到石壁客家祖地寻根,并复印了钟氏、俞氏族谱。

2001年

10月31日,台湾地区吕氏宗亲吕学诚先生一行5人,到石壁客家祖地寻根、考察。

11月13日,上杭县图书馆馆长严雅英女士和台湾地区曾、张氏家族史研究会曾嘉治先生一行9人，来宁化考察族谱，并到石壁客家祖地查阅族谱。

11月14日，台湾地区台北市曾、张氏家族史研究会曾嘉治先生一行4人，到石壁客家公祠寻根谒祖，考察姓氏源流。

2002年

1月25日，江西省宁都县客家联谊会秘书长邱常松来宁化了解邱氏源流及客家工作。

4月5日，马来西亚马六甲客家陈氏宗亲会和客家戴氏宗亲会的两会会长陈南盛、戴观友一行31人，到石壁客家祖地寻根祭祖。

10月4日，巫罗俊诞辰1420周年庆典，在巫罗俊怀念堂举行。出席庆典的有来自澳大利亚、新西兰、英国等国家以及中国广东、四川、江西、湖南、福建、香港、台湾等地区的336人。县领导罗朝祥、潘闽生、张东生、何正彬、王盛通等到会指导。下午有200余人到石壁客家公祠寻根祭祖，为2002年祭祖大典的第一次活动。

其中海外客属社团有5个，共20人，他们是：澳大利亚天生投资有限公司董事长巫辅明先生一行11人；新西兰客家人巫雪紫、张运生夫妇；英国客家人巫庚喜、巫仕强先生；台湾台南大学巫春发教授一行3人；香港宗亲巫伟升先生一行2人。

2003年10月4日，广东梅州陈氏赴闽宁化客家祖地树碑团，以香港蕉岭同乡会会长陈炼生和陈宪联、陈炳南、陈总华等宗亲为首的共92人，到石壁客家祖地立碑、寻根、谒祖。

2004年

6月15日，广东丰顺县丘氏来宁化调查丘氏源流。据族谱记载他是广东丰顺县丘氏后裔，丘烋（音哮）是他的祖宗，曾居住在宁化石壁。

10月4日，巫氏宗亲海内外联谊会组成祭祖团200多人，到石壁客家公祠祭祖。

12月13日，香港新界李氏宗亲会会长李有来带领49人，到石壁客家公祠寻根谒祖。

2006年10月25日，泰国巫氏宗亲20人到石壁客家祖地寻根祭祖。

2007年

4月14日，新加坡1人，台湾18人，长汀2人组成世界熊氏代表团前往祖地祭祖并立姓氏牌。

9月30日，世界刘氏宗亲总会丹斯理拿督刘南辉先生合家50人前往石壁客家祖地祭祖，为祖地捐献建设资金10万元。

10月2日，马来西亚东马蔡氏客家公会祭祖团26人，前往石壁客家祖地祭祖。

10月3—6日，世界巫氏宗亲首届巫氏文化节在宁化举行，参加活动的有泰国、马来西亚、新加坡、中国大陆（内地）及中国台湾地区、香港特别行政区、澳门特别行政区的客属社团800人，其中部分人前往石壁客家祖地祭祖。

2008年

3月15日，台湾熊氏宗亲21人前往石壁祭祖，由熊国治带队。

5月15日，广东梁氏宗亲前往石壁祭祖。

10月15日，台湾熊氏宗亲20人前往石壁客家公祠祭祖。

11月12—13日，第十四届世界客属石壁客家祖地祭祖大典举行，国内外客家宗亲合计两千余人前往石壁参加祭祖活动。

12月7日，台湾黄氏宗亲寻根祭祖团7人前往石壁客家公祠祭祖。

2009年10月3日，客家宁化黄氏联谊会在客家宾馆举行成立大会。

2011年

3月29日，广西黄氏宗亲29人前往石壁客家公祠祭祖。

4月3日，宁化巫氏宗亲400多人，赴清流嵩溪祭扫巫罗俊墓。

5月17日，台湾丘氏宗亲6人前往石壁祭祖。

5月31日，台湾丘氏宗亲6人前往石壁祭祖。

2012年

3月13日，台湾张氏宗亲前往石壁祭祖。

8月19日，台湾傅氏宗亲代表前往石壁寻根谒祖。

10月2日，始祖巫罗俊诞生1430周年暨第二届海内外巫氏文化节在宁化举行，海内外巫氏宗亲1000多人出席，并前往石壁客家公祠祭祖。

12月23日，宁化张氏联谊会在世客中心举行成立十周年庆典，来自河北、广东、江西、福建等地的宗亲共340人出席。

2013年

4月10日,江西于都、宁都和宁化等地的罗氏宗亲300多人,在宁化祭祀客家罗氏开基始祖罗令纪。

8月6日,荷兰豫章堂罗氏宗亲会罗国华夫妇及广东梅州罗氏宗亲7人,到宁化寻根谒祖,并前往石壁客家祖地和罗氏家庙祭拜祖先。

8月24日,广东梅州张氏、刘氏等6人来宁化寻根,对接族谱。

2014年

5月15日,广东惠州、河源、兴宁罗氏宗亲寻根团28人,到宁化寻根谒祖,拜谒石壁客家公祠和罗氏家庙。

6月11日,广东梅州罗氏宗亲寻根团7人,到宁化寻根谒祖,拜谒石壁客家公祠和罗氏家庙。

7月27日,傅氏姓氏碑揭碑仪式在石壁客家祖地举行,世界傅氏宗亲联谊会会长傅加星等100多人出席仪式。

2015年

4月19日,400多罗氏宗亲祭祀宁化开县始祖罗令纪。

10月14日,宁化县罗氏宗亲参加第二十一届世界客属石壁祖地祭祖大典,并在此后每届祭祖组织一个或多个石壁姓氏宗亲来参加大典。

2016年

3月19日,宁化刘氏宗亲联谊会组织广东、江西、福建等地的刘氏宗亲后裔500多人,到石壁镇南田村刘祥墓祭祖。

4月7日,广东、湖南、江西、福建等罗氏宗亲后裔在宁化罗令纪公祠祭祀宁化开县始祖罗令纪。

10月15日,来自北京、宁夏、甘肃、四川、河南、陕西、江西、广东、广西、湖南、河北、福建12个省市自治区的宗亲2000多人,参加第二十二届世界客属石壁祖地祭祖大典。

2017年

4月1日,来自广东、江西、福建等罗氏宗亲1000多人祭祀宁化开县始祖罗令纪。

9月20日，来自广东、江西、福建等罗氏宗亲60多人祭祀宁化开县始祖罗令纪。

10月16日，宁化巫氏宗亲会组织海内外巫氏宗亲1000多人参加第二十三届世界客属石壁祖地祭祖大典。

10月22日，全国伊氏宗亲会会长伊世哲及伊常春等前往石壁客家公祠寻根谒祖。

石壁客家祖地是客家姓氏的大本营，可从族谱和史料记载中发现历史上迁出的大约有160个姓氏。其中最大姓氏主要是开县时的姓氏即巫氏与罗氏，这两个姓氏从1999年起不间断地回到石壁祭祖。纵观18年来各姓氏回石壁祭祖可知，巫氏与罗氏祭祖数量最多且最频繁，少则几十人，多则几千人，可见石壁客家人后裔对自己祖先祭祀热忱的程度。由此反映了客家后裔无论迁往何处，只要他们的根在这里，便都能够克服困难回到自己的祖源地祭奠祖先，这一切都体现了客家人溯本求源、敬宗睦族等客家精神气质。

第三节　宁化石壁外出宗亲往来

自20世纪80年代中叶始，宁化客家研究的本土学者们开始接触了少数客家学术研究成果，并着手对石壁进行调查和研究，发现石壁对客家世界的重要性，并向县委、县政府提供了咨询报告，这引起了县委、县政府的高度重视。1991年2月26日，张恩庭、刘善群等5人代表宁化县专程抵达安溪县蓬莱镇岭美村拜访新加坡回乡探亲团，受到了新加坡南洋客属总会总务张让生先生和新加坡张氏总会总务张振利先生等6人的接见，从此开始与新加坡客属组织取得了联络，之后也取得了与东南亚其他国家客家社团的联系。宗亲互动对于宁化县的客家工作来说是一项不可缺少的事项，宁化县政府主动组织宁化客家工作人员出访，主要是与海内外宗亲联络感情，洽谈客家工作事务。从1996年到2005年，宁化县客家工作及宗亲外出与海内外客家社团及相关活动情况列举如下：

1996年

1月9日至2月1日，县长李家才、县委副书记周瑛、县人大副主任张恩庭及姚美良先生组织的福建省宁化长汀客家文化访问团出访马来西亚、泰国、新加坡等国家和中国香港地区,共24天。

10月19日,张恩庭、刘善群专程去广东省大埔县看望马来西亚客家长老萧畹香先生,并参加萧畹香铜像揭幕和进光中学建校十周年纪念大会。

11月9—11日,县委书记林纪承、客研会会长刘善群2人,应邀赴新加坡参加世界客属第十三届恳亲大会。

1997年12月12—15日,张恩庭、刘善群到广东省梅州市参加"世界客属联谊会秘书处成立预备会议暨客家渊源与客家界定学术研讨会"。

1998年

4月7—9日,联谊会会长张恩庭、研究会会长刘善群一行3人,到江西赣州地区考察客家文化。

9月29日至10月10日,县长唐连惠、客研会会长刘善群,应邀赴台湾参加世界客属第十四届恳亲大会。

12月19日,客联会会长张恩庭、客研会会长刘善群,到龙岩市参加闽西客家联谊会第一届第四次理事会议。

1999年

6月17日,副县长何正彬、客联会会长张恩庭、客研会会长刘善群到龙岩市参加欢迎马来西亚客家联合会访问团座谈会,会长吴德芳先生邀请宁化出席马来西亚举办的世界客属第十五届恳亲大会,并介绍了他们的筹备情况。

9月8日,县委副书记陈灿辉,政协主席罗朝祥和旅游局、客家"两会"负责人,到厦门与姚森良先生商谈"第五届世界客属石壁祖地祭祖大典"事宜。

11月2日,县政协主席罗朝祥,石壁镇党委书记亚雪峰,客联会副会长、客研会会长刘善群赴马来西亚吉隆坡,参加世界客属第十五届恳亲大会,为期十二天。

2000年

4月27日,县客联会会长张恩庭、县客研会会长刘善群到江西省赣州,广东省南雄珠玑巷、梅州等地考察。

6月1日,县客联会会长张恩庭和县旅游局局长廖远才,县政协文史委副主任廖善珍赴广东省鹤山市,祝贺鹤山市成立客属联谊会。

9月25日,县政协主席罗朝祥、县客联会会长张恩庭赴香港参加香港崇正总会成立79周年会庆,第三十五届理监事就职典礼暨全球客家、崇正会联会总会成立两周年会庆。

11月19日,由县长陈忠杰等六人组成的代表团赴龙岩参加世界客属第十六届恳亲大会。

2001年

10月22—30日,县政协主席、客联会名誉会长罗朝祥和张益民、钟宁平、陈芳4人,赴陕西省西安市参加第一届世界客属公祭炎黄两帝大会。

2002年

1月7日,县客联会、客研会为印度尼西亚客联总会创会长吴能彬博士发出题词"精诚团结,永铸先进",祝贺该会会庆。

3月26日,县政协主席罗朝祥,宣传部部长潘闽生,副县长董香妹,县客联会会长张恩庭,县客研会会长刘善群,县旅游局党支书、副局长陈芳等到江西省兴国县考察客家工作。

4月15日,宁化石壁客家宗亲联谊会、宁化县客家研究会发出贺电,祝贺姚森良局绅继续荣任马来西亚居銮客家公会会长,祝贺姚瑞良先生荣任马来西亚居銮大埔同乡会会长。

5月15—29日,宁化石壁客家宗亲联谊会会长张恩庭,宁化县客家研究会会长刘善群,宁化县旅游局副局长、党支书陈芳参加中国三明客家祖地恳亲团,赴马来西亚沙巴出席亚细安客属第三届恳亲大会,会后访问马来西亚、新加坡等国家和中国香港、澳门等地区共20多个客属社团。

8月18日,县客联会会长张恩庭、县客研会会长刘善群赴龙岩出席闽西客联会第二届会员代表大会。

10月31日至11月12日,以县政协主席、县客联会名誉会长罗朝祥为团长,以县客联会会长张恩庭、县客研会会长刘善群为成员的中国宁化石壁客家宗亲联谊会代表团赴印度尼西亚首都雅加达参加世界客属第十七届恳亲大会。会后赴日惹、巴厘拜会客属社团,进行联谊交流,结识新朋友。

2003年

9月2—4日,县政协主席、宁化石壁客家宗亲联谊会名誉会长罗朝祥、宁化石壁客家宗亲联谊会会长张恩庭和县旅游局副局长陈芳3人,赴江西赣县参加该县"客家文化城"的开工典礼。

9月3日,宁化石壁客家宗亲联谊会、宁化县客家研究会给四川客家研究中心发来贺电,祝贺四川"移民与客家文化"学术研讨会的胜利召开。

9月15日,宁化石壁客家宗亲联谊会会长张恩庭、宁化县客家研究会会长刘善群赶赴三明,参加三明高等专科学校客家文化研究所成立大会。刘善群、张恩庭被聘为该所学校的特邀研究员。

10月24—30日,以县政协主席、县客联会名誉会长罗朝祥为团长,张恩庭、张益民、刘善群为副团长,一行10人的宁化石壁客家宗亲联谊会代表团赶赴河南省郑州市,参加世界客属第十八届恳亲大会。

2004年

11月14—17日,县委副书记吴成球、政协张益民、客家研究会会长刘善群等5人赴广东深圳市参加亚细安(东盟)客属第五届恳亲大会。

11月18—20日,代县长巫福生及张恩庭等8人组成的"福建宁化石壁客家宗亲联谊会代表团"赶赴江西省赣州市参加世界客属第十九届恳亲大会。

2005年

9月29—30日,县人大张东生、旅游局赖日安、客联会翁国雄等赶赴江西赣州市参加中国客属第三届恳亲联谊大会。

10月11—13日,副县长何正彬、县客联会会长张恩庭、客研会会长刘善群组成宁化石壁客家宗亲联谊会代表团,赶赴四川成都市,参加世界客属第十九届恳亲大会。

10年间,宁化客家工作者积极主动地与外界客家社团进行联络,参加各种类型的客家会议和活动,了解国内国际的客家事务,联络世界客属宗亲的感情。这对宁化客家工作及事务起到了重要的推动作用,对客家宗亲互动往来起到了纽带的作用。上述只列举了10年间的外出活动情况,此后宁化客家工作者依然积极主动地与世界客属及社团保持良好的联络与互动关系,极大地增进了宁化石壁客家人与海内外客家人之间的情感,助推石壁客家事业良性的向前发展。

第四节 石壁祖地祭祖与海外客家人

1992年11月，由宁化县人民政府投资及乡贤资助，共筹集798万元，奠基了石壁客家公祠。经过两三年的建设，建成了公祠门楼、客家魂凉亭、公祠大殿，公祠正殿供奉着客家160个姓氏的始祖神位。1995年5月，以萧光麟为团长、姚美良（香港永芳集团公司董事长、马来西亚太平局绅）为顾问的一行153人，从马来西亚到达客家祖地石壁寻根。姚美良到了石壁后，查阅了姚氏族谱，认定石壁是客家姚氏的祖地。之后，萧、姚二人投资几十万元，在他们的大力推动下，公祠在年内竣工，并举行落成仪式和祭祖大典。此后，在马来西亚的姚美良先生、姚森良先生、萧光麟先生等客家乡贤的倡导、发动、组织下，在当地政府的支持下，这里逐步兴起了石壁客家祖地寻根祭祖的热潮，当年"只今寂寞摇篮地，依旧萧疏阁门。有望乡亲伸一臂，家园重整裕吾昆"的石壁，如今为"改革东风绿闽地，建设高潮易蓬门。更喜乡亲伸巨臂，故园增辉启后昆"。石壁祭祖活动逐渐走向正常化，每年举办一次大型客家祭祖大典，直至今日已举办了28届。历届祭祖大典的人数不断攀升，近几年已达三四千人。2011年"宁化县石壁客家祭祖习俗"列入国家级非物质文化遗产名录扩展项目名录，客家祭祖大典的影响力日益扩大，与海外客家人的互动也进一步加强。

1990年3月，新加坡南洋客属总会总务张让生先生（广东大埔茶阳人），第一次到石壁寻根，之后连续四年五次到此，并把石壁情况介绍给姚美良先生，由此开启了南洋到石壁寻根首旅。1993年3月22日，国际客家历史博物馆筹委会主任、大马客联主席、拿督萧光麟博士前来石壁，举行《客家之旅》大型电视系列片开拍仪式，并征集了客家文物。1995年5月，姚美良先生带领"中国客家文化寻根访问团"来到客家祖地石壁寻根谒祖。同年11月28日，首届世界客属石壁祭祖大典举行。前来参加大典的有马来西亚、新加坡、泰国及中国香港、台湾地区的客家人。二十几年来，石壁客家祖地已接待来自国内19个省、市、自治区及马来西亚、新加坡、泰国、美国、巴西、巴拉圭、英国、法国、荷兰等20多个国家和地区的客家人共100多万人次。今天，石壁客家祖地已然成为海外客属的"朝圣中心"，石壁祭祖大典成为一年一度客家人的重大盛典。此间,世界各地的客家人远涉重洋,不远万里来到这里,把故乡的热土带到侨居地,表达不忘故土的情愫。由此观之,宁化石壁成为世界客家人互动的中心与纽带,成为世界客属魂牵梦萦的心灵港湾。

第六章　石壁客家祖地建设回溯

　　石壁客家祖地的建设，发端于宁化本土学者及客家文化工作者对先辈学者们的学习和研究。众多的学者在研究中，发现石壁在客家民系形成中的独特地位，认识到石壁是客家民系迁徙的"中转站"，客家民系形成的"摇篮"，世界客家人的"总祖地"。通过十来年的研究和认证，结合政府及海外客家华人的互动与支持，酝酿出客家祖地的建设理论，并逐渐形成了客家祖地的建设思路与方案。

第一节　石壁客家祖地建设理念的形成

　　石壁客家祖地建设理念的形成是一个不断演进的过程，也是本土客家人与海内外客家人共同促进的结果。早在1984年8月30日，《三明日报》就登载了戈丁先生的《石壁村的由来》一文，他在文中叙述了石壁村历史发展进程和名称的由来。同年10月12日，本地县志办学者刘善群先生在《宁化方志通讯》（内刊）的第1期，发表了《略从姓氏流迁话石壁》一文，他认为："石壁的开基者便成为闽、粤、台这些氏族的始祖，石壁也就是他们的祖籍。石壁的历史渊源，过去知之甚少，确当进一步探讨。"他发出了本土学者对石壁客家祖地认知的最初声音，引起了客家人的强烈反响。1984年10月，由刘天一先生带队的广东省梅州市文博民俗学习考察组及一些梅州本土作家考察了石壁村，刘天一在其撰写的报告中道："客家先民曾避黄巢之乱，经福建宁化石壁，后再转迁徙于各地。""宁化石壁的民情风俗与粤东客家基本相同。"他认为宁化石壁，应该是一个"祖地"，不仅仅是多数客家人的祖居地，也应该是刘开七公其他谱系后裔的祖居地。由此可见，石壁客家祖地的理念认同或称为追认应始于20世纪80年代初。此时恰值中国改革开放初期,大批海外华人开始回到故乡或祖籍地寻根谒祖,从而开启了追寻自己故土和祖籍的寻根热潮。梅州及海外客家人毫无例外地加入这股大潮中,狂热不已地寻访自己的客家祖地,客家寻根的潮流就此应运而生。

随着对石壁考察与研究的不断深入,石壁客家祖地的理念逐渐清晰。1985年9月15日,《宁化方志通讯》第3期的《文史考议》栏目刊登了三篇论文:一是赖雨桐的《宁化石壁——客家南迁的中转站》;二是刘善群的《客家流迁与石壁》;三是曾威的《台湾和宁化的历史渊源》。论文较为系统地概述了石壁(当时还称"石碧")在客家民系形成过程中的"中转"作用和"祖籍地"的地位。同年12月7日,张恩庭在县志修志工作会议上强调,石壁是客家寻根溯源的策源地,要做好这篇文章,找出真实证据,说服大家。同年12月10日,时任县志办主任刘善群在县志办工作会议上强调,要把石壁是客家人的祖籍地这篇文章做好,在县志中作为重点反映出来。[①]1986年3月4日,县人大副主任、县志编委会副主任张恩庭在县第二次修志工作会议上期望县志办的同志对于石壁客家问题,从史料中给予探讨、挖掘、整理、发现,梳理清楚石壁在客家史上的地位和作用。[②]此时,张恩庭先生代表宁化县政府官方对石壁客家祖地有了较为深刻的认识。1987年3月3日,福建省漳州市台办林嘉书先生在《华声报》发表《客家摇篮——石壁村》一文,认为石壁在客家民系形成过程中起到了摇篮的作用。同年6月5日,台北市丘(邱)氏宗亲会编印的刊物《丘(邱)氏会刊》第3期发表了曾威先生的文章《台湾和宁化的历史渊源》,认为宁化石壁是客家的第二祖籍地。比如台湾新竹邱氏祖籍蕉岭县文福镇白湖村,这里的邱氏是从石壁村迁出的;台湾客家曾氏的祖先也是从梅州蕉岭迁到台湾,之前曾氏也是从石壁迁入蕉岭,所以曾威先生认为石壁是他们的第二故乡。同年6月15日,宁化县志办编撰了《客家的第二祖籍——宁化石碧》,收入了22篇相关石壁的论文,文中普遍认为石壁是客家人的第二故乡。

随后,一些学者纷纷加入石壁客家祖地的调查与论证中,提出较为有力

---

① 张恩庭.石壁客家纪事[M].香港:中国文化出版社,2011:5.
② 张恩庭.石壁客家纪事[M].香港:中国文化出版社,2011:5.

的证据来确认石壁为客家祖地。

应特别指出的是,1989年10月,罗香林教授的《客家源流考》在中国华侨出版公司出版,书中写道:"客家人族谱,许多都记载其祖先上代实自福建宁化县石壁村所迁入。而在唐代最先开辟其地的,就是巫罗俊父子。故此支巫氏关系于客家迁移的,至巨且大。客属巫氏通谱,为民国十九年(1930年)兴宁巫宇衡等所纂修,盖综合自宁化所迁移于江西、福建、广东、广西、湖南、贵州、湖北等省之巫姓而联修者也。此据该谱所载'源流考略'。"[1]同年10月12日,朱永康、黄永发、王火辉等宁化县领导在为新编《宁化县志》所作的序中认为:"宁化是中国客家摇篮。"标志着从官方到学者对石壁地位的确认,由此石壁在客家民系形成过程中的中心地位的理念被逐步确立。同年10月20日,梅州客联会、梅州市方志办编撰的《客家姓氏渊源》出版,其中涉及了34个姓氏,与宁化石壁有渊源关系的有30个姓氏。这也印证了"梅州客家人十有八九来自宁化石壁"的说法。

到了20世纪90年代,石壁客家祖地建设理念进入了实施阶段。1990年12月26日,刘善群先生撰写了报告,报送宁化县委、县人民政府,并提出开发客家祖地的设想和建议,其内容主要有当前客家研究和活动信息;石壁与客家的关系;如何开发石壁,促进宁化的发展以及实施办法。同时还提出了具体的工作思路:1.加强舆论宣传工作,编写出版一本书,举行一次客属恳亲会暨学术研讨会。2.在石壁搞一些必要的建筑设施,要求在石壁路旁立一块"客家祖地"的大石碑,建一座公共设施,供摆设外迁客家祖宗牌位、陈列客家文物、来访者休息座谈等。其名可谓"客属公祠""客家陈列馆""客家公祠"等。3.更改地名。将"石碧"恢复为"石壁",在石壁设立新建制或将禾口乡改名"石壁乡"。[2]可以看出,当地学者开始对宁化石壁客家祖地的建设提出行动纲领。

为了更好地建设石壁客家祖地,宁化县相关政府官员及学者着手与海外(主要是东南亚)取得联系,争取海外客家华人在资金和理念上的支持。1991年2月26日,张恩庭、刘善群等5人赴安溪县蓬莱镇岭美村,拜访新加坡回乡

---

[1] 张恩庭.石壁客家纪事[M].香港:中国文化出版社,2011:6.
[2] 张恩庭.石壁客家纪事[M].香港:中国文化出版社,2011:7.

探亲团,开始与新加坡客属社团取得联系。3月8日,台湾旅游团共14人,观光了石壁和天鹅洞景区,此后台湾客家人陆续回到宁化石壁祖地寻根谒祖。3月13日,宁化县客家研究会成立,开始启动"客家文化节、客家学研讨会、客家祭祖大典"三项活动,在理论和实践上进行总动员。与此同时,石壁村建设规划和客家公祠设计工作也如期开展。4月2日,全国政协原副主席杨成武将军为石壁亲笔题写"客家祖地"。5月初,刘善群先生撰写的《客家人与宁化石壁》论文总结性地提出了:"石壁在客家史上,占着重要地位,是客家民系形成的温床和摇篮,是客家祖地。"[1]10月8日,县委召开石壁村客家祖地开发现场办公会议,会议提出:一要按照石壁三个小区建设的规划,制订较详细的规划方案;二要加快旅游观光区工程项目建设速度,客家公祠要尽快破土动工。[2]从此,宁化客家祖地建设正式拉开序幕。与宁化石壁客家祖地建设相呼应的台湾及海外呼声渐渐唱响。如1992年3月11日,林斯定在台湾《中国时报》发表的探访录《客属衍四方,朝夕不忘祖》中叹呼:"石壁客属衍四方,苍天水碧庆炽昌。年远外境亦吾境,朝夕不忘祖地祥。"[3]

无论是客家先民的中转站、客家摇篮,还是客家祖地,到了20世纪90年代初,这一客家民系形成的特殊地域石壁,在客家界有识之士的心中已逐渐形成统一的观念,石壁客家公祠建设已酝酿完成。在宁化当地学者、政府和海内外有识之士的共同努力下,客家公祠破土动工在即。

第二节 石壁客家祖地建设与海外资金支持

20世纪90年代,宁化县还是一个贫困县,但县政府为了做好客家祖地的工作,举政府财力投入祖地的建设。为了更好地建设客家祖地,海外客家华人也纷纷解囊,慷慨捐资,为祖地建设的顺利进行起到了助推的作用。1993年4月5日清明节,客家公祠在宁化禾口乡石碧村奠基,石壁客家祖地建设正式启动。规划面积2800平方米,建筑面积2500平方米,总投入260万元,第

---

[1] 张恩庭.石壁客家纪事[M].香港:中国文化出版社,2011:9.
[2] 张恩庭.石壁客家纪事[M].香港:中国文化出版社,2011:9.
[3] 张恩庭.石壁客家纪事[M].香港:中国文化出版社,2011:11.

一期政府投入120万元。6月24—29日，新加坡张让生先生到宁化考察，捐资给客家公祠1.3万元、客家医院7.3万元、张氏宗祠0.7万元。9月22日，新加坡张让生先生等2人，再次考察石壁客家祖地。同年12月7日经省、市两级政府批准，正式把禾口乡改制为石壁镇（此前只有石碧村的称谓）。从此，石壁客家祖地的"石壁"称谓回到了古代，与各地客家人谱牒所记载的名称重新对应。

　　石壁客家祖地建设启动以后，通过一些前期到过石壁的海外华人的积极宣传，兴起了海外客家人到石壁寻根谒祖的热潮，一些客家华人纷纷解囊捐资。1994年6月14日，新加坡张让生先生携夫人何华英、儿子张段昌到石壁客家祖地寻根谒祖，并再次为客家医院捐款人民币12万元。1995年5月24日，马来西亚客家公会联合会会长萧光麟、姚美良（南源永芳集团公司董事长）带领的马来西亚客家文化寻根访问团153人，前往宁化石壁观光，寻根谒祖。6月24日，荷兰客家人保和平（谐音）女士，到石壁客家祖地考察。7月21日，永芳集团宣传部部长李南代表姚美良先生，一行共5人作为先遣组，到石壁客家祖地考察祭祖大典筹备事宜。8月11日，以县政府名义发函，邀请时任全国政协副主席的叶选平同志为"客家公祠"题字。8月17日，县委、县政府召开会议，研究决定于1995年11月28日举行石壁客家公祠落成暨第一届世界客属石壁祖地祭祖大典。9月2日，法国远东学院（EFEO）研究员劳格文和省社会科学院周立方前往宁化石壁考察客家文化，石壁客家祖地引起学界更多的关注。10月3日，姚美良先生带队共12人，到石壁了解祭祖筹备情况。同一天，马来西亚居銮客家公会姚森良带队的祭祖团共22人，到石壁客家公祠祭祖。10月14日，马来西亚美里大埔同乡会客家寻根参访团，唐世谕、邹精田、谢奖新等共14人，前往石壁客家祖地寻根祭祖。11月11日，马来西亚沙巴中国客家文化寻根祭祖团团长王平忠带队共66人，前往石壁客家祖地寻根祭祖。11月27日，姚美良和姚森良及亲属率9个祭祖团共140人前往宁化。11月28日，石壁客家公祠落成暨第一届世界客属石壁祖地祭祖大典隆重举行。同日下午，在客家宾馆召开石壁客家宗亲联谊会第二届第一次会议，各代表团负责人应邀出席，会议讨论客家宗亲会组织人选，并成立石壁客家公祠基金会，唐连惠为理事长，张恩庭为常务副理事长，姚美良为监事长。此次祭祖大典期间，在姚美良的倡议下，组织大家为客家公祠基金会捐资，带头并动员捐资人民币共60万元，其中姚氏家庭捐资21万元。1996年，姚美良斥资30万元，修建了从客家祖地牌坊到客家魂碑亭之间被称为"客家之路"的水泥路，长度500米。之后海外客家人陆续为客家祖地建设注资，不断完善客家公祠的设备。

第三节　石壁客家祖地建设实施

石壁客家祖地建设，从无到有，从观念到规划，从规划到建设，是一个来自理念的现实演化过程。如今的石壁工程建设前后经历了20多年的历程，这个历程也是一个客家祖地形象塑造的过程。1991年3月13日，宁化县客家研究会成立，县人大副主任张恩庭先生提出要做四项建设：石壁标志设计、客家公祠建设、族谱陈列馆建设和客家牌坊建设。这一设想引起了县委、县政府的高度重视和广泛赞同，县四套班子立刻采取祖地建设行动。3月28日，宁化县召开四套领导班子会议，部署客家公祠筹建工作，这是石壁客家祖地建设的发端。

随着客家祖地建设理念的逐步成熟，建设工作进入实施阶段。1992年5月24日，宁化县政府召开石壁客家祖地建设规划汇报会议，并到达石壁进行现场办公，确定客家公祠选址和建设的初步方案。经过反复讨论和磋商，包括资金来源、建设方案规划和管理单位及人员组织配备等相关问题。1993年3月19日，宁化县客家公祠[①]建设相关人员在县建委召开会议，研究客家公祠设计方案。3月26日，在宁化县建委会议室签订客家公祠建设合同，甲方为客家公祠建设委员会，乙方为客家建设公司，总造价为260万元。4月2日，石壁客家公祠放样[②]。4月5日，石壁客家公祠动工。经过两年时间，在县委、县政府工作人员的努力下，以及海内外客家华人对宁化客家工作的关心和支持下，石壁客家祖地进入实施建设阶段。经过两年多的建设，到了1995年11月28日，石壁客家祖地的主建筑，客家公祠（后被称为"客家人总家庙"）

---

① 客家公祠是石壁客家祖地的核心构成，也是后来文化园最早落成的建筑。
② 放样：建筑工程上的意思是把图纸上的方案"搬挪"到实际现场。

顺利竣工。资金来源是保证建设顺利进行的先决条件，其间宁化县政府投资150万元，同时还得到省市和相关部门的大力支持，以及姚美良、姚森良、萧光麟等海外客家人给予的捐资。在政府及海内外相关人士的协同努力下，除了客家公祠工程之外，后来陆续兴建了"客家祖地牌坊""客家之路""文博阁""碑林""姓氏碑廊""接待厅""陈列馆""碑亭"等建筑。

随着石壁客家祖地祭祖规模越来越大，人数越来越多，石壁客家祭祖的享誉度越来越高，原来客家公祠的建筑规模已无法满足时下的祭祖需求。到了2008年1月4日，县政府召开客家祖地建设方案研讨会，组织客联会、客家办、城建局、宣传、组织、旅游、文体、建委、土地等部门相关人员参加。由此开启了石壁客家祖地建设的第二个阶段。2月28日，县"两会"期间，县统战部何正彬部长再次提出石壁客家祖地建设的规划问题。11月19日，县委召开石壁客家祖地建设规划会议，四套领导班子及相关部门负责人参加，听取三家设计部门的设计方案报告，选取浙江远见旅游设计公司的设计方案。2009年4月27日，县委书记陈忠杰主持召开"海西客家始祖文化园"（石壁客家始祖文化园）[①]规划讨论会。9月2日，何正彬部长主持召开石壁客家祖地规划座谈会，县委办、建设局、旅游局、社科联、客家办等相关单位参加会议。

2010年1月11日，天鹅大酒店召开"海西客家始祖文化园"规划评审会，相关部门负责人听取浙江远见旅游设计公司规划方案汇报。4月30日，县委门楼会议室召开"客家始祖文化园"规划评审会，相关领导审议了规划方案，并提出了修改意见。5月21日，县委召开会议评审了客家祖地扩建工程规划设计方案，福建省规划设计院原院长黄汉民到会汇报。7月12日，国家发改委以发改投资〔2010〕1312号文件下达2010年旅游基础设施建设中央预算内投资计划的通知，安排投资宁化客家始祖海西基础设施建设项目资金1000万元。9月7日，石壁海西客家始祖文化园第一期工程正式开工。此项目被列入福建省重点文化工程项目，其占地面积达53万多平方米，追加石壁村原生态修复工程，共投资人民币3亿多元。最终此建设将成为集客家历史、文化观

---

① 当时正值福建等省海峡西岸经济区建设，把石壁客家始祖文化园建设纳入海西建设项目，故称"海西客家始祖文化园"，随着"海西"名称的逐渐淡化，后来只称其为"石壁客家始祖文化园"。

景、旅游购物、寻根谒祖等于一体的综合性工程。

在建设过程中，相关县领导及工作人员做了大量的工作。2011年1月4日，何正彬部长传达黄汉民对客家始祖文化园中轴线规划修改的10条意见。1月13日，县客家办、客联会、客家文化研究会、旅游局等单位工作人员到石壁安排和落实楹联事宜。3月12日，县统战部组织召开文化园楹联评审会，收到从全国各地征集的楹联共329副和楹联书法作品170多幅。5月4日，黄汉民前来石壁客家祖地落实修正文化园规划方案。通过不懈的努力，文化建筑工程的内涵不断被挖掘出来，随着工程的不断进展，石壁客家祖地的客家始祖文化被定格于楹联、匾额、碑林、画廊等有形的物质上，显示了石壁客家祖地浑厚的客家文化底蕴。

2012年3月15日，县委召开扩大会议，专题研究客家始祖文化园工程建设，听取叶武林教授汇报客家公祠两侧厢房的设计方案。11月2日，举行石壁客家祖地主轴线工作落成剪彩仪式。11月17日，石壁客家祖地中轴线文化工程质量验收。石壁客家始祖文化园落成之后，主要工作转向配套设施和文化内涵的建设。2013年2月21日，县委、县政府召开研究客家祖地景区游客中心及停车场建设专题会议。4月28日，县委、县政府召开研究客家祖地博物馆广场建设及馆内布局规划设计专题会议。5月17日，县委、县政府召开研究客家祖地景区游客服务中心规划设计调整专题会议。12月31日，县委、县政府召开全县经济和城镇化工作会议，提出尽快实施客家祖地二期工程开发。2014年，宁化海西客家始祖文化园被列入省本年度的重点建设工程。如今石壁客家祖地的建设仍在持续，还有相关的辅助和文化旅游设施尚待进一步完善。

第七章　石壁客家与海内外客家习俗

石壁客家习俗包罗万象，石壁以外的客家习俗基本能够在石壁找到雏形或源头。

正如石壁人歌谣所说的："正月酒，吃过二十九；二月观音节，蔊菇粿糍家家有；三月清明节，醮地纸钱淋鸡血；四月八，妇娘结伴朝菩萨；五月端午，家家糍粑粽子扎；六月初一，迎神扛菩萨；七月十五，烧把纸钱鬼来接；八月十五，一块洋饼合家喫（吃）；九月初九，买把雪薯刮；十月十五，乡间糍粑比艳蝶（意为漂亮）；十一月冬至，买狗杀；十二月，蒸糕蒸酒把春接。"一年到终每个月都有一个节日和活动，用以滋润和丰富他们的生活。

由上述歌谣分析可知，正月是石壁客家人一年中最为狂欢的月份，除了正月初一到十五每天都有活动外，再就是客家人喝酒的习俗，正月每天走亲访友，活动之余就是饮酒狂欢。正月十五这天各种迎神赛会齐上阵，舞龙舞狮、铁杆古事、各种庙会等热闹非凡。正月十五过后，虽然要到田地里干活，但访友饮酒还是一项重要的活动，一直到农历正月二十九才算过完年。二月二石壁客家人打春牛，祭祀伯公，二月十五花朝节，二月十九观音节做蔊菇粿。三月清明节，扫墓、祭祀祖先。四月八，据传是佛诞生日，妇女老少去寺庙里拜菩萨。五月五端午节，做糍粑、包粽子，挂葛藤、艾草和菖蒲。六月初一，迎神扛菩萨打醮，保平安、保禾苗，祈求风调雨顺，五谷丰登。七月十五中元节，烧纸钱给鬼神与祖先，迎稻草龙。八月十五中秋节，一起吃月饼。九月初九重阳节。十月十五下元节，家家户户打糍粑。十一月冬至日，杀狗补冬。十二月临近年关，蒸糕蒸酒喜迎春节。

第一节　岁时节令习俗的独特性

在石壁客家人的岁时节令中，最为独特的风俗是二月十五的花朝节、二月十九做滢菇粿习俗、四月初八妇女拜菩萨习俗、五月端午挂葛藤习俗、六月打醮保禾苗习俗、冬至杀狗补冬习俗等。

花朝节是纪念花神生日的节日，俗称"花神节""百花生日"或"挑菜节"①。花朝节是汉族的传统节日，古代流行于东北、华北、华东、中南等地区，一般在农历二月初二、二月十二或二月十五、二月二十五举行。北方很多地方都过这个节日，但南方除客家人以外很少过这个节日，随着现代花卉产业的发展，很多地方也把花神供上殿堂。许多地方的人们会去踏青、赏红、挖野菜等。石壁客家人的花朝节为二月十五日，在这一天，妇女一律在家休息，处理私事，有的互请吃"花朝丸"。女孩子这一日穿耳孔，据传此日穿耳不痛不烂，所以此日亦称"女儿节"，意味着女孩将长得像花一样美丽动人。

滢菇是一种草本植物，俗称"鼠曲草"。做滢菇粿时，要采摘滢菇的嫩茎叶及花朵，洗净后切碎切烂，用煮好的米浆加入捣烂的滢菇，充分揉搓和实后，即可做成各种形状的米粿。据传石壁客家人吃滢菇粿，是来自祭奠观音替牛吃草的传说。因观音劝说神牛下凡助民耕田结果却被人宰杀，神牛不愿再到人间，观音出面劝说，并与其打赌，倘若神牛的子孙再被宰杀，观音就到人间替牛吃草。后来神牛子孙们被人使役后仍被宰杀，于是观音实践诺言，在他的生日这一天替牛吃草。故石壁客家人为了祭奠观音替牛吃草，以做滢菇粿吃来代替吃草的习俗一直流传至今。

农历四月八日，因这一天是菩萨生日而成为祭佛日，俗称"佛诞节"，也称"浴佛节"。据传说释迦牟尼降生时就会走路，坐于莲花台上，一手指天、一手指地，大地震动，九龙吐水为他沐浴，后来佛教徒常以浴佛的方式来纪念佛祖的诞辰。石壁客家人在这一天会到寺庙里上香和拿祭品来祭奠佛的诞生，但没有浴佛的仪式。

客家端午挂葛藤的习俗是从石壁开始的，也就是来自葛藤坑的传说。这

---

① 挑菜就是到野地里挖野菜，此时正是白蒿、荠菜鲜嫩的时候。

个美丽的传说已是客家人优良传统道德的标志性文本,并深深烙在客家人心里。葛藤坑的传说随着客家人向外迁徙,还衍生出许多相关的风俗,比如广东陆河县客家人在这一天有"走黄巢"的习俗,这个习俗就是来自石壁客家先民的葛藤坑传说。走黄巢,即在端午当天,家家户户早上起来不吃饭出门,到山上或野外走半天,并采些艾草和青草药回家。陆河县客家人多数是在宋末以后从梅州地区转徙而来的,这个习俗是陆河客家人对客家先民南迁后生存艰难的祭奠,是他们对石壁先民生活的缅怀。

石壁客家人六月有设坛打醮保平安、保禾苗的习俗,六月初的打醮属驱邪、求吉、祈福的"平安清醮"。平安清醮是道教的一种斋醮科仪,属于对生者平安诉求的法事活动。在客家地区,六月初一开始设醮坛打醮的习俗相当普遍。如长汀的长龙岩菩萨醮,从每年六月初一开始,抬着长龙岩菩萨从河田长龙岩出发,途经河田、南山、涂坊、宣成等48个村庄巡游,一个乡村一天,历时48天,再回到长龙岩。

冬至是石壁客家人一年中很重要的节日,称冬至为"过冬",冬至日要补冬,往往是煮狗肉或者吃羊肉。他们认为狗肉和羊肉对身体具有温补作用,温而不散、热而不燥。前一夜,在狗肉或羊肉上加补药,彻夜炖煮,直至脱骨最佳。石壁客家人有一谚语称:"冬至至长长也短,夏至至短短也长。"大意是过了冬至日后,白昼逐渐变长,冬至是一年中阴阳气交的时节。这一天补冬,有利于人的身体更加强健有力,也有助于驱寒。梅州客家人有一句谚语:"冬至羊肉夏至狗。"梅州客家人喜欢吃羊肉煮酒和狗肉,这也是客家人的一种饮食特色。石壁客家人认为,这一天是做腊肉及酿酒的最佳时间,还认为冬至到立春期间的水为"冬水",用其腌制的腊肉、水酒可以久存不坏。

第二节 人生礼仪习俗的独特性

三朝习俗,石壁客家人称为"洗三朝汤"。即婴儿出生之后的第三天,要为他洗净身子,意为洗去从前世带来的污垢和晦气。其实三天之后,婴儿已经渐长,洗干净有益于健康。在洗三朝之前要到妻子娘家报喜,这个习俗很多地方都有,只是形式不同而已。石壁客家人"报喜"时会备一壶家酿米酒,壶柄上系一根红绳，还有一只鸡笼，担着走。到了亲家处，酒壶的朝向有讲究，若壶嘴朝前，表示生了男孩，朝后则表示生了女孩。其实福建许多地方，生男生女的暗示是以鸡来表示的，生男用公鸡，生女用母鸡。客家人"洗三朝"习俗，由年长的婆婆、奶奶操作，边洗边唱"洗洗头，做王侯；洗洗身，做富翁；洗洗手，荣华富贵全都有；洗洗腰，一辈更比一辈高；洗洗脚，身体健康唔食药""前拍拍，后拍拍，老弟日日洗汤入日日恶（乖的意思）""先洗脑，后洗面，洗得老弟拉拉健"之类的祝福顺口溜。这个习俗与其他地方客家地区的习俗基本类似，只是细节略有差异而已。比如，赣南、广西客家人报喜时用的是"姜酒"；又如，梅州客家人报喜时，生男送两瓶黄酒和一只大公鸡，生女送七个红鸡蛋和一只母鸡。

"做六十工"习俗，古称"洗儿会"，指石壁客家人在婴儿出生两个月后要办酒席。是日，外公外婆送来"坐栏""推子""叉卡子"和衣服等。"坐栏"为木制品，是一种小儿坐的围栏椅；"推子"为竹制品，是一种小儿睡的小床，底部装有小轮，置平地可前后移动；"叉卡子"是小儿用的围脖。亲朋邻居则送布料、蛋等，一般在"三朝"受请的时候主动送礼庆贺。[①]一般而言，两个月办酒席庆生的习俗，少之又少。虽然在国内诞生礼中，这样的习俗稀少，但从内容观之，娘家送来三种儿童用品，是婴儿很实用的东西，可见石壁客家人娘家对婴儿那种特殊的关爱和对生活的细致观察。梅州客家人有"看七朝"的习俗，时间为"七朝""十二朝""半月"，这三个日子都是娘家看望女儿的时间，探望的人数逐渐增多，亲戚范围逐渐扩大。探望时携带的礼物必须有鸡和鸡蛋，还要送黄酒、糯米、猪肉和白米以及婴儿的衣物、小银饰、被铺等。[②]外婆看望外孙的习俗其实大多地方都有，只是没有客家人这么隆重，而且还要确定看望的时间，如若是确定的时间就是"做满月"，这种习俗无论是客家人，还是在其他地区都是司空见惯的习俗。总而言之，这种习俗可以看出客家人重礼节的民性。

过珠习俗。这是石壁一带妇女盛行的特有习俗，即信仰佛教的妇女进入

---

① 廖开顺，刘善群，蔡登秋，等．石壁客家述论［M］．郑州：河南人民出版社，2012：259．

② 叶春生，施爱东．广东民俗大典［M］．广州：广东高等教育出版社，2005：233．

更年期后便要举行"过珠"（佛珠）仪式，民间流传有"在生没过珠，死后上不了祖堂"的说法。妇女到了48岁，也就有了"过珠"的资格，家人就可以筹备"过珠"的事宜。其整个活动有"打规""接珠"两项。"打规"前，要请算命先生择定"过珠"年龄，一旦确定无疑，该妇女就得到附近寺庵"打规"，拜和尚或尼僧做师傅，以示皈依佛门，由师傅为其起佛名，择定"接珠"日期。此后，还要聘请"佛头嬷嬷"来"串珠"，对其教授《烧香佛》《入门佛》《弥陀经》《心经》《花园童子经》《往生咒》《大悲咒》《八十八佛》等佛经，直至熟记为止。[①]石壁客家人特别信奉佛教，许多佛事都由女性完成，这种现象的原因难以考究。但也有男性念佛的，称为"念佛公公"，自然女性就称为"念佛嬷嬷"。在接佛珠的过程中，全部是由道士主持完成的，是一种亦佛亦道的普庵教佛教形式，但普庵教并不是佛教的教派，只是民间化的佛教形式。这个习俗在其他客家地区还没有出现过，或许是宁化石壁客家人的独特习俗吧。

做寿习俗。六十岁以上的做寿颇有讲究，除"挂联"（寿庆联轴挂于厅壁）、"接食"（鸡、肉）外，在祠堂"钉匾"者七十岁以上方可，还要具备以下三个条件之一者方能在族祠里挂匾："夫妻六十年、兄弟三百岁、五代同堂。"他们在做寿的过程中，要举行"游匾""祭匾""钉匾""拜寿"仪式。"游匾"即将族中亲朋好友送来的贺喜之匾，由儿辈抬着绕村游行，一路上需燃炮不停。游匾结束回到厅堂（族祠）后，还要举行隆重的"祭匾"仪式，即书于红纸，昭告先祖，内容为：今日家中父母做寿，祈保寿星健康长寿、儿孙发达、家族兴旺。仪式由长子主祭，家人参与，族亲陪同。"钉匾"时，需燃放长串鞭炮，在族亲的欢呼声中边挂匾边撒"花米"（染红的米）发彩："日吉时良大吉昌，今朝钉匾正相当；南极仙翁来祝贺，儿女孙媳立满堂；一要家庭和睦，二要身体健康，三要子孙发达，四要人口安康，五要五福齐全，六要路路吉祥，七要百谋顺意，八要名传八方，九要长命百岁，十要万代隆昌。"此时，儿孙等一边附应："有啊！"一边用衣衫来装"花米"，并将"花米"带回家煮，吃了盼"更发"。"拜寿"通常在早晨进行，一早，家人在祖

[①] 廖开顺，刘善群，蔡登秋，等.石壁客家述论[M].郑州：河南人民出版社，2012：261.

宗牌位前燃香点烛,寿星端坐堂中,儿孙女媳等按大小顺序,依次行拜,边拜边道"增福增寿、长命百岁"等祝词,寿星则会笑容满面点头并给其发"红包",仪式结束后再吃寿面。[①]其他地区的客家人也都有做寿这种习俗,但石壁客家人比较讲究,有他们自己独特的一套程序。在梅州地区,平时与石壁客家一样,六十岁做寿,七十岁拜寿,其中的仪式与石壁大体相似,但没有"游匾"和"钉匾"的仪式。也有些地区从五十岁开始做寿,如赣南定南客家有五十"上寿木"的习俗,举办"上座"仪式。

自周代起我国就有"聘娶婚",即纳采、问名、纳吉、纳征、请期、亲迎六礼。过去石壁的婚嫁形态多姿多彩,包括嫁娶婚、招赘婚、童婚、多妻婚、交换婚、收继婚等。石壁的婚俗基本上传承了中原汉人的旧俗,但也受到当地土著婚俗的影响,总体上具有重信义、不重繁文缛节的特点,表现在将"六礼"归并为求婚、送果子、报日子、归亲"四礼";讲究"门当户对""明媒正娶";儿女婚姻以"父母之命,媒妁之言"为主;婚姻形式以"嫁娶婚"为主,男方向女方家求婚,女方到男方家成婚;如果家大无子,常以招赘婚的办法把男方招入女方家,不致断了香火;女子嫁妆较丰厚,婚礼讲究排场等。由此可见,石壁聘娶婚礼俗具有移垦社会、舍繁就简的特点。[②]

求婚也就是提亲,在许多客家地区称为"看妹崽子"或"看妹子",一般是由托媒男方到女方家提亲,双方满意之后就进入"问名"阶段。女方报送"庚帖"到男方家,请先生合"八字",之后进入"订婚"阶段。客家人和其他汉人一样有一个女方到男方家探视家况的日子,赣南客家人称为"访家",这些程序走完之后,就可以定亲,石壁称为"送果子",俗称"压礼帖",赣南称为"下定"。石壁有"接了男家一绺(根)线,当过牛鼻拳"之说。此俗源于当地畲家,畲人的订婚礼物中有两绺带针的线,若是畲女收下一绺,婚姻就算"扎定",显然这是石壁客家先人受当地畲族影响,入乡随俗演变的

[①] 廖开顺,刘善群,蔡登秋,等.石壁客家述论[M].郑州:河南人民出版社,2012:260.

[②] 廖开顺,刘善群,蔡登秋,等.石壁客家述论[M].郑州:河南人民出版社,2012:262.

结果。①之后就到了"报日子",古代称为"请期",石壁称为"做定"。之后送上礼品,到了"亲迎"阶段,习俗有很多,如"去轿""轿对""接伞、送伞""游橱"(女方家)、"拘上座""退席""下礼""告辞菜""讲亲""揖高升""上轿""送嫁""等轿""亲迎""跨火砵""陪饭酒""发彩""拜堂""宴客""游厨"(男方家)、"闹房"("发彩"、"合卺"喝交杯酒、"闹洞房")、"散客"。同时,女方家还有一些送亲的仪式,如"哭嫁""吵嫁""拦嫁"等风俗,但如今不太流行了。通常到此,结婚仪式就完成得差不多了,但石壁客家人的事宜还没结束,还有很重要的"三朝"和"满月"的习俗。相对较为繁杂的结婚仪式,客家地区基本一致,只是有些礼品和少数的仪式不同而已。客家人各种各样的结婚仪式,都有各自的寓意,如三朝仪式,原为娘家"验初夜女红",石壁客家人已改为"洗红裙红衫",体现对女性价值的尊重。又如在梅州客家地区的"三朝"已演变为"请三朝",即第三天请女儿女婿回门,娘家宴请女儿女婿,其实与石壁"三朝"仪式相比也没有多少变化。

石壁客家人有"二次葬"习俗。"头一次下葬后,过若干年后,重开墓穴,拾骨水洗后,由儿孙各脱一件内衣包白骨,放于'金瓮'(陶制品)中,再次选择山场风水,将'金瓮'埋下。"②一般而言,无论是石壁客家人,还是其他地区的客家人都有"二次葬"习俗,台湾客家人称其为"洗骨葬",梅州客家人称其为"检金"或"执金",等时间合适的时候,找风水先生相风水宝地再次下葬。广西博白客家人因迁徙关系不只有"二次葬"习俗,还有多次葬习俗。石壁客家人有"浅葬"的习俗,即初葬时较为随便找一块地方下葬,若干年后再行立碑下葬。"二次葬"习俗除了与客家人频繁迁徙有关外,也与重视风水有关,他们普遍相信风水优劣与他们子孙生活的好坏相关联,迁葬即是为了更佳的风水。

---

① 廖开顺,刘善群,蔡登秋,等.石壁客家述论[M].郑州:河南人民出版社,2012:262.
② 廖开顺,刘善群,蔡登秋,等.石壁客家述论[M].郑州:河南人民出版社,2012:274.

第三节　饮食习俗的独特性

客家菜口感偏重"肥、咸、熟",过去客家人饮食被概括为"素""野""粗""杂"。"素"是说过去客家人很少买肉或宰家禽家畜,只有逢年过节待客才有荤;"野"指客家人多吃野菜、野果、野味,这与客家人生活在山区有很大关系,取材比较方便;"粗"指粗粮,大米不够,往往以番薯和芋子代替;"杂"指客家人什么都吃,只要能够吃,大体都能想办法将其变成食物。不过这种概括是过去客家人较为普遍的饮食习惯,但也有少数特别的,如长汀的"麒麟脱胎",其制法是先将人参塞进麻雀腹内,再将麻雀塞进鸽子腹内,再将鸽子塞进小母鸡腹内,再将小母鸡塞进乳狗腹内,最后将乳狗塞进猪肚内,用线缝好,添葱、鸡汤、红糖、盐、料酒、酱油于锅中蒸4~6小时。过去长汀是出厨师的地方,现在长汀的小吃还是客家菜系里比较精致的一种。

田鼠干,是闽西八大干菜之一。石壁客家人食用田鼠干的原因有二:一是美味;二是具有药用功效。吃过田鼠干的食客大都知道它的美味,真是香鲜具备,人间佳味。此外,石壁客家人认为田鼠干具有补益气血、补虚扶正、滋阴补肾、治小孩尿床的功效。秋冬收割水稻之后是捕捉田鼠的最佳季节,捉得田鼠后将其去毛开膛洗净,用米糠熏烤至色泽红亮呈酱黄色,之后用稻草束起。相传很久以前,客家人遭遇饥荒,便挖田鼠洞中粮食以充饥,有大胆者捉得田鼠烤食之,发现其味极为鲜美,于是客家人有了烤食田鼠的习俗。田鼠干只有宁化生产,其他客家地区鲜有听闻。

鱼生,也称"生鱼片",所用食材就是池塘中所养的草鱼,是石壁客家人的传统大菜。鱼生制作考究,鱼的来源要无污染,同时要在干净的流动河水中养几天,加工时要求刀工好,片如纸薄,动作迅速,配以麻油、酱油、芥末等蘸料,其味可口鲜嫩,有清热泻火的功效。石壁客家人喜欢吃鱼生,梅州客家人也喜欢吃鱼生。鱼生,古人称为"鲙",即把鱼肉切成细片,蘸着酱料吃。唐代诗人李白的《秋下荆门》云:"霜落荆门江树空,布帆无恙挂秋风。此行不为鲈鱼鲙,自爱名山入剡中。"南宋诗人陆游的《沁园春·洞庭春色》云:"人间定无可意,怎换得,玉鲙丝莼。"看来吃鱼生还不是客家人的专利。

宁化客家有两种擂茶,代表石壁的西路擂茶,其实是一种点心;代表宁化安远的东路擂茶是一种饮料。除了宁化以外，其他客家人分布的地区，如福建的将乐和泰宁，广东的梅州、陆丰、揭西、陆河，以及湖南、江西和台湾的部分客家地区都保留了做擂茶的习俗。石壁擂茶是用大青叶、山梨叶、粉丝、芝麻、黄豆、花生、盐和茶叶等作为原料，有时也加些青草药，其中的青草药可以是野红茶、小叶金钱、鱼腥草、鸡爪草、金钱草、薄荷叶、斑笋菜等。擂茶可以分荤素两种，荤擂茶可以加入猪油、炒好的肉丝、小肠、粉干、豆子、香葱等；素擂茶可加入茶油、花生、绿豆、粉干等，与宁化辣萝卜相搭配，美味可口。做擂茶需要的工具有擂茶棍，通常用茶树或百花蛇藤做成，还要有陶制擂钵和捞瓢。擂制成后与其他原料一起倒入锅中，加入预先熬好的大骨头汤混煮，熟后即可食用，可充饥，口味独特，具有凉血、祛毒、止咳等功效。

客家擂茶分布很广，其也不是客家人所特有的饮食，各地擂茶与石壁有相似，也有不同。国内擂茶有江西擂茶、湖南擂茶、湘鄂渝黔交界地带的土家族擂茶、广东擂茶、广西擂茶、云南擂茶、贵州擂茶、台湾擂茶等。江西擂茶主要分布于赣南和赣东地区，赣州下辖之于都、兴国、宁都、石城、会昌、瑞金、信丰，抚州市下辖之黎川、广昌、南丰、临川等县都有擂茶习俗。广东地区的擂茶主要分布于广东东中部，汕尾市下辖之陆河、海丰、陆丰，揭阳市下辖之揭西、普宁、惠来，清远下辖之英德等，梅州下辖之五华等县市区。广西的擂茶主要分布于贺州地区的黄姚、公会、八步等客家人居住区。湖南擂茶主要分布于湖南中部、中北部和西北部，常德市下辖之鼎城、汉寿、桃源、武陵，益阳下辖之安化、桃江、沅江，娄底市、株洲市和宁乡及洞庭湖区，还有湘西土家族苗族自治州的凤凰等县区。云南和贵州的擂茶见于个别少数民族地区。还有湖南、湖北和贵州的交界地带也存在擂茶习俗。擂茶于20世纪40年代末传入台湾地区，现主要流行于苗栗和新竹县客家人群中。还有将擂茶传入新加坡、印度尼西亚等国外的情况。

全国各地的烧卖有很多种类型，石壁客家烧卖与梅州等地大致相同。通常客家烧卖的做法是先把芋子煮烂去皮捣烂，加地瓜粉搓揉，之后擀成圆形皮，以瘦肉丁、墨鱼干、香菇、白菜、葱、萝卜、笋干等做馅，包成圆锥形状，用蒸笼蒸熟。闽西有些地方叫芋子包，其与宁化石壁烧卖相同。闽中沙县同样称作烧卖，但做法完全不同，以烫面为皮（用木薯粉拍粉），皮薄馅多，晶莹洁白。沙县烧卖的做法源于山西太原，古代称为"稍梅"，其音保留原样，是太原师傅直接来到沙县承传至今，同北方许多地方的烧卖相类似，但同宁化石壁的客家烧卖大不相同。

石壁客家伊府面在当地简称为"伊面"，是油炸的鸡蛋面，将鸡蛋面条煮熟，之后再油炸，面色金黄，面条爽滑，汤浓味鲜，加上不同配料，被戏称为方便面的"老祖宗"。宁化伊面的配料做法也很讲究，先将瘦肉、香菇、红萝卜、鱿鱼、干葱等切成丝并做成可口的配料。最后配以高汤，即成爽滑可口的面条。据传伊面是因伊秉绶而起，伊秉绶曾为惠州知府，伊府面由此传入广东；后又为扬州知府，将伊府面传入江苏，之后又成为淮扬名馔。客家地区除闽西以外，赣南地区也有做伊面的习俗，较为有名气的是大余县的伊府面，其他客家地区没有发现有此饮食习俗。

相传有口头禅："石壁有'三怪'，吃擂茶邀女伴，喝水酒拼大碗，洗澡要用开水烫。"其中的大意是石壁客家人待客大方热情，其中的喝水酒，也称为"酒娘"，在客家地区广泛流传。其工艺大体相近，都是以糯米为基本原料，加上酒饼酿制而成，酒饼以江西、福建宁化的土酒饼为最佳。石壁娘酒色泽乳白，梅州地区在乳白的水酒里加红曲装入酒瓮，用稻谷或稻禾在温火堆中炙几个小时，色泽变红，就成为客家梅州地区特色的红酒，称为"娘酒"。客家人热情好客，无酒不成席，每年冬至前后一直到立春之前，客家人家家户户都可以酿制娘酒，以便来年接待客人。

第四节　游艺类民俗现象

闹春田，石壁当地客家人称为"打泥巴仗"。每年农历正月初七宁化县石壁镇陈塘村直迳里都会举行"闹春田"，它是一种传统庙会活动，目的是祈求风调雨顺、五谷丰登，活动内容是抬"五谷神"的神像游境，到周边各村巡游，伴随着神像的还有鼓乐队、走古事、游龙灯、走花船。所经之处的村民们都会献上香烛祭品、鸣炮相迎。巡游完成后进行请神下田仪式，打泥巴仗正式开始。年轻小伙抬着"五谷神"在水田奔跑，"泥人"都已精疲力竭后，将"五谷神"菩萨抬到田边,用清水冲洗干净后重归祖祠。每年农历正月十二到正月十四长汀县童坊镇举河村和举林村都会举行闹春田仪式,据传已有300多年历史,其神像是关帝,也有人称其为"客家皇帝"张琏。当地百姓称为"抬关公""游菩萨""走春泥""祭祖宗""踩水田""甩泥巴"等,这里的祀神与石壁陈塘村"打泥巴仗"的功能大体一致,都是保佑丰收平安的愿望。从形式上看,长汀童坊的闹春田的神像被认为是关公,却也不太像关公。关羽肖像是卧蚕眉、丹凤眼、身披蟒袍、手执青龙偃月刀,透出正气和威仪。而这里的"关公"塑像是卧蚕眉和丹凤眼、头戴圆形僧帽、两个大耳垂,双掌叠放胸前,如同佛教礼仪姿势中的"操手",明显带有佛教化性状。与此同时,无法找到关公的信仰与农业神之间相关的信息。据此来看,或许是当地百姓不知就里,以讹传讹罢了。所以,从功能上看,长汀童坊闹春田与宁化石壁陈塘村的诉求一致;祀神的仪式形式上也是一致的;但其神像有很大的差异性,可以看出其杂糅性特征,这也是童坊闹春田与石壁陈塘村单一性特征的最大区别。

石壁的走古事范围极广,内容古老,与游神融合为一体,走古事成为祀神的一个组成部分,如陈塘村的走古事与闹春田、游龙灯和走花船等民俗都是春节闹春的一部分,目的是乞求一年的风调雨顺、国泰民安。农历正月十七,清流县赖坊乡"走古事",祈求风调雨顺,国泰民安;农历正月十五,赣南宁都田头镇"抬古事";农历正月十四、正月十五,连城县罗坊走古事,正月十四上午在祠堂和广场祭拜和奔跑,称为"走陆路",正月十五河上走,称为"走水路";农历正月十三到正月十七,永定抚市走古事;农历七月七"乞巧节",清流灵地走古事;还有农历八月十三,梅州五华县的安流、水寨、棉洋等地,由女性扮演成天官、武将、三国演义等历史人物和人们信仰中的人物。

古事是一个古老传统的仪式,一般都在春节举行,但有的地方也在中元节举行,清流县灵地镇的古事在春节和七月七乞巧节举行,本来应是春节举行,乞巧节当为后来助兴活动。古老的形态是一种游神仪式,后来为增加人文性的对象,如连城罗坊走古事时的装扮对象有李世民、薛仁贵、刘邦、杨延昭、杨宗保、高贞、梅文仲、刘备、诸葛亮、周瑜、甘宁等,带有明显的历史名人化追求，这些人物在南方文人戏中频繁出现，因此被百姓视为保护神加以崇拜，同时带有明显的娱乐功能。例如，发展到清流的灵地，其祭祀功能大大减弱，增加了娱乐功能，农历七月七是乞巧节，民间百姓诉求孩子长大会读书而祭祀魁星，也称"魁星节"，为了更加热闹，民众增加了走古事。这种娱乐功能发展到永定的抚市，其使走古事更加名目繁多，如魁星点斗、七仙女下凡、八仙过海、嫦娥仙子、孝友无双、夫妻观灯、和合仙、瞎子闹灯、春秋架、桃园三结义、五虎将、四进士、六国拜相、梁哥、士农工商四民乐业、渔樵耕读、带子转门、赵颜求寿等。至于一些地方流传其走古事习俗传自哪里，连城罗坊走古事的大体情况如下："罗坊乡罗氏第十四世祖才徵公为清代举人，曾任陕西宁州知府和湖南武陵知县等职，在卸任还乡时，把当时流传于湖南民间用以祭拜神明的'走古事'带回故里，并传授给乡梓，在每年的正月元宵期间进行巡游，以祈求上苍保佑罗氏乡亲不再遭受旱涝之灾，希望来年风调雨顺、五谷丰登、国泰民安，同时也有纪念罗氏祖先历尽千辛万苦，不远万里跋山涉水，战胜艰难险阻来到居住地的意思。"[1]南宋时，连城罗氏是由沙县罗氏万一郎长子次孙崇四迁往石壁，后徙长汀青岩罗坊（1953年划入连城管辖），罗氏对先祖的祭奠与石壁罗氏有着不可割舍的关系。

石壁地区游龙灯，"龙"方面分为"舞龙"和"游龙"，"灯"方面分为"闹灯"和"游灯"。石壁客家人视龙为驱灾除害、吉祥太平的象征，正月里舞龙和游龙以祈神龙保佑；闹灯和游灯，一方面象征着红红火火，另一方面火能驱邪避灾。石壁客家人对龙与火的崇拜，亦为中华传统文化表征。石壁客家人的传统舞龙仪式复杂而完整，分为请龙、舞龙、游龙、谢龙等步骤。石壁客家人的龙灯种类较多，有稻草龙、板凳龙、布篓龙、秆龙灯等，除了稻草龙灯系给孩子们戏耍之外，龙做好后要"请龙"：布篓龙扎好后，或是板凳龙的龙头，要到"后龙山"（村庄的后山）上，经焚香点烛祭拜后，点燃龙身节内的"油缠"（棉纸做的油绳），由为首者给龙点睛，谓"请龙"。[2]舞龙一般用的龙是布篓龙，舞龙之前要给龙点眼，从祠堂请出龙头，一大早在此进行

---

[1] 谢亮.客家民俗"走古事"的社会文化研究[J].龙岩学院学报，2019（4）：34.
[2] 廖开顺，刘善群，蔡登秋，等.石壁客家述论[M].郑州：河南人民出版社，2012：359.

舞龙表演，再到各家各户拜年，寓意为给大家带来吉祥平安，幸福健康。游龙中最为壮观的是板凳龙，由龙头、龙身和龙尾构成，每家每户各一节板凳，组合成长达几百节的龙身，行游于村落乡间的小路上，蜿蜒起伏，伴随着锣鼓爆竹声，给平静的村落带来热闹的春之声，为的是祈求新的一年五谷丰登、鸿运当头。谢龙是一种仪式，即游龙的最后一晚，把龙头和龙尾送到河边焚烧，称为化龙而去，意即吉祥如意，源远流长。石壁客家人还有农历正月十五"放水龙"的习俗，由此看出其对龙崇拜的文化现象。

闹灯和游灯是石壁客家人极其重要的民间组织和活动，闹灯是在元宵节游灯活动最高潮的时候进行的。他们有灯会组织灯会资产，每年都在元宵节前选出一位"灯班头"，全村各家各户均有花灯参与活动。宁化闹灯和游灯习俗极有特色且丰富，如石壁本地的"牌坊灯"、由石壁传到曹坊乡滑石村的张姓"角子灯"、治平乡的文武灯舞（又称关刀灯舞）、水茜乡的踩地故事、湖村乡的回回子舞、淮土高棚灯等。《宁化县志》载："……淮土的高棚灯较有特色，用竹木枝条架起塔状躯干，高达5~7米，外围纸扎飞禽走兽，灯火辉煌，夜间抬着游行，各种五颜六色的动物在火光照映下频频晃动，跃跃欲出，蔚为壮观。"[①]所以，石壁地区元宵节在闽西山区中是最为少有的热闹节日。石壁的闹灯和游灯仪式感强，每一个环节都有不同的寓意，如果哪家添了新丁（指男丁）必须做一盏新灯，写上男孩的名字来参加元宵的游灯活动，正月十五当天要把新灯送往宗祠悬挂于厅堂之上。元宵节之前，娘家要送"麒麟送子灯""莲花灯"等到新生儿家。石壁地区的闹灯活动每年正月举行，时间可长可短，元宵节是花灯活动的高潮。如高地村的文武灯表演活动，农历正月初三开始，是先在宗祠举行祭祀表演，之后才能到外面的场所表演。石壁地区的游灯和闹灯习俗带有浓烈的地方特色和中原痕迹，这种活动不仅体现了家庭和宗族的关系，也反映了百姓对五谷丰登、吉祥如意的渴望。

除了石壁地区的游灯和闹灯习俗之外，其他客家地区游灯的习俗也相当有特色。如梅州兴宁地区客家人也有上灯习俗，其意思与石壁地区的上灯习俗大致相同，主要是包含了增添新丁、子嗣繁盛的精神寄托。又如赣州宁都

---

① 廖开顺，刘善群，蔡登秋，等.石壁客家述论[M].郑州：河南人民出版社，2012：355.

石上镇曾坊村及田埠乡马头村的桥帮灯，也有祈求五谷丰登、人丁兴旺的愿望；仪式活动中，凡是头年添了新丁的人家，都要制作桥帮灯参加元宵节的游灯活动。客家人从中原的平原地带南迁闽粤赣大山深处，灯不仅意味着照亮前程，更意味着生命的延续和人丁的兴旺。所以，无论是哪里的客家人，其对元宵节游灯习俗的恪守始终是矢志不渝的。

马灯舞又称马灯、走马灯、跑布马、跑竹马、马头灯、竹马灯等，石壁地区的石壁村、禾口村、淮土村等地十分流行，据传是元代传入本地的。据记载，马灯舞始于唐代初年，也有人认为产生于东汉时期，当时只是一种娱乐活动，后传入民间，成为元宵节的娱乐活动内容。石壁区域的灯舞是较为简单的民间舞蹈表演，一位演员腰系竹马，马头在前，马尾在后，分别系在舞者腰间，演员有大花脸、老生、小生、小旦等，配上二胡、笛子、唢呐、小锣钹等乐器。舞蹈的折子有"十字坡""天官赐福""武松打虎""南唐救驾"等内容。现在的淮土马灯舞比较著名，其他地方也有走马灯舞，如在建宁、清流、明溪、永安等地也比较流行。相传建宁县均口的马灯舞早在元代的时候就有了，并表演了"五马出征""五马冲锋""五马团聚""五马凯旋"等征战全过程。马灯舞在南方大多地区普遍流传，客家地区也极为普遍，如梅州兴宁大坪地区各个村落都流行此舞，此地称其为"打马灯"，演员与石壁地区相类似，由马郎官（生）、马灯小姐（花旦）、丫鬟（青）、车夫（末）、打浪伞小丑（丑）、引路长者（举灯笼）等组成，同时配以祥和欢快的音乐。河源市龙川县的马灯舞表演共分为三节：一节拜马，也称"打四围"；二节"打四季"，以唱马灯调为主；三节夹杂客家情歌。其也有生、旦、净、末、丑等行当角色，与兴宁的马灯舞较为相似。总体而言，客家地区的马灯舞与其他非客家地区的马灯舞基本相似，只是传到客家地区后，增加了或多或少的客家元素而已。

石壁地区过去有"弥勒佛""捉小鬼、灭害虫"仪式，以此寄托风调雨顺、五谷丰登的愿望，后来形成了舞傀子的特殊仪式。仪式首先是"弥勒佛"表演"天官赐福"；接着是武术表演，主要有"杀四门"，分拳脚、器械两项表演，器械有棍棒、耙头、大刀、剑戟、撩刀、长矛、钩镰等；进而分两队表演集体攻防；之后，"弥勒佛"再次出场表演"捉小鬼"；最后，团体表演"老鹰窥井""筒车卷水""叠罗汉"等集体项目。就形式和诉求两方面而言，类似于傩舞表演，他们一样戴着奇形怪状类似各种"鬼"的面具，表演着各种带有武术性质的动作，如农历正月十三安乐乡夏坊村的傩舞表演，农历正月、五月和十月泰宁大源村的傩舞表演，以此表达祈福消灾的诉求。石壁舞傀子虽然有面具与祈求，好像与傩舞表演相类似，但是其有明显的区别。舞傀子以表演武术为主，显然与古代征战有很大的关联性，所以有人认为这种游艺是纪念戚继光抗倭的历史事实，与建宁县里心和客坊的"打团牌"仪式更为相似；而傩舞是以舞蹈为主，伴有鼓、锣打击乐器，是古老的"驱疫"娱神舞蹈。

　　石壁地区的舞狮分为文狮和武狮两种，文狮偏向娱乐性活动；武狮以武术表演为主，俗称"打狮"。舞狮一般在农历正月、中秋等节日举行。武术舞狮分为青（或黄）和黑狮两种，舞狮之外，还要表演拳术、棍棒、撩刀、耙头等，以求镇邪避灾，祈福保平安。潮汕客家地区也有打狮的习俗，饶平、普宁、丰顺、陆河、揭西河婆等地，称其为"打青狮"或"打狮"；闽中一带文江溪流域许多地方有打黑狮的习俗，如大田广平郭氏打黑狮，永安清水畲族打黑狮，永安槐南池氏、罗氏、朱氏打黑狮等；它们的特征和形式与石壁的打狮虽有区别，但其仪式祈求功能与石壁相近。

第八章　石壁客家祖地理论支撑

　　石壁之所以被世界客家人公认为"客家祖地"、世界客家人的"中转站"、世界的"客家摇篮",主要原因有二:一是人口迁徙的历史事实因素;二是中华民族叶落归根的心理因素。自从晋以后,客家先民先后来到石壁地区,他们定居下来,开山伐木,拓荒垦殖,把中原和江淮地区先进的农耕技术带到了这里,把先进的中原文化带到了这里,生根发芽,繁衍壮大。客家先民与当地的土著居民,无论是生产生活上,还是文化精神上,他们都相互影响,相互借鉴,最终得以融合,逐渐孕育形成新的民系(或称族群),这就是客家民系。

　　客家人在石壁地区孕育形成以后,到了宋代时期,人口暴增,加之自然灾害等因素,石壁客家人为了寻求更为优越的生存自然条件,开始大规模的外迁,到达闽西、梅州、赣州和其他地区。石壁客家人到达其他地区以后,同样与当地百姓相互融合,形成新的客家地区,如梅州。明清之际,这些客家地区的客家人又因各种因素外迁,到达广西、四川、港台、海外等地,形成了一个又一个的客家聚落。石壁客家人外迁各地后,他们没有因为远在他乡而忘记石壁这块故地。他们以族谱和口传等形式,清晰地记录和讲述着自己来自何方,去向何处,石壁的历史记忆永不忘怀。20世纪80年代中国改革开放后,出现了中华民族的寻根热潮,石壁客家人后裔不远万里重回故土、寻根谒祖,客家祖地从此经历了一次再确认和传扬的过程,如今,世界客家人都深知"石壁客家祖地"这一名称。

第一节　巫罗俊开辟黄连峒为石壁具备强大的吸引力奠定了基础

　　石壁地区是一块相当古老的土地，早在新石器时代就有古人类在此栖息。据1988年5月的文物普查，这里新石器时代的文化遗址多达十余处。分别为观石排山遗址，位于石壁村南约400米两溪交汇的小山包上，南坡存有旧石器时代的石器、印纹陶片和素面陶片；马燕山遗址，位于石壁陂下村东约200米两溪交汇处的东北—西南走向的椭圆形小山上，山顶和南坡存有石锛、石箭镞和印纹陶片等；傀儡山遗址，位于石壁新村东南约300米的小山上；交车村后山遗址，位于禾口交车村河流北岸约100米处的小山包上；神坝里山遗址，位于交车村西约500米处的小椭圆形山上；案上山遗址，位于方田林场后乡政府西南约300米处的长条形小山丘上；南屋岗遗址，位于朱王村范家西约300米处的东西走向的小山上；还有狮背山遗址、旱凹里山遗址、苦竹排遗址、方田后山遗址、翠子岭遗址、水东后山遗址、淮土乡政府后山遗址、高屋上埂遗址、陂堂山遗址等，这些遗址存有大量的石器、石锛、石箭镞和印纹陶片等新石器时代的文物。①

　　上述资料显示，石壁地区存在着大量新石器时代的古人类遗址，这说明一个问题，即这里具备优越的人类生存条件。石壁地区的自然条件优势性主要体现在：石壁地区方圆200多平方千米，大多是山间盆地和低矮山岳，可耕种的土地面积达90%以上；土地肥沃，以红壤和黄壤为主，底层为深厚的堆积碎屑岩，经过长时间的耕种，已改良成优质的耕种土壤；主要河流为西溪，长达42.5千米，还有小溪支流6条，利于土壤浇灌；气候温和，平均气温18.1摄氏度；长期以种植水稻为主，还可种植大量的其他南方农作物，可以认为土地平坦宽阔，物产丰富，具备较好的人口承载能力，为石壁地区吸收大量的客家先民打下了坚实的物质基础。正因为石壁地区基础条件良好，早在隋唐时期，客家先民就已在此进行垦殖。

　　根据清代李世熊《宁化县志·建邑志》记载："隋大业（605—617年）之

---

① 陈国强，张恩庭，刘善群. 宁化石壁客家祖地[R]. 厦门：中国人类学学会，1993：37-40.

季，群雄并起……其时土寇蜂举，黄连人巫罗俊者，年少负殊勇，就峒筑堡卫众，寇不敢犯，远近争附之……贞观三年，罗俊自诣行在上状，言黄连土旷齿繁，宜可授田定税。朝廷嘉之，因授巫罗俊一职，令归剪荒自效。而罗俊所辟荒界，东至桐头岭（今明溪县境内），西至站岭（今宁化县与江西石城交界处），南至杉木堆（今曹坊乡与长汀交界处），北至乌泥坑（今安远乡与建宁县交界处）。乾封间乃改黄连为镇。罗俊殁后五十余年，为开元十三年，福州长使唐循忠于潮州北界、福州西界捡得避役百姓共三千余户，奏闻。复因居民罗令纪之请，因升黄连镇为县。开元二十六年，开山峒，置汀州于新罗城，领县三，割黄连以属之，并长汀、龙岩而三也。黄连隶汀州始于此，盖置县在置州之先矣。天宝元年，更黄连县曰宁化县，治仍旧镇。"[①]可见黄连峒是一块很大的地盘，包括了现在的宁化全境、明溪和清流的一部分。巫罗俊开辟黄连峒之前，石壁地区是较为蛮荒之地，大多为土著居民，并且人口稀少。巫罗俊在此开荒垦殖，从事农林业生产，打下良好的生活基础，因此吸引大量"避役百姓"在此定居，所以到了唐贞观三年（629年）的时候，石壁地区已达到"土旷齿繁"的局面。正是因为巫罗俊开辟了黄连峒，"峒筑堡卫众，寇不敢犯，远近争附之"的结果吸引了大量的汉人迁居于此。据此可知，当时的黄连镇已渐渐成为客家先民的聚居地。

巫罗俊于唐麟德元年（664年）卒，六十年后即开元十三年（725年），现宁化和汀州周围地区"检责得避役百姓共三千余户"，经客家先贤宁化开县第一人罗令纪奏闻朝廷，升黄连镇为县，后又改名为宁化县。在这一时期，闽西其他地区也进入开山峒时期，开元二十四年（736年）置长汀县，龙岩县是晋太康三年（282年）置新罗县，属晋安郡，唐开元二十六年（738年）属汀州，到了唐代开元二十六年（738年），在新罗城设立汀州，管辖黄连、长汀和新罗三县。新罗县（天宝元年改名为龙岩县）到了唐大历十二年（777年）改属漳州，这只是闽西行政区划的官方处理，其居民大多是来自河南的河洛人，属福佬民系，所以对于龙岩县在此不论，闽西客家县最早也就是宁化和长汀二县，其他县都是宋代或以后置县。长汀置县比黄连置县略迟，只因有

---

① 刘善群.宁化史稿［M］.福州：福建教育出版社，2014：37.

177

汀江和闽西较为中心的位置，始为汀州府治所在地。从现在各姓氏的族谱中考察，长汀县的客家人大多从石壁迁出，所以长汀县的开发比黄连峒的开发要滞后一些，自然黄连峒就成为客家先民最早期的聚居地。

　　由于黄连地区开发较早，或者说黄连地区在唐以前就吸引了众多的客家先民，对唐之后的客家先民的大量迁居也起到了决定性的吸纳作用。譬如巫氏的迁入，据宁化巫氏族谱《平阳巫氏四修族谱》记载："东晋末，五胡乱华时，巫暹由山西平阳避乱兖州，转迁闽之剑津，为巫氏入闽始祖。至隋大业间，巫暹裔孙昭郎率子罗俊迁闽之黄连峒，为宁化巫氏开基始祖。"[①]巫暹由山西平阳到山东兖州再迁到闽地剑津（今南平），其孙昭郎带子罗俊迁入黄连峒。宁化罗氏的《豫章郡罗氏闽赣联修谱志》记载，汉代大农令罗珠为豫章郡罗氏始祖，派下十八世忠、孝二房之后裔七二，于南北朝时到福建沙县开基，为罗氏福建开基祖，二十二世罗万发于隋朝开皇间，由沙县迁入黄连峒之竹筱窝（今宁化县政府地址），二十五世罗令纪开创黄连县。其后又迁往虔州府虔化县，因避黄巢起义其后裔又迁入石壁葛藤村。固然，巫、罗二氏是进入石壁地区较早的北方汉人后裔。此时黄连地区（亦称为石壁地区）还是比较蛮荒的地方，基本为本土的居民，根据《旧唐书·地理志》记载："汀州临汀郡，下。开元二十四年开福、抚二州山洞置，治杂罗，大历四年徙治白石，皆长汀县地。土贡：蜡烛。户四千六百八十，口一万三千七百二。县三：长汀，中下。有铜，有铁。宁化，中下。本黄连，天宝元年更名。有银，有铁。沙，中下。本隶建州，武德四年置，后省入建安，永徽六年复置，大历十二年来属。有铜，有铁。"当时登记在册的人口只有13702人，分摊到各县也不到5000人，入编户籍的大多为纳税之民，当然还有一部分在当地山中居住的土著，人口无法统计。因巫罗俊在此开山伐木，开垦种植，"远近争附之"之故，所以在置县之前人口更少。地广人稀的石壁地区为巫氏带领山民开发黄连峒提供了前提。

---

① 刘善群.宁化史稿[M].福州：福建教育出版社，2014：38.

第二节　石壁唐五代的汉人与畲民互动
　　　　　逐渐孕育了客家民系

　　客家先民迁入之前，石壁地区主要居民是畲族或者其他称谓的土著居民。这些居民被称为"峒蛮"，如司马光《资治通鉴》记载："是岁（唐昭宗乾宁元年），黄连峒蛮二万围汀州，福建观察使王潮遣其将李承勋将万人击之；蛮解去，承勋追击之，至浆水口，破之。闽地略定。"由此说明，到了唐代末年，虽然两万峒蛮不是一个确切的数据，但反映了石壁地区的人口还是存在着大量的峒蛮居民，汉人的人口为数不多。唐代早期，县制建立之前，属绥安县，但这里地广人稀。自从隋朝末年巫罗俊开辟黄连峒之后，石壁地区开始吸引大量的汉人来此定居。

　　客家与畲族紧密关联，称谓混淆，边界模糊，他们生活环境的一致性、生产方式的相关性，导致了两者之间关系的不可分割。为什么在石壁等客家地区会孕育客家民系，除了其中的自然条件和生产条件影响因素之外，很重要的一个因素就是当地的土著民。

　　当地土著民中，在唐以前有峒蛮、山越等，山越指的是居住在深山中的闽越族后裔，孙吴政权时代，往往把山越从山区赶到平地，"强者为兵，羸者补户"[1]，使山越渐渐融入汉族，以致隋唐以后，文献中很少再见到山越的记载。但在深山化外仍有山越后裔。[2] 另外还有一种土著民，被称为"山都木客"。《太平寰宇记》卷第一百零二《江南东道十四·汀州》引唐人牛肃《纪闻》云："江东采访使奏于处州南山洞中置汀州，州境五百里，山深林木秀茂，以领长汀、黄连、杂罗三县。地多瘴疠，山都木客丛萃其中。……州初移长汀，长汀大树千余株……其树皆枫松，大径二三丈，高者三百尺，山都所居，其高者曰人都，其中者曰猪都，处其下者曰鸟都。人都即如人形而卑小，男子妇人自为配偶；猪都皆身如猪，鸟都皆人首。尽能人言，闻其声而不见其形，亦鬼之流也。三都皆在树窟宅，人都所居最华。"这些似人非人的土著民

---

[1] 陈寿. 三国志·卷五十八 [M]. 北京：中华书局，1959：1344.

[2] 谢重光. 宋代畲族史的几个关键问题——刘克庄《漳州谕畲》新解 [J]. 福建师范大学学报（哲学社会科学版），2006（4）：11-12.

基本不会与汉人、畲族、山越人来往，后来也不知所终，可以排除出本地土著民之列。所以，到了唐代以后，畲族已经是当地土著中主要的非汉人族群，无论怎么称呼，通常文献所记载的主要就是畲族这一族群。正如清代杨澜修纂的《临汀汇考》所言："长汀为光龙峒，宁化为黄连峒，峒者苗人散处之乡。唐时初置汀州，徙内地民居之，而本土之苗仍杂处其间，今汀人呼为畲客。"由此可见，汉人进入闽粤赣地区之前，当地的畲民就是土著居民，并且为数不少。东晋到隋唐时代，汉人进入石壁地区，此时畲民还是石壁地区的主要族群，所以才有唐末唐昭宗乾宁元年（894年）"黄连峒蛮二万围汀州"的历史事件。清代李世熊修纂的《宁化县志》认为："主户者土著之户，客户者外邑之人。"[①] 土著者即指畲民。根据《唐书·地理志》记载：建州初期的天宝年间（742—756年）仅有4680户13702人。[②] 当时石壁地区的人口还不到3万人，其中大部分是土著畲民。[③] 这种人口结构情况，以及上述所言汉人巫罗俊黄连峒开山和罗令纪建县的基础，后又因唐末的黄巢起义石壁未遭受侵扰等安定因素，石壁地区自然成为吸引汉人进入的天然宝地。唐末爆发黄巢起义，汉人开始大规模进入石壁地区，到了五代两宋时期，石壁地区的人口猛增，至"南宋宝祐元年（1253年）38000户11万多人口，是清以前的人口最高峰"[④]。这就说明了一个问题：畲民与五代以前入此定居汉人的繁衍速度不可能增长那么快，只有大量汉人进入才可能形成如此局面。

唐代及唐以前进入石壁地区的汉人与土著居民相处的一种必然状况，就是畲民为多数，汉人为少数，畲强汉弱，这是基本的历史事实。虽有巫罗俊等人那样"峒筑堡卫众，寇不敢犯，远近争附之"的现象，但大部分人口还是畲民，那么汉人要维持好生存，必然要与强者相处融洽。从"峒筑堡卫众"可以看出，汉人来到石壁地区必然会受到当地土著的侵扰，"远近争附之"显示了巫氏领导下的汉人集团具有一定的实力，逐渐在石壁地区可以与土著相

---

① 李世熊.宁化县志［M］.新版简体.福州：福建人民出版社，1989：210.
② 张东民，熊寒江.闽西客家志·汀州历代户口变动情况表［M］.福州：海潮摄影艺术出版社，1998：17.
③ 当时还不叫畲民，只有到了宋代才有"畲"的称呼。
④ 刘善群.客家与石壁史论［M］.北京：方志出版社，2007：33.

抗衡。当然，如巫氏这样能够做到如此境地的人必然为数不多，与土著交好必然是最大的生存前提，因此畲汉的融合也就在所难免。随着生活生产等诸多方面的相互激荡与融合，客家民系的早期孕育也就随之开启了。无论是语言上，还是风俗上，甚至于精神思想上，双方相互学习，取长补短，这成为畲汉共同生活的主旋律，因此双方走向融合也在所难免。但由于族群间精神思想层次的差异，必然又有不同的族群分野。比如汉族的龙图腾与畲族的盘瓠图腾，这是千百年来不变的最稳定的精神信仰，也正是有这种精神家园的分野，才有族群的文化差异。但是无论精神信仰有多么大的不同，在共同的生存环境中，在文化较为表层的层面上双方必然走向趋同。

整体观之，今畲族与客家无论是语言上还是风俗上都并无二致，这就是文化理论所认为的文化浅层较易趋同性的文化现象。之所以是畲族而不是客家，是客家而不是畲族，是因为其既具有共同性的一面，也具有精神实质上的差异性。根据谢重光先生对畲族与客家共同性与差异性的归纳可知：1.共同性：宋元时期畲族与客家有共同的经济生活，共同或相近的风俗习惯，共同的生活地域。2.差异性：源头不同，即畲族最初的源头是"武陵蛮"，具有很强的独立的民族意识，坚持他们的槃（亦作盘）瓠信仰。客家最初是来自中原和江淮的汉人，具有强烈的中原情结。这种中原情结经过反复渲染和强化，最终成为客家人共同的集体记忆，共同的深层心理结构。谢重光先生更倾向于客家与畲族的趋同性这一层面，更多研究者认为客家与畲族不同，特别强调中原汉人南迁历史的真实性问题。客家人在谈起自己的祖先时，带有溢于言表的中原自豪感。在对畲民的访谈中，问及他们的祖先来源，他们一致认为其祖先来源于广东潮州的凤凰山。如赣东北部畲族反映，他们祖先的来源情况是："江西东北部的畲族原住广东潮州凤凰山，后迁福建汀州府宁化县居住，大约在宋元之后至明代中叶以前迁到赣东北居住。"[①]其他地方的说法也基本一致。无论是客家还是畲族，谈及祖先的发源地时，来源基本上都是同一个地方，关于这个问题，恐怕是客家与畲族精神实质上的分野。谢重光先生进一步分析其原因认为："在明清时期的社会历史过程中，畲族不断被封

---

① 刘根发.宁化畲族及其遗存民族特征痕迹之考辨[C]//李平生.第八届石壁客家论坛论文集.福州：海峡文艺出版社，2020：106.

建统治者压迫到深山，严重妨碍了其生产技术的进步与生产方式的变革，也更加强化了其社会心理中自我封闭（如坚持蓝、雷、钟族内通婚）、不认同汉族主流意识的一面。而客家人进一步接受了汉族主流文化中儒家教化的一面，崇文重教，在文教方面取得了巨大的进步。这样，畲族与客家在思想文化与社会心理方面的差异就越来越大。"①谢先生分析畲族的部分情况具有一定的道理，或许只是限于一定畲族村落之内的情况。但在客家地区内畲与客的通婚和其他方式的交流比较平常，这也是今天显示出客家地区内的畲族与客家没有太大区别的原因，如宁化县的畲族村落还保留不少，只是文化认同不一样，其他方面没有区别。

根据宁化当地研究者刘根发先生统计，本县的畲村有一个畲族乡——治平畲族乡和十九个畲族村，畲族村包括治平畲族乡的治平村、湖背角村、坪埔村、社福村、光亮村、下坪村、泥坑村、高地村、高峰村；城郊镇的旧墩村；泉上镇的泉永村；城南乡的茜坑村；方田乡的泗坑村、泗溪村；石壁镇的溪背村；中沙乡的下沙村；水茜镇的庙前村；安远镇的东桥村、肖坊村。②在中华人民共和国成立之前，这些畲族村落与客家村落相比，并没有太多差异，后来国家出台了民族政策，对少数民族提供特殊的政策优待，畲族后裔才重新确认自己的民族身份。在客家地区内，优惠政策出台之前，许多畲族较少在公共场合认为他们是畲族。封建时期，由于对少数民族身份的歧视，大多数畲民不愿在公开场合承认自身的身份，只能在民族内部以隐性形态确认并传承至今。譬如，畲族村落都传承着祖先来源的祖图，详细传述了畲族生成的过程，这是他们最真实的图腾记忆。

刘克庄在《漳州谕畲》中认为："凡溪峒种类不一：曰蛮、曰瑶、曰黎、曰蜑、在漳者曰畲。西畲隶龙溪，犹是龙溪人也。南畲隶漳浦，其地西通潮、梅，北通汀、赣，奸人亡命之所窟穴。畲长技止于机毒矣，汀、赣贼入

---

① 谢重光.畲族与客家关系研究兼论研究畲客关系的学术意义与现实意义[C]//福建省炎黄文化研究会，宁德师范学院畲族文化研究中心.福建省畲族文化学术研讨会论文汇编.福州：福建炎黄文化研讨会，2016：49.
② 刘根发.宁化畲族及其遗存民族特征痕迹之考辨[C]//李平生.第八届石壁客家论坛论文集.福州：海峡文艺出版社，2020：108.

畲者，教以短兵接战，故南畲之祸尤烈。"[①]"蜑"同"疍"，指疍民，是生活于水上的少数民族。疍民妇女天足，穿耳，梳尖螺髻，髻尾朝天，老年妇女则结髻。由此可见，宋时非汉人的南方土著无论怎么称呼，都与畲有关系，其实无论畲族，还是其他称呼的民族，其实都是当地土著。那么为什么有这么多的称呼呢？主要因为南方多山地，不同地方的交通被阻隔，交流不便，长此以往，造成了方言和风俗的多样性，故而各地产生了不同的称呼。北方汉人往往以一种蔑视和污辱的态度对待南方土著，在文字的书写上往往加个一"犭"字旁，如"傜、侗、倮倮"等，过去都写成"猺、狪、猓猓"等，畲字写为"輋"，这其实是广东汉人俗字，在中原汉人文中没有这个字。畲民仍是烧山种畲、刀耕火耘、不断迁徙游耕的民族，大部分的畲族后裔因不断烧山种畲而迁往闽东和浙南等地，但客家地区还有一部分的畲族后裔。客家地区能够留下众多的畲民，其主要原因是畲民在与汉人的接触过程中择善而从，学会了汉人先进的耕种技术，如种植水稻等高产作物，他们可以很好地在原地生存。所以，石壁客家地区至今还保留着畲族村落，宁化县还有畲族治平乡，清流县余朋乡太山畲族村，其他地区也如出一辙。

　　无论客家民系与畲族存在多大的差异性，他们的相关性都是不容忽视的。由于他们之间存在着"共同的经济生活，共同或相近的风俗习惯和共同的生活地域"，也就是一种"你中有我，我中有你"的基本现实，在长期的交互和融合的过程中，这才是客家民系得以产生的因素之一。客家固守着中原文化的情结，尤其强调"崇文重教、敬崇慕祖、重视儒家传统"，保留了中原汉人的基本文化性征，使得客家与畲族存在一定程度的分野。至于许多学者认为客民的风俗习惯与畲民存在太多的相同性，如语言、服饰、生活方式等方面基本相同，认为客家人形成的主要来源就是以畲族为代表的土著民，特别是经遗传学分析，发现客家人的基因存在接近50%的南方血统，而认为客家人主要源头是土著，这种认识其实存在一定的理论危险性。其理由有三：首先，在民族历史发展进程中，中华民族的形成，经过了多次民族大整合，逐渐形成了各民族之间血脉相连的基本格局。其次，现代基因学发现，在生存于南

[①] 谢重光.宋代畲族史的几个关键问题——刘克庄《漳州谕畲》新解[J].福建师范大学学报（哲学社会科学版），2006（4）：8.

方的福佬人和广府人的两种基因中,南方血统的基因比客家人还要多,显然福佬人与广府人都是汉人,客家人也是汉人。最后,客家民系的形成时间比福佬民系和广府民系要迟得多。因此,北方汉人血统更多一些,因长期生活在山区,其民性更接近于畲族。基于客家与畲族相同(相近)性的文化性征,才产生关于今天客家与畲族关系问题的学界论争,但无论如何,客家民系是北方汉人来到原来以畲族为主要居住地的闽粤赣山区之后才形成的。正是由于客家人仍然保留了北方汉人的部分血统和文化情结,他们还是汉人的一部分,而不是纯粹的南方少数民族,这也是客家之所以是汉族民系,而不是"客家族"的原因。

历史上中国出现过多次民族大融合,比如,魏晋南北朝和唐末五代时期就是典型的大融合时代。这些时代最大的特点是民族的迁徙,民族之间相互混居,在生产中相互借鉴和学习,生活中相互通婚和沟通,从而产生新的民系。也正是自唐末五代以来,大量汉人迁徙到石壁地区和其他闽粤赣广大地区,与畲族等土著民相融合并孕育下一代,到两宋时期才逐渐形成客家民系。石壁地区在巫罗俊开辟黄连峒时代,大量的土著民居住在此地,并且人数众多。虽然汉人在此开荒垦殖,"筑堡卫众",保持着一种生产生活的相对独立性,但民族间的融合必然是主流。只有民族间充分地融合,才可能孕育出新的民系。发生在石壁地区的北方汉人与畲族等土著的融合,比其他客家地区的民族融合时间要早一些,规模和范围要大一些,其主要原因是巫罗俊开辟黄连峒奠定了基础,宁化建县较早等。

民系形成的重要标志是方言和风俗等文化要素。隋唐以来,石壁地区的汉人与畲民在长期相处与融合过程中,形成了客家早期的方言和风俗。在语言上客家方言既不同于北方方言,也不同于其他地区南迁的福佬人、广府人的方言。客家方言与西南官话有些相似,带有现代普通话的成分,但又有客家方言的特殊性。当然方言也会随着时代的不同而发生变化,而北方方言的演化与北方胡人语言的混入也有很大关系。客家方言又与北方方言有很大的不同,主要是受到客家地区土著民方言的影响。其与福佬话和广府话也有较大的不同,主要原因是南方不同地区原住民的方言具有差异,所以导致不同地区产生了不同的方言。石壁地区从古至今还保留着古礼,如李世熊的《宁化县志》中所言："旧志又谓岁进鲜竞乎汰侈，服饰弗流于奢僭。冠、婚、丧、祭，间用古礼。"说明石壁地区的百姓生活简单古朴，传承了古代中原的古礼。谢重光先生一再论述客家与畲族相同的风俗习俗，可以显见在唐代石壁地区汉人与畲民在共同的生产与生活环境中，相互借鉴与学习，形成早期的带有中原味的客家风俗，否则畲民基本不会使用汉人的古代风俗。吴松弟在《客家南宋源流说》中认为："第一，客家先民中可能有些氏族很早就从北方南迁，将导致今日客家语言和风俗形成的北方文化带入汀赣地区从而成为客家源流的移民，主要迁自南宋时期。他们人数并不多，但他们带来了比较先进的北方文化，影响了周围的居民，因而大约在宋末开始形成客家民系。第二，客家的大部分氏族是南方人，他们或在宋之前迁入汀赣而成为客家先民的一部分，或在广东依附于客家人采用客家文化从而加入客家人。"[1]他的论断有其道理，特别是客家先民中的一大部分远祖来自北方，而在南方其他地方定居相当长的时间，已经具备了南方氏族的特征之后才进入汀赣地区，所以南方的氏族占有很大的比例。这也正是客家民系形成复杂性的原因。

唐代以来，畲民与迁入的汉人杂居交错是基本事实。到了宋代，把汉人称呼为"省民"，他们都是编户之内的百姓，往往与畲民相互杂处。如刘克庄的《漳州谕畲》也提到，漳州"壤接溪峒""省民，山越，往往错居"。杂居的结果就是相互融合与同化，正如朱熹的《琼州知乐亭记》中所说："化外人闻风感慕，至有愿得供田税比省民者。"本来畲民不缴纳税收，如刘克庄《漳州谕畲》载："畲民不悦（役），畲田不税，其来久矣。"相同的记载很多，此处不赘述。但石壁地区的赋税制度起始于唐开元建县之际，清代李世熊所修纂的《宁化县志》记载："宁化辟自开元间，意是时租庸调之法未改，租取于田亩，庸调取于丁，其赋则扬州以钱，岭南以米，安南以丝，益州以罗绸绫绢……户无主客，以见居为籍。人无丁中，以贫富为差。"[2]由"户无主客"可知，唐代石壁地区大量的畲民已经开始缴纳赋税，也能看出唐代石壁地区畲民已经纳入官方正式编制。官方的制度来自以汉人为主的政府，比起其他地区的畲民"不悦（役）"要来得早，其他地方较多是宋元时期开始纳税。刘克

---

[1] 吴松弟. 客家南宋源流说 [J]. 复旦大学学报（社会科学版），1995（5）：112.
[2] 李世熊. 宁化县志 [M]. 新版简体. 福州：福建人民出版社，1912：321.

庄的《漳州谕畲》就可见证，如"壬戌（理宗）腊也，前牧恩泽侯有以激其始，无以淑其后；明年秋解去，二倅迭摄郡，寇益深，距城仅二十里，郡岌岌甚矣"。宋代理宗之际，漳州地区的畲民基本处于自治的状态，还不断骚扰侵犯州郡。石壁地区畲民纳入行政制度的时间较早，故而与汉人交往与整合的时间也更早些，所以汉人与畲民的交互与融合也较早，这样在石壁地区逐渐形成早期的客家民系的雏形。这也就印证了黄遵宪所言的"筚路桃弧展转迁，南来远过一千年"[①]的客家民系的形成史。所以，客家民系在石壁地区的孕育基本可以认为是在唐代后期和五代时期，也正是这一历史事实，才导致了后来迁往各地的客家人认定自己来自石壁。

　　由于有唐末五代孕育客家民系的基础，后来汉人不断从其他地域迁往石壁地区，到了宋代的时候达到了最高峰。也正因如此，大量汉人迁入石壁地区，人口不断稠密，为了生存，汉人必然进一步深入畲族百姓所居住的大山深处，这无疑促进了汉人与畲民的深度融合。当然，宋元之际，除石壁地区以外，依然是畲民丛杂的盗贼渊薮，如《元一统志》卷八《汀州路风俗形胜》曰："汀之为郡……四境椎埋顽狠之徒，党与相聚，声势相倚，负固保险，动以千百计，号为畲民。"又曰："武平南抵循梅，西连赣，篁竹之乡、烟岚之地，往往为江广界上逋逃者之所据。或曰长甲，或曰某寨，或曰畲洞……"足见闽西人口中畲族比例之高。石壁地区汉畲不同民族的深度融合，加速了客家民系的形成，到了两宋之际，石壁地区的客家民系基本形成。此后，因各种因素开始大规模的外迁，迁往闽西其他地区、梅州地区、赣南地区等，从而致使石壁成为客家民系外迁的大本营。

　　至于许多论者提到客家人与畲民的民俗和语言的相同性，《三阳图志》称其"敞衣青盖"。具体情形则如施联朱所描述的："男女椎髻，跣足，衣尚青蓝色。男子短衫，不巾不帽。妇女高髻垂缨，头戴竹冠蒙布，饰璎珞状。"[②]还有刘禹锡《竹枝词》描绘的连州蛮女"银钏金钗来负水，长刀短笠去烧

[①] 黄遵宪.己亥杂诗（二十四）[M]//钱仲联.人境庐诗草笺注（下册）.上海：上海古籍出版社，1999：810.

[②] 施联朱.畲族[M].北京：民族出版社，1988：63.

髻"①。这些装饰在古代南方各民族中都是常见的服饰，正如谢重光先生所言："其实高髻是由古越人的椎髻演化来的，椎髻跣足，是百越民族的基本文化特征。在椎髻上插一些金属饰物，这样的装饰打扮是古越人和荆湘蛮的常见打扮。"②其实客家过去也是这样的装饰，这就是北方汉人来到客家地区向畲民学习的一种服饰习俗而已，其主要是南方的气候和生产条件所致。还有其他方面的学习和借鉴，如买水浴尸、捡骨葬等，也有大量的证据说明这些来源于畲民。具体民俗生活上汉畲同一化，这是族群间相同和相近的生存环境、生产和生活等因素造成的，石壁客家地区也不例外。只是它是客家民系的孕育的早期和迁出的大本营，习俗上认同性和相似类更高，差异性更加模糊，这也正是石壁地区与其他客家地区不同的其中一个因素。

第三节 "葛藤坑"传说对石壁客家祖地形成的意义

1933年罗香林先生的《客家研究导论》对"葛藤坑"传说做了较早的记载：

"在昔，黄巢造反，隔山摇剑，动辄杀人；时有贤妇，挈男孩二人，出外逃难，路遇黄巢。巢怪其负年长者于背，而反携幼者以并行，因叩其故。妇人不知所遇即黄巢也，对曰：'闻黄巢造反，到处杀人，旦夕且至；长者先兄遗孤，父母双亡，惧为贼人所获，至断血食，故负于背；幼者固吾生子，不敢置侄而负之，故携行也。'巢嘉其贤，因慰之曰：'毋恐！巢等邪乱，惧葛藤，速归家，取葛藤悬门首，巢兵至，不厮杀矣。'妇人归，急于所居山坑径口，盛挂葛藤，巢兵过，皆以巢曾命勿杀悬葛藤者，悉不敢入，一坑男子，因得不死。后人遂称其地曰葛藤坑，今日各地客家，其先，皆葛藤坑居民。"③

后来许多学者在论述石壁客家人的时候也纷纷提到了"葛藤坑"的传说，如台湾陈运栋的《客家人》（1978年），还有谭元亨的《客家圣典》（1997年）、汤锦台的《千年客家》（台湾如果出版社）等。罗香林认为今日的客家人都

---

① 出自刘禹锡《竹枝词》九首之九。
② 谢重光. 客家文化性质与类型新说——客家文化属于移民文化说质疑 [J]. 福州大学学报（哲学社会科学版），2009（2）：8.
③ 罗香林. 客家研究导论 [M]. 影印本. 上海：上海文艺出版社，1933：66.

是葛藤坑的后裔；陈运栋认为客家人多数在葛藤坑居住过，但不是所有，而是在宁化县居住，后来这些客家人不断向闽粤赣其他地方从事拓殖活动；谭元亨认为葛藤坑的传说是一则拯救客家人的"创世纪"的神话。还有一些从正史出发的论者认为黄巢起义根本没有经过宁化石壁，否定葛藤坑传说的历史真实性。谭氏认为神话的起源不能等同于历史真实，而是一种客家精神的体现，也就是客家人宗族与伦理道德的体现，正是客家民系形成的一种确认依据。有学人这样描述葛藤坑："出石壁村，西行3公里，眼前出现一带山坳，环绕着不太宽展的一片垄田，依山傍田，星星点点地错落着一幢幢楼宇，屋旁绿树摇曳，小溪沿山边潺潺。山垄田的尽头，缓坡绵延而上，远远地通向闽赣交界的站岭隘口。当年，从中原辗转逃难入闽的客家先民，穿过站岭进入石壁的第一站，就是葛藤坑。"① 对于葛藤坑，至今却未能找到其具体的位置，但大体人们都认为是现在的石壁镇附近的南田村，更广义的葛藤坑可以认为是一种客家先民定居石壁的记忆中的理想村落。

  关于葛藤坑传说的原型可从汉朝《列女传》中《鲁义姑姊》的故事和《邓氏谱牒》中发现蛛丝马迹。《鲁义姑姊》的故事内容为：

  鲁义姑姊者，鲁野之妇人也。齐攻鲁，至郊，望见一妇人抱一儿携一儿而行。军且及之，弃其所抱，抱其所携而走于山，儿随而啼，妇人遂行不顾。齐将问儿曰："走者尔母耶？"曰："是也。""母所抱者谁也？"曰："不知也。"齐将乃追之，军士引弓将射之，曰："止！不止！吾将射尔。"妇人乃还。齐将问所抱者谁也，所弃者谁也。对曰："所抱者妾兄之子也，所弃者妾之子也。见军之至，力不能两护，故弃妾之子。"将曰："子之于母，其亲爱也，痛甚于心。今释之而反抱兄之子，何也？"妇人曰："己之子，私爱也。兄之子，公义也。夫背公义而向私爱，亡兄子而存妾子，幸而得幸，则鲁君不吾畜，大夫不吾养，庶民国人不吾与也。夫如是，则肋肩无所容，而累足无所履也。子虽痛乎，独谓义何？故忍弃子而行义，不能无义而视鲁国。"于是齐将按兵而止，使人言于齐君曰："鲁未可伐也。乃至于境，山泽之妇人耳，犹知持节行义，不以私害公，而况于朝臣士大夫乎？请还。"齐君许之。鲁君闻之，赐

---

① 廖开顺，刘善群，蔡登秋，等. 石壁客家述论 [M]. 郑州：河南人民出版社，2012：50.

妇人束帛百端,号曰义姑姊。

义姑姊的义举表达了鲁国为礼仪之邦,乡野妇人化解了鲁国受伐危机,实则反映了节义对国家的重要意义。所以,之后历史上也在不断演绎着同类的故事。

据谭元亨先生言,客家邓氏先祖邓攸弃儿的故事是在《晋书·邓攸传》里记载的:"担其儿及其弟子绥。度不能两全,乃谓其妻曰:'吾弟早亡,唯有一息,理不可绝,止应自弃我儿耳。幸而得存,我后当有子。'妻泣而从之,乃弃之。其子朝弃而暮及。明日,攸系之于树而去。"这就是邓攸"桑园寄子"的历史佳话。邓攸的故事与客家妇女背侄携子的故事似有雷同之处,都是对传统社会道统文化的反映,是传统社会道义情怀的高尚之举,并被客家人视为传统精神的圭臬。

葛藤坑的传说把主人公改变为客家妇女,也无形中反映出客家人对女性的重视,以及女性在社会中具有不可或缺的作用。女性在传统文化中始终作为孕育生命的象征体,客家女性的义举反映了客家先民南迁石壁后对生命追求的重要意义。在客家先民来到石壁之际,当地主要居民显然就是土著居民,也就是当时所谓的峒蛮。与来自客家的先民通婚繁衍后代还是相当困难的,理由有二:一是道统问题,中原汉人与当地峒蛮通婚,观念上必然存在着差异;二是生活习惯问题,他们之间没有长期相处、相互磨合,必然无法融洽,更谈不上通婚繁衍后代,早期的客家先民必然要在汉人内部进行通婚,而且在南迁过程中,必然以男性为主,毕竟女性比男性要少得多。有实例为证,笔者在三明市三元区中村乡前村(三明客家村)做田野调查,当地百姓说晚清时期从上杭县迁到前村,清水客家人也是由上杭县迁到永安清水乡,民国时前村老百姓中青年娶媳妇,本土的百姓不愿嫁给前村客家人,他们娶亲要到很远的永安清水乡去结亲,受访人的奶奶还是清水兰氏。由此可见,早在宋以前的客家先民与当地土著通婚之困难。然而,客家先民试图很好地延续生命,女性对他们来说意义重大。

客家先民从中原、江淮等地来到石壁地区之后,生存与生命的延续是他们最重要的头等大事,除妇女生育的重要性以外,食物显然是他们生命延续的最基本物质需求。"隋朝之前,宁化是林海莽莽,'荆棘丛生,荒榛如是,疑非人所居'之地。原住民在此烧畲种青，或进山狩猎，过着刀耕火种的生活，生产力十分落后，生产生活处于原始状态。"[1] 早在隋朝末年，巫罗俊随父入宁化定居，组织宁化早期的客家先民，开辟黄连峒，修筑土堡卫众，伐木开山，发展农业。随后，石壁经济开始获得一定程度的发展。经济不发达的时代，在客家先民繁衍生息的过程中，必然会遇到青黄不接或饥荒的时候，只能以野菜、野果等充饥，此时葛藤的重要性就凸显出来了。葛藤叶、根和葛根粉都可食用，每年二到五月，可采嫩茎、嫩叶生炒或做汤食用；深秋到早春时期，可采挖葛根，去泥舂碎，冷水揉洗，去渣沉淀形成的淀粉是优质的食物，根块也可直接蒸熟食用。葛藤在南方随处可见，生命力极强，所以它不仅是青黄不接时期的充饥口粮，也是客家先民生命繁衍的象征。

葛藤对于客家先民有着极其重要的意义，与黄巢起义时代大南迁的石壁地区客家先民实现无缝对接。黄巢起义时期，与挂葛藤避灾相似的情节不少，如河南南阳的"插艾草"，湖南新化的"门口点香"，山东郓城的"挂红灯"等习俗都与黄巢起义有关。其目的都是消灾避祸、祈求平安。石壁挂葛藤的习俗来自黄巢起义，恰逢端午节与南方挂艾草和菖蒲习俗合并为一，祈求避邪驱瘴与消灾避祸的功能合而为一，适应了当地物产与风俗本土性特征，共同达成石壁客家人生活平安的朴素追求。

对葛藤坑传说意义的理解不能只囿于黄巢起义的历史事件中，应该把它置于石壁客家先民对现实的生活诉求之中来理解。石壁客家先民来到此地时，虽然有了隋唐时代巫罗俊、罗令纪等客家先民对石壁开发而奠定的基础，但是随着客家先民大批量地迁入石壁地区，必然会出现亟待解决的现实问题。特别是黄巢起义之后，随着大量来自北方的汉人的进入，人口大批量地增长，统计显示，宁化县在唐代天宝元年（742年）有1500户，北宋元丰年间（1078—1085年）有10000户，南宋宝祐元年（1253年）有38000户。[2] 由于人口的剧增，客家村落社会逐渐形成，必须面对和解决两个大的社会问题：一个是物质生活问题，一个是精神生活问题。物质生活问题在上文已提到葛藤等野生植物在青黄不接时节的重要性，更重要的是精神生活方面。石壁客

---

[1] 刘善群. 宁化史稿［M］. 福州：福建教育出版社，2014：50.
[2] 刘善群. 宁化史稿［M］. 福州：福建教育出版社，2014：145.

家人村落形成的过程，也是村落文化建构的过程，其中道统文化之于村落社会的建构显得尤为迫切和重要。石壁客家村落逐渐形成，也就意味着客家人身份的形成，身份的确立需要有相应的文化和精神的支持，中原的道统文化所演绎的葛藤坑传说成为客家人思想精神的一个重要构成。

　　来自北方的客家先民，在从客家先民身份转化为客家人的身份过程中，亟须引入北方中原传统文化，来建构石壁客家村落文化和塑造客家人的文化身份。在客家民系形成过程中，其中来自中原的道统文化在客家村落和客家人身份塑造的过程中，扮演着中轴性文化的作用。传统村落由家庭、宗族到村落，社会结构与秩序由道统文化来维系和运转。葛藤坑传说承载的一种文化信息，就是对中原道统文化中"传宗接代"和"兄友弟恭"等重要道统观念的援引。在客家民系形成过程中，客家文化身份的确立需要中原主流文化的传承。来自中原的北方汉人进入闽西石壁地区后，引入道统文化，大大地增加了客家文化的内涵。所以，葛藤坑传说的作用即是对中原道统文化观念的承载和弘扬，强化了客家人的文化身份。随着客家民系的形成，儒家、道家等传统文化大量进入石壁，譬如石壁香炉峰的升仙台的传说，体现了客家人对道家文化的确认。随着客家人从石壁向外迁徙，葛藤坑的传说及其端午节挂葛藤的习俗也传遍各客家地区，成为客家人身份确认的一个特殊精神文化符号。葛藤坑传说中妇女的义举后来成为客家人的传统美德，为后人所效仿，如长汀县三洲镇的《闽汀戴氏群芳谱》记载："（元朝）七世寿可公——兄弟情义深。字仁甫，五九郎公子，念三郎公孙。生于宋景定五年甲子，卒于元至元六年庚辰（1264—1340年），妣俞娘。因三弟原敬遇寇乱被害，抚其遗孤应寿侄，胜似己生，侄比己儿大六岁。一年匪又至，全村逃命，俞娘背负应侄，手拖己儿奔逃。有人问俞娘曰：'为何侄儿年大用背，己儿年小手拖？'答曰：'侄儿无父不可再生，我儿尚可再生。'乡人歌曰：'背侄年大拖儿小，为何大小作颠倒，唯恐伤侄后嗣断，骨肉情深道义高。'"[1] 戴氏本谱又载："年廿六时宋神宗熙宁五年（1072年）由江西浮梁负安公神像，千里跋涉，

---

[1] 三洲戴氏修谱理事会.闽汀戴氏群芳谱：第1辑[M].长汀：三洲戴氏修谱理事会，1998：25.

流寓福建宁化石壁，复迁长汀宣德南里（今三洲）辟土定居。"[①] 戴氏迁自宁化石壁，同样的客家妇女背侄携子情节的史话传到了长汀，这显然受到葛藤坑传说所包含的道统内涵的影响，抑或是葛藤坑传说的翻版。

葛藤坑传说关乎客家迁徙的精神支撑，代表了中华民族美好的血统观念，随同客家人的迁徙播撒到世界的各个角落。可见石壁客家葛藤坑传说对客家人迁徙产生了巨大的精神影响，从而使石壁也成为客家精神产生祖源地，石壁葛藤坑传说亦成为客家文化构成中的活水源头。葛藤坑的传说在传承过程中，逐渐成为客家人的集体记忆，也是客家人个体生命史与集体生命史的叙述。

第四节　石壁客家人文化外迁成就了祖地的雏形

从第四章石壁迁往客家世界各地的事实观之，梅州移民最具标志性，这对于石壁客家祖地理论建构而言是极为重要的一个环节。无论是英国传教士艮贝尔所言的"岭东之客家，十有八九皆称其祖先系来自福建汀州府宁化县石壁村者"，还是光绪年间的《嘉应州志·丛说》所言的"闽之邻粤者相率迁移来梅，大约以宁化为最多。所有戚友，询其先世，皆宁化石壁乡人"，都可以显示出梅州地区客家人与石壁客家人具有极为紧密的关联性。从石壁迁往赣南、闽西其他地区与四川、广西、陕南等客家地区，再从梅州迁往潮汕、港澳台及海外各国和地区，他们带去了石壁祖地的物质与非物质文化及思想精神等。石壁成为各地外迁客家人的文化母体和精神家园。

一、习俗的外迁

民以食为天，在各类习俗中，饮食习俗是所有习俗中最为重要的一个环节。石壁客家饮食习俗名目繁多，随着客家人的大量外迁，很多饮食习俗也传播到各地。如石壁客家饮食习俗中喜欢以数字量化来表达，也体现了石壁客家人热情待客的风尚。石壁客家筵席中最具代表性的菜品是"八大碗"，到

---

① 三洲戴氏修谱理事会.闽汀戴氏群芳谱：第1辑[M].长汀：三洲戴氏修谱理事会，1998：24.

了四川变成了"九大碗"。四川的"九大碗"通常出现于"坝坝宴"中,也是川客最具代表性的筵席菜品。"九大碗"通常在婚宴、做寿、满月的酒席之中出现。譬如,成都客家人的"九大碗"分为"干九大碗"和"水九大碗",其丰富性尽显主人待客之热情。江西客家人吃"七宝羹",指的是羹汤之礼,主要出现在春节前后礼待来宾、谢师友和嫁娶时的筵席上,显示江西客家人的礼仪与热情。广西客家在婚礼中有吃"六合酒"的习俗,以此庆贺新婚夫妇的合心合意、和和美美。从客家人的待客习俗中可以发现,客家人喜欢用数字来表达习俗,并寄予不同习俗祈求。各地客家人随着不断外迁,把数字习俗带到各地,只是因各地本土的风俗习惯不同,发生了变化,并给予了不同含义。

客家人的"二次葬"习俗,也称"拾骨葬"和"洗骨葬"。各地称呼不大一样,福建多数地区百姓和客家人大多把"骨"称为"金",拾骨称为"拾金",装骨头的陶瓮称为"金瓮"。无论客家人迁往何处,都有此习俗,多数论者认为这是因为客家人的迁徙而形成的习俗。其实"二次葬"习俗是一个极其古老的丧葬习俗,最早出现于原始社会。考古发掘结果显示,中华大地发掘的仰韶文化遗址、半坡文化遗址、大汶口文化遗址、荆楚文化遗址和古百越文化遗址等都出现过"二次葬"习俗。如今这种"二次葬"习俗流行于福建、江浙、安徽、两广、台湾、香港等地区。"二次葬"产生的主要原因有两个:一是受风水文化的影响。无论是客家人还是非客家人,在南方的百姓大多重视阴宅的风水,原先初葬时草草收葬,后来再请风水师寻一块风水宝地再行迁葬。二是南方水土问题。南方土壤潮湿与气候温润,初次入葬用木棺,几年之后就可能腐烂,一般后人都要打开墓洞检查棺木是否完好,先人的尸骨是否完好、是否被虫蚁所食。为了保护先人的遗骨,就会把遗骨拾好装入陶制的金瓮,再次进行安葬。石壁客家人学习古百越"二次葬"的习俗和称呼,如称"骨"为"金",传到梅州、广西等也是同样的习俗和称呼。

此外,客家人还有端午节挂葛藤的习俗;饮食中喝擂茶的习俗和做米冻的习俗,客家人称米冻为"粄"等,可谓名目繁多;做各种"酿",有豆腐的,有茄子的,有苦瓜的,有冬瓜的,只要能做得出来,各种食材都能用上。石壁是客家民系产生的原点,很多习俗产生较早,种类与内涵丰富,后来随着客家人外迁，而传播到各客家地区。

二、重视教育和儒家道统观念的外迁

石壁地区是客家民系早期形成的地区，到两宋时期客家民系已基本形成。而客家民系的形成与两宋时期儒家道统观念传入闽中地区相关联，随着客家先民从闽中北地区迁入石壁地区，儒家道统也随之传入石壁。由于来自中原的汉人对儒家道统观念自身身份的体认与恪守、崇尚与尊重，在新儒学出现以后，石壁客家人终于获得了极为深刻的思想圭臬，并且通过重视教育的方式植入新兴的客家人内心深处，一方面用以证明自身的中原正统，另一方面表达他们与当地土著居民文化的分野。

由于儒家道统观念的传入，石壁地区客家先民已经十分重视教育，早在唐代就出现进士伍正己。根据宁化《伍氏族谱》记载，宁化伍氏始于唐穆宗长庆间，德普公自榕城甘蔗入麻仓（北宋前属宁化，今属清流县），悦宁之山水，遂卜居于此。德普公以子贵敕封中大夫，生六子：文徽、徽己、厚己、正己、行己、宏己。四子正己登唐宣宗大中十年（856年）丙子科进士，累官御史中丞大夫。[①] 清代李世熊《宁化县志·人物志》记载："伍正己，初名愿，字公谨。登唐大中十年进士。调临川尉，改今名。累迁御史中丞。自甘露变后，南北司如水火，彼此攻讦，大狱繁兴。正己居中持大体，略细故。"[②] 伍正己之父于唐后期从今福州闽侯甘蔗迁入宁化麻仓，成为宁化县第一位进士，也是汀州府第一位进士。南唐李后主时期，郑文宝因文学突出被选为清源公书记，后迁为校书郎，后主归宋以后，于宋太平兴国八年登进士科。他"尤长于诗，善篆书，工鼓琴"[③]，在文学史上有一定地位。李世熊的《宁化县志》记载的宋代进士及名人还有伍祐（宋祥符元年进士）、伍择之（北宋皇祐五年进士）、徐唐（未冠，受《春秋》于吴呆，卒业于盱江李泰伯，即李觏，宋代理学唯物主义学派开创者）、李元白（工于诗）、伍仲休（大观三年进士）、雷观（靖康太学生）、伍文仲（北宋元年进士）、雷协（政和二年进士）、

---

① 刘善群.宁化史稿[M].福州：福建教育出版社，2014：57.
② 刘善群.宁化史稿[M].福州：福建教育出版社，2014：57.
③ 李世熊.宁化县志[M].新版简体.福州：福建人民出版社，1912：252-254.

汤莘叟（绍兴五年进士）、伍杞（绍兴五年进士）、张良裔（绍兴五年进士）、张达观（政和五年进士）、刘并（端平二年进士）。由上述可知，石壁客家地区早在唐代就出现进士，伍正己其父由闽侯迁入，说明已将儒学带入石壁客家地区，特别是宋代理学的传入，其中徐唐和张良裔二人，都是当年著名的理学大师，为石壁客家地区带来中原儒家思想，提升了石壁客家地区文化水平。到了南宋初年，石壁客家地区在绍兴五年（1135年）就出现四位进士，这对于偏远的闽西来说是难以想象的事实。反之可见，到南宋石壁客家地区已然进入文化繁荣时期。到了明代，宁化出现状元张显宗（1363—1408年），清代又出现理学家雷鋐，这都显示了石壁地区深厚的儒家文化底蕴。

当然，儒学的传入及普及，主要是靠学校教育。清代李世熊的《宁化县志·庙学志》记载："今《宁志》但曰'建炎三年知县事施禔建儒学于正东门'……后淳熙十一年，始迁儒学于翠华山之南。始之者，知县事赵伯虎，成之者，杜潮也。绍定五年，寇毁之，讪独岿然存。端平二年，知县事赵时錧因修葺之，崇安进士袁长吉为之记，其文不传。宝祐二年，再建讲堂，东西斋。斋前为魁星亭，绘以威信名贤像，额曰'仰高'者，则知县事林公玉所作也。"可见石壁客家地区自宋代开始大兴学校教育，这对本地文化繁荣起到了重要的作用。与此同时，两宋时期，闽中北地区是新儒学的发源地，大批的大儒在此产生，儒学之风极其兴盛，著名的思想家朱熹也在此诞生，闽西宁化当然深受影响。这一切对石壁客家地区儒家道统教育和文化水平的提升产生强烈的影响作用，也促进了客家人尊师重教、尊儒重道思想的形成。

儒家道统传入石壁地区，并且在此得到大力弘扬，对客家民系思想文化的孕育和最终形成起到了决定性的作用。归其原因有三：一是石壁地区晚唐至宋代大量的客家先民的迁入，形成了人口优势；二是上述所言的闽中北新儒学发展的传播和影响；三是客家民系形成过程中，来自中原的汉人文化优势与自身身份的确认，需要有一种正统文化来支持，而新儒学的出现恰逢时机。所以，在民系形成过程中，客家人汲取儒学思想内涵，并将其作为精神文化的圭臬逐渐定型，从而形成了客家人重视教育和儒家思想的文化传统。

唐末和两宋时期，随着客家民系在石壁地区的逐渐形成，石壁地区人口暴增，宋末元初自然灾害和社会动荡，导致大量石壁客家人外迁，从而客家人文化思想精神开始走向各客家地区。如今考察各客家地区，都不难发现客家人相对其他民系，较突出的民系风貌是对尊师重教、尊儒重道文化传统的传承。

第五节 海内外客家人对石壁祭祖确定了石壁客家祖地身份

我国对祖先的崇拜发端于原始祖先祭祀，而规模性祭礼则不早于商周。最早祭祀黄帝，旨在新睦九族，和合万邦，消弭战祸，趋于大同。公元前770—前476年的春秋时期，祭祀已相当隆重。秦时，祭祀已颇盛繁，且恢复早已荒废之祠庙祭祀。[①]海内外客家人对祖地先祖的祭祀亦为祖先崇拜的一种。从20世纪80年代开始，海外客家人陆续回到宁化石壁寻根谒祖，加之一些谱牒被挖掘出来和一些学术成果的发表，石壁作为客家人祖地的身份渐渐清晰起来。石壁客家祖地受到海内外客家人的关注和敬仰，一些海内外客家华人代表及宁化县客家工作者共同参与，开建石壁客家公祠，策划石壁客家祖地祭祖大典。于1995年11月28日，举办了石壁客家公祠竣工暨首届世界客属石壁祖地祭祖大典，此后每年都将举办一届大典。

石壁客家祖地祭祀属于客家公祭，也就是全世界客家人对先祖聚居或侨居过的各自先祖的统一祭祀形式。这种祭祀略不同于黄帝公祭，客家祖地祭祖的对象是众祖同祭，黄帝祭典是同祖共祭。已知最早"公祭"之载，乃战国初期，秦灵公三年（公元前422年），"作上下，上畤祭黄帝，下畤祭炎帝"（《史记·封禅书》）。公祭到秦汉时代就是已经形成传统，至今方兴未艾。在公祭传统的大背景下，始于20世纪90年代中叶的客家公祭大典，每年吸引数以千计的海内外客家人参加。

根据宁化县客联会统计，从1995年到2018年，宁化县在石壁客家祖地共举办了24届祭祖大典；参加祭祖大典的有31个国家和地区，共达16.82万人次，其中海外客属乡亲10918人次；祭祖团队1040个，海外社团576个，海内

---

① 中华儿女祭祖情[N].文化周刊，2004-04-01.

社团464个。除了祭祖大典以外,还有大量的客家祭祖人员不定期来到石壁祭祖。截至2018年,来到石壁客家祖地的海内外客家后裔共达125万人次。其中,来自海外较多的社团有马来西亚组团111个,3858人次;新加坡组团30个,744人次;泰国组团19个,262人次;印度尼西亚组团15个,445人次;美国17批,238人次;加拿大17批,221人次;澳大利亚8批,108人次;毛里求斯5批,105人次。他们来到石壁客家祖地,深刻地体会了"石壁是世界客家人的祖籍地""石壁客家公祠是世界客家人的总家庙""石壁祖宗是我们的始祖或一世祖"等观念,如今石壁成为世界客家人的朝圣中心。石壁客家祖地玉屏堂上设有各姓氏牌位,共达214个姓氏,为1995年11月建成的世界客家人的总家庙,即石壁客家公祠玉屏堂内神主牌位上供奉着客家始祖214姓牌位。在祭祀过程中,祖地客家公祠还准备了包有石壁土壤的荷包,让参与祖地祭祀的客家后裔把祖地土壤带到世界各地。一年一度的客家祭祖,世界海内外客家人在此尽情地表达着对先祖祭祀的热忱和激情。

为了更好地宣传石壁祖地,加深海内外客属宗亲对石壁客家祖地的认识,宁化客家工作者和乡贤们也组团出访海内外客家聚居区,从1992年9月至2018年12月,以宁化县人民政府,或宁化石壁客家宗亲联谊会,或宁化石壁客家祖地的名义组成代表团或参访团等形式,共计36批231人次出访了(或开会)新加坡、马来西亚、泰国、印度尼西亚、柬埔寨、加拿大、澳大利亚等7个国家和中国香港地区、澳门地区、台湾地区。在与各客属社团、客属乡亲的联谊交流交往中,加深了海内外客家人与石壁客家祖地的感情。与此同时,为了更好地接待和加深世界客属对宁化的印象,宁化县上下齐心协力,建设可提供客属活动和普及祖地客家知识的场所。现已建成的客家建筑有9处,占地面积43.4万平方米,总投资人民币11.165亿元。主要建筑有石壁客家祖地文化园(含客家公祠、祭祀广场等)、宁化世界客属文化交流中心(含客家三馆:联谊馆、图书馆、族谱馆)、宁化客家祖地博物馆、宁化客家美食城、宁化客家宾馆、宁化客家国际大酒店以及石壁客家中学、石壁客家医院、石壁客家崇正小学。宁化县客家工作者以祖地客家文化为品牌、开展各项客家活动,进行客家祖地文化学术研讨和交流,接待海内外游客,对客家祖地文化的传承和宣传起到了良好的作用。

海内外客家人对石壁客家祖地认同和祭祀实践的思想动力，主要来自中华民族落叶归根和宗族传统的思想观念，也体现了客家人对祖先认同性和心理趋同性。客家人对石壁祖地的认同主要原因是，石壁是多数客家先祖居住和中转的地方，特别是迁往梅州及海外的客家人后裔，他们通过谱牒发现自身的先祖曾经在石壁居住，无论他们迁往何处，都惦念着自己的祖源地。"北有洪洞大槐树，南有宁化石壁村"在他们的记忆中深深地刻下烙印，石壁自然而然成为一种祖先观念中具有向心力的祖地，成为他们魂牵梦萦的祖先家园。这就致使他们每年漂洋过海，不远万里，来到石壁客家祖地祭祖。

每年，海内外客家人都要参与石壁客家祖地祭祖大典，虔诚地对石壁先祖进行祭奠，其原因主要有两个：一是客家人自身身份的认同。自20世纪20年代开始，客家世界出现了一次客家运动，以罗香林为代表的学术专著《客家学导论》（1933年）、《客家源流考》（1951年）和《客家史料汇篇》（1965年）的出版，引起了世界客家人对自身身份认同的热潮，同时也引来更多学者投入客家文化学术研究，并产出了大量的学术成果。尤其是对石壁客家的相关论述进一步确认了客家人的身份。大批学者纷纷对客家先民迁徙史进行研究，通过分析、对照谱牒发现大量的客家先祖与石壁相关联，或从此地迁出，或在此地居留然后转徙他处，这无疑是客家对石壁客家祖地的一次再认识和身份的再确认。二是客家自身身份确认过程中的一统化和重塑。早在19世纪中后期，甚至从咸丰四年（1854年）起至同治六年（1867年）发生了土客械斗。在土客之争之前，许多客家人长期受到当地土著居民的歧视，加上"生在客中不知客"的尴尬处境，客家人汉民族身份亟须获得认可，从而发起了客家运动。除了上述学术研究与谱牒编修以外，祭祖也是一种重要的方式。宁化县举办了二十多届的石壁祖地祭祀活动，在庄严肃穆的祭祖过程中，那种身体力行的参与感使海内外客家人尤为刻骨铭心。祭祖是一种归属感的确认和身份价值的提升，也是客家民系统一性的追寻，亦为一种客家身份的塑造。反之，通过海内外客家人的祭祖活动，石壁客家祖地的身份得到进一步的确认。

第六节　中华民族文化基因和向心力促成了石壁祖地的形成

石壁能够成为客家人的祖地，除了隋唐时期巫氏开山和两宋时期大量客家人迁居此地以外，还有一个极为重要的因素，那就是中华民族的文化基因和向心力，把各地客家先民吸引到本地居住，并孕育了客家民系。

20世纪中叶，美国人类学家克罗伯和克拉克洪最早将"基因"与"文化"联系在一起，他们设想不同文化中是否具有像生物世界里"生物基因"那样基本而又齐一的"文化基因"。[①] 中华民族是世界上最古老的民族之一，其文明有上下五千年，历史悠久。在这悠久的文明发展史中，形成了中华民族文化基因，其中最核心的文化基因有天人合一的观念、阴阳五行学说、儒道释思想、大一统观念、家国同构观念等，其中儒家的"仁""礼""善""中""和"等观念，道家的"道法自然""上善若水""刚柔相济"等思想，释家的"因缘和合""因果报应""诸恶莫作，众善奉行"等观念，构成了客家人文化基因与其他民系或民族的一致性。中国文化学界，将中国文化基本基因的主体内容概括为天人合一、以人为本、刚毅有为、贵和尚中；将中华民族传统美德概括为仁爱孝悌、谦和好礼、诚信知报、精忠爱国、克己奉公、修己慎独、见利思义、勤俭廉正、笃实宽厚、勇毅力行；将中国文化基本精神的功能概括为民族凝聚功能、精神激励功能、价值整合功能。[②] 在中华民族文化基因中，一些观念对民系或民族的形成与发展产生极其重要的作用，其中"家国同构""大一统""中和"等观念产生了民系或民族巨大的向心力，从而使一个民系或民族在形成之后具有基本的稳定性。这个稳定性特征必然会产生一个向心力的固定承载物，如中华民族的共同图腾"龙"，共同祖先"炎黄"，共同地域"江河文明"等。当然，对于一个民系或一个民族的形成，最终的决定性因素是拥有精神方面的共同文化基因。

客家地区的共同地域是闽粤赣边区，其中核心区域是古石壁地区。在武

---

① 赵传海.论文化基因及其社会功能[J].河南社会科学，2008（2）：50.
② 张岱年，方克立.中国文化概论[M].北京：北京师范大学出版社，1994：1.

夷山东南部、戴云山西部、玳瑁山北部形成了一个相对开阔的山间盆地，生存环境相对优越，早在东汉时期北方汉人开始零星迁入，从晋代到隋唐时期共迁入汉人大约55个姓氏。特别是隋唐时期以巫氏为代表开辟黄连峒开始，以及到了唐代末年黄巢起义，周边大多数地区都受到起义军的侵扰，而这里却偏安一隅，"桃花源"式的生活场景吸引了大批的汉人迁入此地。到了两宋，大批汉人进入石壁地区，致使石壁地区出现了人口暴增的现象。随着石壁地区汉人人口的剧增，客家民系在此孕育形成，客家先民带来的中华民族文化基因渐渐植入石壁地区，使得这一偏远的石壁地区早在唐代就出现了进士及第，更不用说两宋时期，石壁地区已然成为南方重要的中原文化繁衍之地。由于生存环境和文化基因的植入与繁衍，石壁地区逐渐形成强大的文化向心力，成为客家先民向往的圣地。在中华民族文化基因中"大一统"观念的影响下，加之客家先祖们在此聚居和留居，石壁逐渐成为客家人身份的象征，同时也形成富有石壁色彩的客家文化基因，构成了中华民族文化基因的一部分。特别是两宋以后，石壁客家人外迁，他们把石壁客家文化基因带到了各地，故而石壁逐渐成为世界客家人的精神家园。

第七节　"玉屏"文化意义和石壁客家精神

石壁地区的核心区是现在的石壁村，古有"玉屏""石碧""石壁峒""石壁寨""石壁村"和"石壁下"之称，包含今天的宁化、清流一部分和明溪一部分，即前文所指的巫罗俊开辟黄连峒所及的地盘，"东至桐头岭（今明溪县境内），西到站岭（今宁化县与江西石城交界处），南至杉木堆（今曹坊乡与长汀交界处），北至乌泥坑（今安远乡与建宁县交界处）"。这里所讨论的是狭义上的石壁，即今宁化县的石壁镇、淮土乡和方田乡、济村乡的一部分，亦可称为"宁化西乡"，总面积479平方千米，为闽江、赣江和韩江的源头之一。石壁是一个群山环抱的开阔盆地，从高处望去，像一堵绿色的画屏，故有"玉屏"之称，这里是古代客家先民的避风港。玉屏堂的形势被称为"五马落槽"，有"帝王"之地，它背靠佛教圣山东华山，东华山是武夷山脉南段，还有双极峰、升仙台和狮子峰；所对的小砂山为"双龙戏珠"地形；两边有低矮的小山环抱；前有一条叫西溪的溪流流过；可谓山环水抱之风水宝地。当地学者盛赞称："公祠位于石壁盆地中央，背靠武夷山脉，叠峰重峦，宛如巨龙，自高而低，逶迤而至。公祠正面俯视石壁盆地，四境了然，近山匀称，远山怀抱，山水交汇，龙气结聚，是一方经堪舆高师精心测定的风水宝地，凡亲临境者，均赞不绝口。"①

称其"玉屏"或"石壁"，其实是指北边有武夷大山，是由东华山、双极峰、升仙台和狮子峰四座高峰构成的一块天然屏障，苍翠的大山像一片玉屏一样横亘在石壁的北边，在武夷大山的南边是一片相对平坦的盆地，包含宁化县西乡整体，也就是前述所言狭义上的石壁。隋朝时这里称为"玉屏"，到了唐代这里经过巫罗俊的开发，筑堡建寨，固若金汤，像石壁一样坚硬不可摧，所在更名为"石壁"。这里从隋唐起就开荒垦殖，两宋时期吸引了大量的客家先民来到此地繁衍生息。隋朝到两宋时期这里相对安宁，未受唐末黄巢起义侵扰，是客家民系形成过程中难得的一片乐土。

在今天的石壁镇石壁村里，建有石壁客家文化园，其核心建筑是玉屏堂。玉屏堂为客家文化园的最北端建筑，供奉着客家始祖214姓牌位。有资料显示宁化县姓氏的迁居情况，其中174姓氏迁入石壁地区的时间为：东汉至隋朝有11姓；唐代有41姓；五代十国有12姓；北宋有36姓；南宋有45姓；元代有10姓；明代有12姓；清代、民国有7姓。105姓氏从宁化迁出的时间是：南宋41姓，占总数的39%；元代30姓，占总数的29%；明代34姓，占总数的32%。其他姓氏没有明确的记载，但其祖先牌位仍然供奉在玉屏上，供参加祭祖的客家后裔祭拜。据统计，世界客家人共达1.2亿，遍及世界80多个国家和地区，他们多数人都认为一世祖来自石壁。石壁的玉屏堂被认为是客家人的总家庙，客家公祠就是他们的总宗祠。

石壁客家祖地是世界客家人公认的总祖地，承载着丰富的客家文化内涵，其中最为重要的是石壁客家精神。关于客家精神的论述有很多，如日本人山口县造的《客家与中国革命》称："客家是中国最优秀的民族……他们的爱国心比任何一族为强，是永远不会被人征服的……客家精神也是中国革命精

---

① 福建省宁化石壁客家宗亲联谊会.客家祖地宁化石壁[M].福州：福建宁化石壁客家寻亲联谊会，1999：61-62.

神。"新加坡吴庆豪在《世界客属人物大全》一书的"引言"中，把客家人的精神归结为刻苦耐劳、刚强弘毅、辛勤创业、团结奋斗，这与中华民族精神"勤劳勇敢，艰苦奋斗，俭朴持家，爱国爱民"相一致，这种精神都是源于在艰难生存环境中的不断锤炼。房学嘉的《客家源流探奥》认为，客家共同精神是"开拓进取，吃苦耐劳"。我们认为，石壁客家精神可归结为开拓精神、硬颈精神、崇文尚武、团结进取、敬宗睦族、吃苦耐劳、勤俭节约等。

　　大量在民间流传的谚语体现了石壁客家人吃苦耐劳和勤俭节约的精神，如"吃得苦中苦，方为甜中甜""手勤脚勤，三餐吃饭不求人""早起三朝顶一天""不怕痴汉，就怕懒汉""人勤地生宝，人懒地长草""餐餐省一口""养畜不赚钱，回头看看田""家有万贯，不如一算""食唔穷、着唔穷、无划无算永世穷""番薯喜欢人抓痒，越抓越痒越快长"等谚语。石壁地区靠东华山的一些山村，如羊古皮村、羊公岭村、大寨坑、乌竹管、鸡公岭、张家地等，修起一层又一层的梯田，成片成片的田埂都是用石头砌成的，工程浩大，蔚为壮观，足见石壁客家人之艰辛和勤劳，也体现了石壁客家人的硬颈精神。石壁客家人的开山之祖巫罗俊和开县之祖罗令纪都具有顽强的开拓精神，还有大量的客家人从石壁迁往梅州再漂洋过海到达世界各地，开辟新的家园，这些无不是开拓精神的体现。石壁客家人，当年在石壁建起千家围，供他们聚族而居，团结一致，共同谋求生活，共同抵抗外族的侵犯；为了更好地生活，隋唐时巫罗俊开山伐木，把木材运到长江下游进行交易，换取更好的生活资源，此类现象都体现了团结进取的精神。海内外客家人从世界各地，从不同国家和地区，无论有多少困难，他们都能克服，如期到达自己先祖曾经生活过的石壁进行祭奠；另外石壁客家地区，无论哪一个姓氏，他们的宗祠都建设得极为精致，因为那是他们祭奠各自姓氏祖宗的地方。石壁客家祭祖每年分为两次，一次为祭奠自己的祖先，通常是在清明，另一次是客家公祠祭祀，通常是在10月，这体现出石壁客家人敬宗睦族的精神。客家人居住和生活的地区大多是山区，居住分散，往往要靠自身的力量抵御外来的侵扰；另外，迁徙他处后，为了争夺生存的资源，往往要依靠武力，所以出现了尚武精神。

　　石壁客家地区进入唐宋时期，就极其重视教育，两宋新儒学进入石壁地区，开办学堂，设置学田，资助乐于学习的子弟，形成儒学教育之风。譬如，流传于客家区的民谣："月光光，秀才郎；骑白马，进学堂……""月光光，秀才郎……上京考，考得上；进祖堂，头带金花状元郎。"再如"蟾蜍罗，咯咯咯；唔读书，无老婆""人不读书，有眼无珠""书多人贤，酒多人颠""生子唔读书，不如养条猪""地瘦栽松柏，家贫子读书""路不走不平，人不学不成""捡漏趁天晴，读书趁年轻""天光唔起误一日，少年唔学误一生""识得几个鸡脚爪，天下都敢跑""秀才唔畏衫破，单畏肚屎无货""竹竿长晒衣衫，笔杆短做文章""生子过学堂，生女过家娘"等。[①] 这其实反映了客家人一生中的两件重要事情，其一是读书，其二是结婚。当然在封建时代，不是每个客家人都可以读书识字，只要有条件，石壁客家人都会想办法让孩子读书，这要得益于崇儒重教的风气的形成。这些要素构成了石壁客家人的精神，随着石壁客家人的外迁，这种思想精神传播到世界其他的客家地区，并生根发芽传承至今，成为世界客家人总体的精神品质。

---

① 刘善群. 宁化史稿 [M]. 福州：福建教育出版社，2014：219.

第九章 石壁客家文化品牌的传播效果

随着新媒体的出现，人类的文化传播已走向大众传播时代，传播性质也发生了巨大的变化，多元化与多媒介化是当下传播的特性。为了更有效地传播客家文化，推介客家文化品牌，笔者结合当下客家文化品牌的传播现状，着重分析了客家文化传播大众化的基本属性。分析研究后得出，文化品牌的传播只有与时代传播属性相结合，才能达到有效传播的目标。同时还分析了客家文化品牌传播效果的三个阶段，即当下客家文化传播的规律性；结合当下大众传播基本特性，尝试性地提出了三种客家文化品牌传播的有效途径。

时至今日，现代媒介已经把我们带进了文化大众化的传播时代，文字媒介不再是单一的文化传播介质，而是呈现出多元化趋势。那么，客家文化的传播也不再由单一的文字叙述来完成，客家文化品牌的塑造与传播也不再是单向度的传播，而是多元化、多媒介的传播。从当下的传播特性进行分析，客家文化传播不仅要充分利用好传统的文字传播，更重要的是能够充分利用现代大众传播的各种媒介，以便取得更好的传播效果。

第一节 客家文化品牌的传播现状

多年来，针对客家文化品牌的研究学术成果颇为丰硕，无论是文化构成，还是文化内涵，都有了相当数量的研究成果。通过对现有的客家聚居区的文化品牌和宣传现状进行分析，发现大多数地方政府都在有意识地打造这一品牌，并力求文化品牌利益的最大化。就福建省而言，三明地区打造客家祖地文化，龙岩地区打造客家母亲河文化；就广东省而言，梅州打造世界客都文化，河源打造客家古邑文化；就江西省而言，赣州地区打造客家摇篮文化；

等等。这些文化品牌的着力点往往在于整体形象的打造，其中真正落到实处的品牌建构仍有不足。为什么这样认为？这必须要从各自现实所完成的项目去分析。比如，宁化客家祖地文化品牌，虽取得了显著效果，但也有很多不足。其中，客家祖地文化园建设在硬件上是成功的，这个成功在各个客家地区都有很大的建树，主要是因为政府的重视，对场馆建设投入较大。宁化祖地还有一个很成功的举措就是宣传，其举办了二十多届客家祖地祭典，还有世界客属第二十五届恳亲大会，以及石壁论坛等文化活动，这一系列活动获得了很好的宣传效果，这其实也是文化品牌的传播效应。宁化客家祖地这一文化品牌渐渐为世界客家及非客家民众所熟知和认同，石壁客家祖地渐渐形成宁化县旅游的文化品牌和内涵文化的品牌，从而使游客日渐增多。

由此可见，各个客家聚居区塑造的客家文化品牌本身没有太大缺陷，但大多局限于品牌的内涵层次建设和场馆建设，不善于利用不同时代传媒进行文化品牌的有效传播。从现有的状况分析，不管是客家聚居区地方政府，还是客家民间团体机构，主要还是停留在对文化品牌形象的塑造上，缺少对品牌传播效果的研究，导致花费大力气效果却不佳的状况。譬如，上述客家文化品牌的大众认知范围仅限于客家学术界和从事客家工作的政府工作人员层面上，其他一般民众认知不多。不要说这些文化品牌非客家人不太了解，就是客家人也不一定了解是怎么回事。笔者曾多次听闻有人这样对"客家人"进行解释：客家人是从中原迁徙而来，我们福建很多人的祖先都是从中原迁徙而来，所以我们大家也是客家人。更有意思的是，一些文化品牌争夺仅限于客家学术研究的圈子和少数有一定客家知识的政府官员，许多年做着同样依瓢画葫芦的事，完全与大众割裂开来。就客家文化品牌的传播现状而言，客家文化品牌内涵和形象塑造大多已经完成，但是文化品牌的大众化社会效果还有待提高，这也是文化工作者和政府应当着力完成的任务。当然，我们可以看到一些地方在文化品牌传播方面做得很成功的例子，如云南的丽江古镇文化、湖南的湘西凤凰文化、浙江的绍兴浙东文化等，它们各自都有一个着力推介的品牌，如丽江古镇的纳西文化和古镇风情文化、凤凰的沈从文名人文化和绍兴的鲁迅文化，丽江古镇完全是云南省旅游推介成功的范例，而后两者则是利用得天独厚的课堂教学完成了一次成功的推介，但经过分析其都有一个共同性质，即走向大众，让全世界民众都知道它，这就是大众传媒时代的传播有效性的结果。这就是本章要重点讨论的话题，即客家文化品牌大众时代的传播效果问题。

第二节 走向大众的客家文化品牌

在某种意义上说，什么时代媒介造就什么时代的文化英雄。人类口传时代，以口耳相传作为媒介，造就了神话和传说中的文化英雄，这些英雄往往是神格化人物，无论是三皇五帝，还是后羿、共工，都是神话化的文化英雄人物，他们代表口传时代的民众理想和愿望，体现了那个时代的文化特征。人类到了以文字为媒介的时代，人类的传播主要是以文字、纸张、布帛、简策等为介质，以雕刻、印刷等为手段，传播丰富而固定的信息文化，人类开启了理性文化的时代，文化英雄便是文学家、历史学家、思想家、艺术家、政治家等，他们代表了理性文化时代的特征。人类社会发展到今天，已经进入大众传播时代，也就是电子媒介时代，以电视、网络等电子化产品为媒介，图、文、声、像及其他可感觉的信息，可以便捷、即时传播到全球的每个角落，民众可以全方位地感受世界上的每一个资讯，并渐渐陷入无穷无尽的信息汪洋之中，对"电子乌托邦"高度自由、民主和平等的理想国充满期待，流行文化成为当下的文化英雄，曾在历史上不登大雅之堂的休闲、消费文化成为文化"排头兵"。从大众传播时代的媒介与文化关系分析中就可以知道，文化英雄的产生前提是解决传播效果问题，谁在媒体面前占据了关注度和持久性的制高点，其成为文化英雄的成功率就越高。

现代传媒提供了时代的文化，面对今天的媒体，文化品牌在成功塑造之后，要产生广泛的社会影响力，必须充分与时代的传播特性相结合。今天是大众传播的时代，走向大众是文化品牌传播的必经之路。20世纪是现代传媒发展最迅猛的时期，为大众传播时代的到来打下了坚实的基础，大众传播时代最基础的传播媒介是电视和互联网，电视为大众传来了世界各地的信息；互联网把地球联结成一个村落，即传媒大师麦克卢汉所称的"地球村"，传递了比电视更为海量的信息，网络成为世界最主要的信息媒介，这也意味着现代大众传播时代的真正到来。电视媒介造就了一系列平面的文化英雄,比如各种类型的明星;网络造就了血肉丰满的网络文化英雄,如近十年来的IT名人,在短暂的时间内创造了一个又一个财富神话。又如依赖网络塑造出的一个又一个网络红人,虽然不是什么文化英雄,但也足以吸引大众的视线。这里需要提出的一个网络问题是,网络是一个众声话语、鱼龙混杂的世界,网络所塑造的文化英雄有正能量的,也有负能量的,但从传播效果来论,它带来了不可估量的效果。网络时代最大的特征就是大众化,这就意味着文化的时代特征即文化开始走向大众时代,高雅文化似乎要放弃单一的象牙塔世界,开始与大众投合,所以今天的文化症候中有一个明显现象,即高雅文化的媚俗化现象,而传统意义上的高雅文化就是文字媒体时代的理性文化的典型代表。

文化品牌是一个时代文化环境中衍生出来的文化产品,文化传播是一个时代文化环境最重要的构成,所以无论何种的文化品牌只有与时代的传播媒介相结合,才有可能产生效应。如今随着传播媒介发生的巨大变化,文化的性征也必将发生变化,那么文化品牌也只有与时代传媒相融合,才能达到品牌塑造中传播效果的终极诉求。要想使客家文化品牌产生广泛的效应和影响,成为大众所熟知的文化品牌,就应该研究如何应用现代大众传播媒介,逐步实现大众认知的传播效果,真正成为普通大众的文化品牌,而不是客家文化研究者和工作圈内的文化品牌。

第三节 客家文化品牌传播效果的三个阶段

客家文化品牌传播效果的好坏决定着客家文化打造最终目标的有效度,如果只为了打造客家文化品牌而打造,那么这种打造就意味着价值和意义的缺失。当然,衡量一个文化品牌传播的有效度,显然有其自身的指标,其中最重要的指标应是文化传承价值,即为了更好传承优秀的传统文化,这是文化品牌的终极指标。另一个重要指标就是经济价值指标,这也是文化品牌的基础指标,能够为地方带来经济上的回报,能够为终极指标的可持续进行提供基础物质条件。

实现文化品牌传播效果，根据传播学理论分析大致有三个步骤[①]：

首先，客家文化品牌作为外部信息作用于人们的知觉和记忆系统，引起人们对客家文化品牌知识量的增加和认知结构的变化，属于对客家文化品牌认知层面上的效果。从当今客家文化传播效果的层次上来说，客家文化在民众中的大众传播大体是在这一层次上的，许多人只知道有一个客家的概念，他们的认知层面大多只是一种浅层的知觉和记忆认知，即此中仅有一个客家文化的概念，而至于客家文化到底是什么，客家文化的内涵有什么，特别是涉及客家文化的某一品牌，则不知其所以然。而要使客家文化经由知觉和记忆系统上升到文化品牌的认知结构上，这就要通过文化品牌内涵的传播，让传播对象了解什么才是文化品牌。譬如，宁化客家祖地，作为一个文化品牌，它的传播不仅要让大众知道什么是客家文化祖地，其中包含着哪些内涵，还要让大众知道这里为何能够被称为客家祖地，而不是其他地域。因此就要传播客家祖地有什么内涵，如客家人从这里迁出多少个姓氏，这些姓氏为何从这里迁出，现在又到了哪里，这些内容都是要进行传播的。此外还有客家崇宗敬祖和慎终追远的观念，客家如何在这里衍生出来等此类内容都是必须传播的内涵。这些内涵的普及是一个系统的工程，可以利用大众传媒等各种渠道，进行形象化表达，特别是文字表达应当简要概括，让普通民众看到一次就能记住，以达到大众化传播的效果。比如，绍兴有一个旅游宣传广告："看着课本游绍兴"，因为鲁迅的文章在中小学课本中出现的频率很高，普通民众在课堂中已有足够的认知经验，所以这种极为可感的宣传广告就极其易记。从现在宁化县所做的工作来看，在这一层次上的文化宣传已经做了大量的工作，但有一点尚且不足，传播的对象较大程度上集中于研究界和海内外客家人，而客家人大众层次和其他非客家人对其基本知识了解甚少。因为大众对这一层次上的传播认知不足，所以离大众传播时代的文化传播特性所能够达到的效果还有很大距离。由此可见，客家祖地文化的第一层次传播效果还有很大的开拓空间，很多民众对客家祖地认知的增加还有待未来客家祖地文化的进一步传播。

---

① 郭庆光.传播学教程[M].北京：中国人民大学出版社，2011：172.

其次，客家文化品牌只有打动大众，并作用于大众的观念或价值体系，从而引起大众情绪或感情的变化，才能够取得心理和态度层面上的效果。以河南登封少林寺为例，少林寺是中国佛教禅宗的发源地，这是少林寺的文化基本内涵，但打动大众的不是这一内涵文化，而是通过电影、电视等大众媒体，通过武打电影《少林寺》的故事打动了大众，引起了大众对中国武术的向往和爱好，引起了大众对武术的热情，一些青年人慕名到少林寺学武术，这就是最深的传播情感效应，也是心理和态度层面上的效果。客家祖地文化要产生传播效果，显然要作为一种大众品牌，走向大众，打动大众的情感，突显大众的情感层。想要用一种大众新媒体来引起大众观念或价值体系上的情感变化，其实有一个很好的办法就是网络传媒技术，把祖地内涵具体化，如宁化石壁所迁出的姓氏有一百多个，可以制作客家祖地姓氏电玩，在游戏中设置各种障碍，让用户从电玩中了解祖地知识，依照此类办法，向大众普及祖地文化，进而从心理和态度层面影响大众对祖地文化品牌的情感。客家文化品牌与其他文化品牌一样，需要走向大众，引起大众对它的认知是第一层，而引起第二层变化的是观念和价值体系，观念和价值体系的变化要靠内涵文化对大众的感染，内涵文化要引起大众心理和态度层次的变化，其实真正起到作用的是心灵归属感。对于客家祖地，除祖地文化园建设以外，其实石壁地方文化的开发和传播也极其重要，祖地文化包含其他各种文化，比如，石壁地区客家信仰文化就是一种很好的祖地文化，石壁具有相当丰富的信仰资源和数量众多的宗祠宗庙文化遗存，还有诸多其他文化遗存有待发掘，要对这些内涵文化进行充分的展示，让大众真实感受到传统而深厚的客家祖地文化，如果来到石壁就只看文化园这样单一的新建筑，那么游客或客家后裔将无法真实领略祖地文化的全貌。只有全面展示，才能充分体现祖地客家文化的真实内涵，才能从情感上打动大众，真正达到实现大众传播文化品牌的效果。

最后，客家文化品牌对文化消费者真正能够产生效果的是在第三个层面，也就是民众对文化品牌价值认可和产生情感共鸣的时候，表现为语言行动的行迹层面，那时传播的效果就能得到具体的体现。正如我们去北京，就会感受到皇城文化的厚重，去黄山就会感受到峻崎，去九寨沟就会感受到那里的水秀美清澈。这些不管是自然的景观还是人文的景观，它们都作为一种品牌打动了游客的情感，已产生可观赏的价值映像，这样民众就会采取行动，对它进行主动性传播，必然会引起其他未曾涉足的民众产生神往的情绪，那时游客将蜂拥而至。客家祖地要作为一种旅游文化品牌，只有在情感和价值观念上受到客家后裔真实的认知，使他们真正了解他们的祖先是从这里迁出的，客家后裔自然会主动到这里来认祖谒宗；作为游客只要认知到这里曾经是客家先民的聚散地和客家民系的主要衍生地，并至今还保留着大量的历史存遗，来到这里能够深深感受到客家人独特的风土人情，那也将在情感和价值判断上发生改变，真正认知到客家祖地的非凡文化蕴含，那么他们将对这里采取言行上的举动，作为文化品牌的效果将会慢慢产生效应。此外，其他地方也是如此，比如，长汀所打造的客家母亲河文化品牌，只有一年一度的祭典是远远不够的，因为只有祭典，却没有发掘古汀州深厚的客家文化，更没有汀江为什么能够成为客家母亲河的大众化宣传，其文化品牌的效果亦难以显现。笔者也参加过母亲河祭典，其间也只见识到一种形式，文化内涵的展示似乎不太明显，这无法在情感和价值观念上打动人。对于文化品牌的传播如果缺少足够的文化内涵呈现，大众那种"没看头"的观念便油然而生，那么作为文化品牌的大众化传播的效果将大打折扣。所以，作为文化品牌的客家文化要产生传播效果，最终的落脚点是向大众传播文化内涵，随着大众文化水准的提升，内涵化的文化传播将是文化品牌产生效果要打的最后一张牌，最终才能完美实现文化品牌的传播效果。

第四节　客家文化品牌传播实现的三种方法

大众传播时代利用现代新媒体对客家文化品牌进行有效传播，要根据品牌文化的策源地、文化传播方式和路径、影响传播等因素的复杂性来实现。不管是哪个地区的客家文化品牌，甚至是其他地方文化品牌的传播都存在着一定的共性，根据当代文化传播的实际情况，有效的文化传播方法有以下三点。

一、主动提示法传播

大众传播时代，客家文化品牌要达到对大众的传播效果，应当积极主动地对大众进行有针对性的文化品牌提示，在提示的行动过程中，应当做到对不同文化内容进行有区别的传播。对于传播对象文化水平较高的，文化品牌的宣传一般不做明确的结论提示；对于文化水平较低的传播对象，应当明确提示结论。例如，客家祖地文化，对理论学术界人士的传播已不用明确说明具体的内涵化，迄今为止，祖地文化在研究者研究视野中都已达成共识；但对于普通大众来说，祖地文化的传播，应当明确说明祖地文化到底蕴含着多少文化内涵，比如，祖地文化包含着什么，其有什么价值和意义。传播主体应当积极主动地通过各种现代媒介进行传播，让普通大众知道这种文化品牌包含什么文化要素。

二、多媒体传播

开发现代网络媒介的优势传播渠道，利用图、文、声、像等多种介质，通过电视、网络等多种媒介，充分利用现代媒介所带来的新文化生活和阅读方式来进行有效传播，如利用微电影、微信、微博等进行多种视觉化与非视觉化传播，把文化品牌变成视觉化和听觉化的文化产品，让大众了解和参与到文化传播中来。一个文化品牌的传播，首先要做好自己的网站。网站不仅要及时更新，还要设计便于网络阅读的页面；也要注入丰富多样的文化内容，还要建立可互动的交互平台，让网民参与到文化网点的工作中来，这种参与就是很好的文化传播。其次，要把文化品牌视觉化和听觉化。这方面主要靠资金的投入和文化产品的设计与制作等多种渠道的合作，只有把抽象文化变成文化产品，才能更好地在利用现代媒介的同时达到极佳的传播效果。再次，利用好当下大众微生活的文化消费特征，文化品牌的工作者可以通过微信、微博等，广泛建立与大众的传播渠道，把自己的文化产品推销出去。最后，还可以与当代规模较大的传媒机构合作。当下智能手机普及化，手机阅读成了大众的一种阅读习惯，如与网易、腾讯等大众传媒公司合作，让传媒公司介绍宣传客家文化品牌的诸多文化要素和内涵，进行大众化普及，将可能达到极佳的传播效果。

三、利用现代大众传播特质进行传播

在当下的文化大众传播过程中，大众既是被传播者，也是传播者。新媒体时代，传播的信道是多元的，介质也是多元的，大众传播已不是过去文字阅读时代的单一性传播，今天文化传播的方式和方法呈现多样化。客家文化品牌要利用好现代大众传播特性，利用好现代多种媒介，制作多种感知的文化产品，进行多元化的文化传播。具体而言，要利用好传统的文化传播方式和方法，既要把文化品牌制成广告、有声电影和电视以及通过书籍出版等来进行传播，也要利用好当下大众传播新的传播方式和方法，汲取新的传播理念，广开传播渠道，最终实现被传播者变成传播者的目的，传播媒介变成文化信息，此时这种文化品牌的传播将会达到最佳的效果。

总之，大众传播时代的客家文化品牌传播，要取得良好的传播效果，已经不能只使用传统意义上较为单一的传播方式和方法。这种文化品牌要取得一定的经济效益，文化传播的大众化是一条必经之路。与大众媒介多元结合，文化品牌多媒体化，适应新媒体传播的特性，文化传播才能取得良好的效果。作为文化研究者本来就是文化的传播者，随着传播媒介的不断变化，文化传播的理念也应随之改变，这样才能在文化研究和传播中做出更有现实意义的贡献。

第十章　客家祖地祈福文化品牌的建构

祈福是中国传统文化的重要组成部分,已有几千年的历史。传说早在华夏文明之初,炎帝开创了蜡祭庆典活动,后来演变为春节,他创作了一首《蜡辞》:"土反其宅,水归其壑,昆虫毋作,草木归其泽",以此祈祷上天给天下百姓带来丰收。"福"字在甲骨文中是会意字,意即双手捧酒浇于祭台之上,表示祭祀的形象描摹。《国语·晋语二》中记载:"今夕君梦齐姜,必速祠而归福……骊姬受福,乃鸩于酒,堇于肉。"后人注释为:"福,祭祀用胙肉也。"福表示"酒肉"之意。《左传·庄公十年》中记载:"小信未孚,神弗福也。"表示"护佑"的意思。许慎的《说文解字》对"祈福"二字注解:"祈,求福也;福,祐也。""祈福"的意思是请求神灵护佑,追求生活幸福。"福"字,从字的构型上分析,多与神明、祭祀、祈祷等相关。《尚书·洪范》中记载有"五福",指的是"一曰寿、二曰富、三曰康宁、四曰攸好德、五曰考终命"。后来"五福"被世俗化为"福、禄、寿、财、喜"。总而言之,"祈福"是指祈求神明降福,为民众带来福祉。

祈福是一种社会现象,更是一种文化现象。"祈福文化同吉祥文化一样,是民俗文化中的重要组成部分。祈福活动对创造美好家园,创建和谐社会,促进社会主义文化建设、社会建设具有重要的积极意义。"[①]进入21世纪,随着中国传统文化的回归,祈福文化进一步内涵化,受到了民众更多的青睐,国内的主要名山大川、佛道圣地,多被开发为祈福圣地。如北京香山的登高祈福节、大连的帽山祈福节、清远的金鸡岩万人祈福节、陕西合阳县的福山祈福节、黑龙江的龙塔祈福节、杭州的东方文化园祈福节、洛阳的白马禅寺祈福节、山西长治县的天下都城隍庙中华祈福文化旅游节、北京的中华祈福

---

① 柳成栋.弘扬祈福文化 创建和谐社会[J].黑龙江史志,2013(8):54.

文化旅游节、悦城的龙母庙祈福节、濮塘的赏春祈福节、泰州姜堰的金秋养生祈福节、深圳的华侨城山地祈福节、武汉的归元禅寺金秋祈福节、北海公园祈福节等。这些祈福节吸引大量的游客前来观光旅游，祈神还愿，以此寻求精神的满足和心灵的慰藉。所以，宁化石壁客家祖地紧跟时代步伐，打造祈福文化品牌，与客家祭祖相配合，对提升祖地文化内涵和开发空间、满足民众的现实需求，显然具有一定的社会价值和现实意义。

第一节 "祈福文化"品牌开发的基础和意义

宁化县石壁是海内外客家人公认的"客家祖地"和"客家摇篮"，每年都会迎来海内外大批的客家后裔前来宁化"寻根谒祖"和参加祖地祭祀大典。1992年宁化启动了客家公祠建设，1995年落成，同年10月举行第一届祭祖大典，之后每年举行一届到2017年已举办了二十三届，吸引了一百多万人前来参加祭祖大典，祭祖大典已名扬海内外，2011年宁化石壁客家祭祖习俗被列入国家级非物质文化遗产名录。与此同时，宁化文化积淀深厚，石壁已取得"客家历史文化名镇"称号，宁化有"中国民间文化艺术之乡""千年古县"等称号。宁化客家山歌、宁化客家擂茶制作工艺、宁化夏坊游傩、宁化木活字印刷术等被列入省级非物质文化遗产名录。以石壁为中心的宁化非物质文化生态圈已经形成，并显示出明显的丰富性与厚重感，文化基础为打造石壁祈福文化品牌提供良好的基础。

宁化石壁客家祭祖大典举办以来，在其带动下，旅游业发展势头良好，效益很高。数据显示："从1995年客家公祠建竣，第一届石壁祭祖大典至2014年，来宁化旅游的人数从4.2万人增加到141万，增30余倍；宁化旅游收入从72万元增至14.7亿元，增加20余倍。"[①] 虽然，宁化石壁客家文化品牌的开发取得了骄人的成绩，但还未能充分发挥吸引游客的潜能。一个很重要的因素是旅游文化产品还比较单一，石壁公祠除焚香拜谒仪式以外，其他文化情结尚有欠缺，有待拓宽和延伸。仪式的拓宽和延伸特别重要，如让游客留下

---

① 刘善群．宁化石壁价值的论证与开发（一）[J]．福建史志，2015（4）：37．

什么，给游客结些什么缘，给游客带些什么，在过程中游客参与了什么，这就要求文化品牌和旅游项目的开发完善与拓宽。除了完善其他旅游项目以外，祈福文化品牌的开发也是一项较好项目。因此，以石壁客家文化园为中心的祈福文化与旅游结合的项目开发具有较好前景。

第二节 民众"祈福"心理动机分析

民众都有期盼平安、健康和幸福的心理，因此具有祈求来自外界力量护佑的祈福心理倾向。祈福与虔诚宗教信仰的心理和行为不同，它是普通民众日常性心理需求，不是宗教追求的人的本源精神诠释，所以比起宗教，祈福是较世俗化的心理表现。祈福行为属于信仰民俗的范畴，通过祭祀活动或者不通过祭祀活动，即可以通过一些民俗活动来表达自身的诉求，其本质上是一种精神安慰。从心理的表现类型来分析，有的人具有"强烈型祈福文化心理"，有的人具有"弱化型祈福文化心理"。前者表现特别虔诚，要定时定期到祈福场所履行仪式，显示出较强的宗教色彩；后者一般是到了祈福场所表现出一定的心理诉求，心理往往表现在"信与不信之间"，但还是能在仪式中得到心理慰藉，达到心理安宁的愿望，这种类型应是大多数。总而言之，这其实是历史文化传统对人的一种心理影响的结果。

有研究者对祈福文化消费心理进行了细致的分析。"动机可分为以下七个类型：习惯型、交际型、契约型、应景型、缅怀型、认知型和功能型购买。习惯型购买，又可称为无意识购买。每个人如何选择满足自身需要的具体途径，不仅受到经验的影响，也受到其成长时所处文化灌输的价值观的影响。交际型购买，出于这一动机的消费者将祈福消费产品作为适宜的沟通手段和桥梁，这主要是由于消费者意识到'福文化'在中国民众心中已扎根，采用这一方式进行沟通极易理解，交易成本较低，赠送祈福消费产品能很好地向受礼者传达自己的祝愿。契约型购买，消费者认为这类购买行为是与神灵的一种交易，消费之后神灵会赐予天时地利人和，这种幻想是各个社会不可或缺的一种事物。应景型购买，引发这一类消费的主要是'福'气息浓重的节日，节日时家庭的团聚，会让消费者有更强烈的对幸福的期待，从而引发消费者购买祈福产品。缅怀型购买，这一类动机引发购买的祈福产品主要用于祭拜祖先，消费者为了表达对祖先的怀念和祝愿，会购买一系列祈福产品。认知型购买是消费者出于对中国传统文化'福文化'的热爱和内心对其根深蒂固的感情，将以'福文化'为诉求点的产品作为个人标识，用购买产品这一行动来表明自身对中国博大精深的传统的传承。功能型购买是消费者对'福文化'追随程度最低的动机导致的购买行为，在这种情况下，消费者主要由于产品可满足的功能而购买祈福产品，购买决策与'福文化'联系较弱。"[①] 其心理分析对于祈福消费有一定的可借鉴性，特别是在开发祈福消费产品时，可参考以上心理分析，生产出让消费者称心如意的产品。

第三节 祈福文化品牌产品的开发

祈福文化的开发主要是对祈福产品的创意设计与研发，对祈福文化品牌的运作与营销、开拓与延伸。

一、祈福文化产品的创意设计

对祈福文化产品的创意思路有很多，可以根据当今前来宁化石壁祭祖和观光的游客的不同需求，开发不同类型的产品；结合宁化非物质文化遗产、物质文化遗产和传统文化，开发有内涵的文化创意衍生品。如习俗方面，客家人端午节挂葛藤，把葛藤做成吉祥产品；把客家公祠大量雕饰或客家公祠缩小做成产品。利用宁化各地传统建筑中的吉祥图案来进行时空的组合，做出祈福产品等，如将各地姓氏宗祠建设中大量的图案，如门楼、窗花、牌匾、祖训对联、吉祥符号等做成产品。根据中国传统文化中"八仙庆寿"、"福禄寿""梅兰竹菊""松桃祝寿"等创意做出不同产品；又如根据中国文字"福""寿""五谷丰登"等创意来做出不同产品。这些产品作为祈福符号的象征物，承载着客家人对先祖的缅怀和对"福文化"的祈求，在游客祭祖或祈福的过程中，可以作为纪念品来赠送或销售。

---

① 苏枫娜.中国祈福消费行为动机初探[J].现代经济信息，2015（19）：4.

二、祈福文化营销

每年的春节、端午、中元、中秋、登高、冬至等节日都是祈福文化品牌营销的重要日子。在这些特殊的日子里应充分利用好相关的祈福文化内涵，举行祈福活动，吸引民众前来参加石壁祈福节日庆典。在祈福过程中，应根据中国民众的传统习俗和心理，推销与民众需求相适应的祈福产品，如根据年龄属相推出相应的祈福文化产品；遇到本命年时，可推出相应的手镯、手链等祈福产品。在销售中要与民众进行习俗文化的交流，讲好民俗故事，让民众对民俗文化产品产生兴趣，从中获得相应的祈福文化知识。无论采取何种营销策略，都应当遵循一定的文化营销法则：1.强调本土文化内涵，产品创意不能离开本土传统和中国传统；2.了解民众心理需求，灵活调整祈福文化产品的供给；3.开发个性化的特色文化产品，采用创意化的灵活营销手段；4.适可而止的产品价格定位，以民众祈福的需求为导向，带给民众真实的"福感"；5.注意营销节奏，祈福活动的频次与规模应灵活调整。最终，使祈福文化活动顺利开展，促进祈福文化品牌建构。

三、开展祈福文化体验活动

祈福文化体验是指在民众直接参与祈福活动的过程中，心灵从中获得"福"的感受过程。每年查干湖冬捕中第一网最重的鱼，被称为"头鱼"，意味着"头彩"吉祥之意，价格几十万元，显示出祈福文化强大的魅力。对于各种祈福文化体验者而言，在体验活动过程中应设置不同项目。具体而言，体验者有四种类型：第一种是攀比型，这类民众有幸福感且经济条件较好，往往是争取"头香"和"头彩"的民众；第二种是低落型，经济条件差，事业不太成功，幸福感不强，他们往往有强烈祈福的心理诉求；第三种是持中型，幸福感一般，生活中有些忧郁，为了能够更上一层楼，他的祈福心理诉求较强；第四种是知识型，他们有较高的文化层次，对祈福心理较弱，但一般把祈福作为习俗文化看待，往往能够参与其中。针对不同类型的参与祈福文化体验者，应设计不同的体验方式，以营造良好的祈福文化氛围。

第四节 祈福文化园的规划与建设

结合石壁祖地二期工程建设，进行祭祖与祈福文化服务综合规划。以石壁客家公祠为核心区，做好祈福文化品牌主打场所。以石壁客家公祠及客家文化园为核心，设置祈福文化场所，完善核心区的祈福标志符号；建设休闲文化广场，激活附近法海寺的祈福文化价值，以带动周边祈福文化商品的发展，为祈福民众提供完善的祈福场所。

一、开发石壁及周边客家姓氏宗祠

石壁及周边的禾口、淮土保留了大量的姓氏宗祠建筑，这些宗祠大多保留完好，是客家公祭时或来自外地的客家后裔们寻根谒祖的良好场所。

二、建设乡村文化产业及观光基地

石壁除了祭祖和祈福活动以外，吸引游客的一个重要因素就是有休闲娱乐的地方，以便提供更完善的服务场所。如建设生态观光园，为游客提供物质休闲服务。

三、建设民俗文化园

民俗文化园的功能能够为祭祖文化和祈福文化提供更为深厚的文化支撑，营造浓烈的文化氛围，提供更加完善的认知场所，提供更加完善的文化旅游服务。

四、完善游客服务中心

随着祭祖和祈福等文化项目的开发与游客数量的增加，服务设施建设是必不可少的配套项目，此项毋庸多言。

总之，随着社会物质不断丰富，民众在物质需求不断得到满足的今天，精神上的满足与慰藉渐渐凸显出来。在传统文化不断回归的大潮中，祈福文化在民间重放光芒，受到民众的青睐。顺应历史潮流，促进地方发展，更好地为民众提供文化服务，宁化县发展石壁客家祖地祈福文化品牌，显示出决策的时代性和可操作性。

结　语

客家人是汉民族的一支，客家先民因中原战乱和灾难，扶老携幼，来到这片闽粤赣边广袤山区拓荒垦殖、繁衍生息，与当地的原住民交流融合，最终形成了客家民系。石壁地区的地理位置特殊，是闽江、汀江和贡江的三江源头，多山封闭，中间点缀着开阔的山间盆地，因此远离政治中心。唐代以前，这里人口稀少，唐以后客家先民纷纷选择这块乐土，宁化石壁渐渐成为客家人的"中转站"、客家民系产生的"摇篮地"，被世界客属公认为是客家人的"总祖地"，可想而知石壁地区之重要。石壁地区及其相连村落数量众多，资源丰富，交通便利，能容纳大量避难民众。客家先民选择此地作为中转和居住之处也在情理之中，因为它完全具备为客家先民提供生产和生活的自然条件和人文条件。这一切的先天条件，成就了石壁在客家民系形成和客家人迁徙过程中的独特地位。

自20世纪80年代始，随着中国传统文化的回归和改革开放政策的实施，海内外华人开启了寻根谒祖之旅。一些客家人后裔纷纷打开尘封已久的谱牒，发现"石壁"两个字如同耀眼星星般跃然纸上，谱牒记载着同样的一句话："我们的先祖来自宁化石壁（石碧）。"由此，"石壁"这一地名在客家研究中突显出来，成为客家文化学术研究绕不过的一道弯。在学术研究过程中，许多研究者对石壁这一名称提出过各种疑问并商榷，以及对谱牒认同性也提出过疑问。但无论如何，中华民族"家国天下"的传统与情怀，村落宗族血脉唯一的文本载体就是谱牒，当然还有家族记忆口述史印证，显然谱牒是传承宗族或家族的最佳史料。无论是历史上的石壁，还是今天的石壁，无须过多地论证，如今它已成为海内外客家人寻根谒祖的共同祖地。

通过上述研究，现将主要观点归纳如下：

1. 对石壁研究学术史进行梳理。在梳理的过程中发现，宁化石壁在客家民系形成过程中有着特殊地位，对石壁的研究是研究客家文化绕不开的话题，当下研究者从多学科、多角度对石壁客家文化进行研究，如从地理学、体育学、民俗学、宗教学、社会学、民族学、艺术学等学科，为客家文化研究做出了卓越贡献。研究者在石壁客家文化研究过程中存有多种学术观点，这是一种良性的研究状态，学术研究提倡"百花齐放"，我们提倡一种自由的话语空间，一种"海纳百川"的开阔视野，一种包容的学术襟怀。

2. 石壁在客家民系的孕育形成中具备了客家源流、历史变迁、语言、习俗、精神等诸多要素，促使石壁成为客家人祖先的聚居地，或是客家一世祖的祖源地，成为世界客家人的总祖地。石壁地区孕育早期客家民系因素有以下六点：一是巫罗俊开辟黄连峒为石壁吸引汉人到达此地奠定了基础；二是在石壁唐五代的汉人与畲民互动逐渐孕育了客家民系；三是"葛藤"传说对石壁客家祖地形成的意义；四是石壁客家人文化外迁成就了祖地的雏形；五是海内外客家人对石壁祭祖确定了石壁客家祖地的身份；六是中华民族文化基因和向心力促成了石壁祖地的形成。

3. 石壁不仅仅只是现在的一个石壁镇，更不是一些论者所说的"小小石壁村"，实际上石壁的内涵有两个：一个是广义上的石壁，指的是隋唐时期巫罗俊开辟黄连峒，包括现在的宁化全境、清流和明溪的一部分；另一个是狭义上的石壁，指的是以石壁村为核心的宁化西乡区域，包括石壁镇、淮土乡、方田乡、济村乡等乡镇。

4. 石壁地区的道家文化是民间思想精神的重要构成，早在隋朝道教就已传入石壁地区，并且有一定规模的信众。故而在今天的香炉峰和东华山还留有"升仙台传说"，现今的大丰山还产生了"欧阳真仙"信仰等道教文化现象。论者普遍认为明清时期石壁客家地区的道教整体式微，但从当下道教文化传承整体分析，其实并非式微，而是一种变迁中的转化，即以民间化形式流传下去。

5. 石壁客家人对贤圣的信仰，实质上是客家人对先贤们英雄的事绩和过人力量的崇拜，把崇拜的对象由人性转向神性。大多数的客家人对崇拜对象的生平事迹并没有多少了解，而只是作为一种信仰符号，寄托了客家人对某方面的诉求，他们根据自身的需求，保持对多个生活护佑功能信仰对象的祭拜，借用贤圣们非凡的能力护佑，以达到日常生活平安吉祥的目的。石壁客家人把所有神像都称为"菩萨"，其实这就是对崇拜对象的符号化表现。

6. 理学对客家文化的影响。两宋时期的闽中北地区文化气象繁荣，这里是客家文化最为重要的衍生地之一，是宋代理学南传和理学进一步完善的发生地，也是客家文化的儒雅风范和社会礼俗的形成时期。因此，以朱熹为代表的理学文化对于客家文化的形成有着千丝万缕的关系，无论是在渊源上，还是在影响作用上，理学文化对客家文化的构建都起到了至关重要的作用。

7. 石壁地区是两宋时期的客家民系形成之地。到宋代，自然条件优越的石壁地区，生产力发展到较高水平，大量的汉人迁入此地，人口已达到十多万人。也正是这个时期，汉人与土著民有了足够的条件进行融合，在客家民系形成过程中，进入了从孕育到形成的时期，汉人与当地原住民经过三百多年的混居通婚、文化交融、生产合作、习俗融合，逐渐产生了客家民系。

8. 宋代末期到元代，石壁客家人大批外迁。此时福建西北部一带人口急剧增加，达到第一次人口高峰。石壁地区的人口太多，造成了人均耕地减少，人均粮食产量降低的现象，并开始出现饥荒。为了寻找更加优越的生存条件，石壁客家人开始大规模地向闽西南、粤东北及赣南等地迁出。

9. 梅州是石壁客家外迁的最主要区域。石壁客家迁往广东各地主要有两条路径：一是直接从石壁地区迁入广东；二是先迁往闽西或赣南，侨居一些时日，或繁衍一代至数代，再徙往广东的梅州、潮汕等地区。其实石壁客家人大规模南迁广东大约是在南宋以后，迁入地点主要是梅州、潮汕一带。

10. 石壁客家人与海外存在着不可截断的"脐带"关系，其后裔客属华人在当下"一带一路"建设中发挥着重要的作用。大量文献记载，宁化石壁客家人在宋以后不断外迁至广东梅州及潮汕一带，至清后期走向海外。虽然历史上石壁客家人与海外客家人并无太多的直接关联性，但作为客家人的后裔走向海外的情况却不计其数。在探寻石壁客家人与潮梅及海外客家人的关系中，可以发现石壁客家人在建设"海洋丝绸之路"中做出了不朽的社会贡献，石壁与海外客家人互动及参与"一带一路"建设，显示了当代价值与意义。

11. 石壁已成为世界客家人寻根谒祖的圣地。从20世纪80年代始，中国大陆实施改革开放政策，传统文化开始回归，海外华人纷纷回到祖国寻根谒祖，客家人也自觉加入这股大潮之中。一些客家人从自己的祖先记忆、宗族传说、谱牒手稿等资料中，发现自己与宁化石壁有着不可剥离的关系。有的从族谱追"宗"发现自己的祖先从石壁迁出，有的从海外出发回到中国，发现他们的原籍地在宁化石壁。于是一些客家人陆续来到宁化，来到石壁，调查研究，探寻根脉，从而很快就形成了一股客家寻根的热潮，石壁客家祖地已然成为海外客属的"朝圣中心"，大量海外客家人远涉重洋，不远万里来到这里，把故乡的热土带到侨居地，表达不忘故土的情怀。由此观之，宁化石壁成为世界客家人互动的中心与纽带，成为世界客属魂牵梦萦的心灵港湾。

12. 石壁的客家风俗包罗万象，在石壁地区孕育和形成客家民系以后，随着石壁客家人的大规模外迁，其风俗也传播到各客家地区。所以，石壁以外客家风俗基本能够在石壁找到雏形或源头。

13. 巫罗俊开辟黄连峒为石壁具备强大的吸纳能力奠定了基础。巫罗俊所辟荒界，东至桐头岭（今明溪县境内），西到站岭（今宁化县与江西石城交界处），南至杉木堆（今曹坊乡与长汀交界处），北至乌泥坑（今安远乡与建宁县交界处）。由于黄连峒地区开发较早，生活基础较好，吸纳能力强，为唐以后吸引大批量的客家先民奠定了生存基础。

14. 汉畲民族间的互动与融合，对客家民系的形成起到了极其重要的作用。其实客家先民与畲民有着相同和相近的生存环境、生产和生活等因素，他们之间无论是习俗上，还是其他文化上，都是相互学习和借鉴，这就导致了习俗上的认同性和相类性，而差异性更加模糊。但是客家人仍然保留了汉人部分血统和中原文化情结，保留了中原汉人的基本文化性征，畲民也保留了自身的文化认同，使得客家与畲族存在一定程度的分野。

15. 葛藤坑传说是确认客家人身份的精神文化符号象征。葛藤坑传说的作用即是对中原道统文化观念的承载和弘扬，强化了客家人的文化身份。随着客家民系的形成，儒家、道家等传统文化进入石壁，如石壁香炉峰的升仙台的传说，体现了客家人对道家文化的确认。葛藤坑的传说随着客家人从石壁向外迁徙，这个传说及端午节挂葛藤的习俗也传遍各客家地区，成为客家人身份确认的一个特殊精神文化符号，亦成为客家文化构成中的活水源头，逐渐成为客家人的集体记忆，也是客家人个体生命史与集体生命史的叙事。

16. 石壁祭祖是世界客家人身份的确认与重塑，是客家人对先祖永远的怀念与祭奠，在祭祖过程中，石壁客家祖地的观念获得了巩固。宁化县已举办了二十多届石壁祖地祭祀活动，海内外客家人在庄严肃穆的祭祖过程中，那种身体力行的参与感尤为刻骨铭心，这是一种归属感的确认和身份价值的提升，是客家民系统一性的追寻，是一种客家身份的重塑。反之，海内外客家人通过祭祖活动，其石壁客家祖地的身份得到进一步的确认。

17. 世界客家人的精神家园石壁是中华民族文化基因的一种表现。两宋时期，石壁地区成为南方重要的中原文化繁衍之地。由于中原文化基因的植入与民系外迁两大因素，石壁地区逐渐形成强大的文化向心力，成为南宋以来客家先民向往的圣地。在中华民族文化基因中"大一统"观念的影响下，加之客家人的先祖们在此聚居和留居，石壁逐渐成为客家人身份的象征，同时也形成富有石壁色彩的客家文化基因，构成了中华民族文化基因的一部分。

石壁客家与海内外客家的关系，在新的历史背景下，随着当下交通和通信的便捷化，他们之间的交流、沟通和互动必将更加频繁，他们之间的联系也必将更加紧密。与此同时，作为客家祖地的石壁在世界客家人内心的地位日益显著，学者们对石壁的研究也将更加深入，甚至有些学者提出"石壁学"的概念，这种设想未尝不可，但其研究任务将更加艰巨，学术道路也必将更加曲折，尚待客家文化学者的努力精进，终将为未来的客家文化研究做出更大贡献。

参考文献

[1]李世熊.宁化县志[M].新版简体.福州：福建人民出版社，2012.

[2]刘善群.宁化史稿[M].福州：福建教育出版社，2014.

[3]刘日太，何正彬.石壁与客家世界[M].太原：山西人民出版社，2009.

[4]廖开顺，刘善群，蔡登秋，等.石壁客家述论[M].郑州：河南人民出版社，2012.

[5]余英时.朱熹的历史世界：宋代士大夫的政治文化研究：上册[M].北京：生活·读书·新知三联书店，2004.

[6]黄石华.石壁与客家世界[M].太原：山西人民出版社，2009.

[7]张恩庭.石壁客家光彩[M].香港：中国文化出版社，2015.

[8]吴振清，徐勇，王家祥.黄遵宪集：下卷[M].天津：天津人民出版社，2003.

[9]谢万陆.石壁论——宁化石壁在客家民系形成中的定位[C]//张庭恩，刘善群.宁化石壁与客家世界学术研讨会论文集.北京：中国华侨出版社，1998.

[10]林富保.武平客家与宁化石壁的渊源关系[C]//张庭恩，刘善群.宁化石壁与客家世界学术研讨会论文集.北京：中国华侨出版社，1998.

[11]侯国隆.宁化石壁是客家的摇篮[M]//张庭恩，刘善群.石壁与客家.北京：中国华侨出版社，2000.

[12]罗香林.唐代黄巢变乱与宁化石壁村[M]//谢佐芝.客家渊源.新加坡：崇文出版社，1991.

[13]罗香林.客家源流考[M].北京：中国华侨出版公司，1989.

[14] 赵与沐, 胡太初. 临汀志 [M]. 福建省地方志编纂委员会主编. 福州: 福建人民出版社, 1990.

[15] 刘善群, 吴来林. 宁化客家传统文化大观 [M]. 香港: 中国文化出版社, 2012.

[16] 杨彦杰. 闽西北的民俗宗教与社会 [M]. 香港: 国际客家学会, 2005.

[17] 汪毅夫. 客家民间信仰 [M]. 福州: 福建教育出版社, 1995.

[18] 李根水, 罗华荣. 宁化客家民俗 [M]. 北京: 中国华侨出版社, 2000.

[19] 孔永松. 客家宗族社会 [M]. 福州: 福建教育出版社, 1995.

[20] 陈国强, 张恩庭, 刘善群. 宁化石壁客家祖地 [R]. 厦门: 中国人类学学会, 1997.

[21] 黄汉民. 客家土楼民居 [M]. 福州: 福建教育出版社, 1991.

[22] 朱熹. 家礼·卷第一·通礼 [M] // 朱子全书·柒. 上海: 上海古籍出版社, 2002.

[23] 朱熹. 四书章句集注 [M]. 北京: 中华书局, 1983.

[24] 张岱年, 方克立. 中国文化概论 [M]. 北京: 北京师范大学出版社, 1994.

[25] 蔡元培. 中国伦理学史 [M]. 北京: 商务印书馆, 2004.

[26] 陈永成, 吴景华. 三明史略 [M]. 上海: 华东师范大学出版社, 1995.

[27] 王文楚, 魏嵩山. 中国历代地理总志丛刊 [M]. 点校本. 北京: 中华书局, 1984.

[28] 谭元亨. 华南两大族群文化人类学建构 [M]. 北京: 人民出版社, 2012.

[29] 钟德彪, 苏钟生. 闽西近代客家研究 [M]. 北京: 北京燕山出版社, 2000.

[30] 王炳南. 客家人与近代闽南 [M] // 张恩庭, 刘善群. 石壁与客家. 北京: 中国华侨出版社, 2000.

[31] 余兆廷. 宁化客家姓氏源流 [M]. 北京：中国华侨出版社，2000.

[32] 李全中. 成都东山客家氏族志 [M]. 成都：四川人民出版社，2000.

[33] 郑有奎. 猪仔的掠夺及其利润 [M] // 陈翰笙. 华工出国史料汇编：第4辑. 北京：中华书局，1981.

[34] 罗英祥. 飘洋过海的客家人 [M]. 郑州：河南大学出版社，1994.

[35] 印尼客属联谊总会. 印尼客属联谊总会成立两周年纪念特刊 [M]. 雅加达：印尼客属联谊总会，2010.

[36] 石沧金. 马来西亚华人社团研究 [M]. 北京：中国华侨出版社，2005.

[37] 叶春生，施爱东. 广东民俗大典 [M]. 广州：广东高等教育出版社，2005.

[38] 张东民，熊寒江. 汀州历代户口变动情况表 [M] // 张东民，熊寒江. 闽西客家志. 福州：海潮摄影艺术出版社，1998.

[39] 钱仲联. 人境庐诗草笺注·卷九：下册 [M]. 上海：上海古籍出版社，1999.

[40] 施联朱. 畲族 [M]. 北京：民族出版社，1988.

[41] 罗香林. 客家研究导论 [M]. 影印本. 上海：上海文艺出版社，1992.

[42] 沈起炜. 中国历史大事年表 [M]. 上海：上海辞书出版社，1983.

[43] 郭庆光. 传播学教程 [M]. 北京：中国人民大学出版社，2011.

[44] 周建新. 动荡的围龙屋 [M]. 广州：广东人民出版社，2018.

[45] 王东. 客家学导论 [M]. 上海：上海人民出版社，1996.

[46] 刘善群. 宁化石壁研究述略 [J]. 福建史志，2017（3）.

[47] 杨海中. 石壁与"前客家文化" [J]. 黄河科技大学学报，2015（2）.

[48] 黄建铭. 脉脉客家魂 敬祖穆宗地——福建宁化石壁的客家祖先崇拜 [J]. 中国宗教，2011（5）.

[49] 刘美崧. 宁化石壁与萍乡一带客家文化的亲缘关系 [J]. 中南民族学院学报（哲学社会科学版），1998（2）.

[50] 陈国强，林加煌. 宁化石壁与台湾客家 [J]. 云南社会科学，1993

（3）.

[51]宁台宣.弘扬客家文化 密切交流合作——福建宁化石壁[J].两岸关系,2014（6）.

[52]谢重光.客家普遍溯源于宁化石壁的文化意蕴[J].汕头大学学报（人文科学版）,1999（1）.

[53]谢重光.南方少数民族汉化的典型模式——"石壁现象"和"固始现象"透视[J].中共福建省委党校学报,2000（9）.

[54]余达忠.文化全球化与现代客家的文化认同——兼论宁化石壁客家祖地的建构及其意义[J].赣南师范学院学报,2012（1）.

[55]彭兆荣.实践于历史与想象之间——客家群族性认同与宁化石壁公祭仪式[J].思想战线,2001（1）.

[56]张英明,张翔."客家石壁祖地说"的类型、文化基因与溯源意义[J].嘉应学院学报,2019（1）.

[57]谭元亨.从史录到神话:客家民系形成的思想脉络[J].华南农业大学学报（社会科学版）,2004（3）.

[58]陈靖云.梅州客家人的植物崇拜[J].客家文博,2012（2）.

[59]吴松弟.客家南宋源流说[J].复旦大学学报（社会科学版）,1995（5）.

[60]廖楚强.东南亚客家社会的回顾与展望[J].海交史研究,1998（2）.

[61]李小华.印度尼西亚的客家人[J].客家文博,2013（1）.

[62]庄国土.东南亚华侨华人数量的新估算[J].厦门大学学报（哲学社会科学版）,2009（3）.

[63]陈思慧.泰国的客家人与客属总会[J].八桂侨刊,2014（1）.

[64]谢亮.客家民俗"走古事"的社会文化研究[J].龙岩学院学报,2019（4）.

[65]谢重光.宋代畲族史的几个关键问题——刘克庄《漳州谕畲》新解[J].福建师范大学学报（哲学社会科学版）,2006（4）.

[66]刘善群.宁化石壁价值的论证与开发（一）[J].福建史志,2015（4）.

[67]苏枫娜.中国祈福消费行为动机初探[J].现代经济信息,2015（19）.

[68]周建新.人类学视阈中客家文化的传播[J].赣南师范学院学报,2014(5).

[69]周建新.客家文化的研究历程与理论范式[J].新华文摘,2017(4).

[70]周建新."客家摇篮"的文化传播与建构[J].广西民族大学学报(哲学社会科学版),2011(6).

附　录

附录一：客家祖地祭祖大典仪式流程

上午9时举行公祭开幕式，全体参祭者集中于"客家祖地"牌坊前的广场上。各级政府领导及重要嘉宾讲话。迎宾乐舞。

开幕式结束。众人被身着传统宫廷礼服的礼仪队引导，配着銮驾、万民伞、鼓号等，缓缓通过500米长的"客家之路"进入公祠殿堂前的广场。

9时30分，主持人宣布仪式开始（鼓），参祭者签名（鼓），升祭旗（炮13响），列队入公祭（主殿鼓），祭祀开始。

据说整个仪式的设计与程序系模仿黄帝陵祭仪。

主持人宣布世界客属祭祖大典开始（奏乐、擂鼓、鸣炮）。

主祭者（身着古装，×××先生）就位，参祭者入座。

脱帽、鞠躬。

主祭者向列祖上帛、安位、敬香、献牲、祭酒。全体揖拜。

主祭者诵祭文：

"恭维列祖，发自炎黄，中原望族，世代书香，为避灾祸，背井离乡，筚路万里，历尽沧桑，汇聚石壁，拓地辟荒，生息繁衍，远播八方，五洲四海，创业图强，利民报国，辅政兴邦，丰功伟绩，赫赫扬扬，祖德宗功，罄竹难详。我辈后裔，姓姓隆昌，承列祖之美德，勤奋刚强，继先贤之传统，正直忠良，重礼重教，恋祖爱乡，纵在天涯海角，一样赤子心肠，祖地情深恩重，牵魂萦梦难忘，为偿谒祖夙愿，共建客家祠堂，一朝竣工，四海名扬，福地蟠龙踞虎，构筑宏伟端庄。谨择今朝之吉日，恭晋牌于斯堂，祀百姓远近祖妣，享万户香火蒸尝，谨怀万分虔诚，诚奉一瓣心香，恭设大祭，昭告祖堂：客家裔孙近亿，溯源俱出炎黄，同胞宜重，手足情长，从兹精诚团结，共创来日辉煌。伏祈客家列祖，荫佑百姓炽昌，姓姓兴隆蕃盛，代代如意安康，蛟腾凤舞人文起，国强家富事业祥，千秋箕裘绵衍，万载俎豆馨香，列祖英灵如在，降格享我有蒸尝。"

伏维尚飨

祭者向祖宗列位行三叩九拜礼。

焚烧祭文。三鞠躬。

10时20分，礼毕退班。（模仿正统祭典结束，接着表演的是地方性仪礼。）

客家长者及礼仪小姐为来宾献吉祥物。

司仪手提活鸡，立于高处，边向空中抛洒红米，边高声祝词，民众响应，热闹非凡。

海内外客属纷纷来到自己姓氏祖牌前进香祭拜。参观文博阁（客家博物馆）、客海禅寺等。

捐款。

10时45分，表演客家山歌，民间交流。

12时，来宾回县城用餐。

附录二：世界客属石壁祖地祭祖大典历届简介

1995年11月28日举行"中国福建宁化石壁客家公祠落成暨世界客属石壁祖地祖大典"期间，由马来西亚、新加坡、泰国等国家和中国香港、中国台湾的20个客属代表研究决定于每年10月16日为公祭日（祭祖大典），随后，开展"公祭月"活动。祭祖大典旨在希望世界各地的客家人不忘祖先故土，得到祖先的永恒庇佑。现将历届祭祖大典简况介绍如下：

第一届

1995年11月28日—29日，在宁化石壁举办"中国福建宁化石客家公祠落成暨首届世界客属石壁祖地祭祖大典"，由宁化县人民政府主办，来自马来西亚、新加坡、泰国和中国香港、中国台湾等地客家社团领导和代表140多人以及广东、河南、陕西、福建等地代表和当地乡亲6万余人出席。福建省原省委书记伍洪祥、政协原副主席熊兆仁亲临盛典。中国原政协委员、香港南源永芳集团公司董事长、马来西亚太平局绅姚美良先生担任主祭生。大典期间，有世界16个国家和地区共216个客属团体和个人、20个国内单位和个人发来贺电、贺信，热烈祝贺客家公祠落成和祭祖大典的顺利举行，姚美良局绅在典礼上致词。他衷心祝愿在客家祖先庇佑和广大客家乡亲的共同努力下，客家祖地会更加繁荣。大典期间，还讨论议定了会后客家工作、石壁客家宗亲联谊会人选、建立客家公祠基金会、一年一度的世界客家公祭日等事项。会上，姚美良局绅带头，其家族三代21人每人向基金会捐献1万元，海内外客家乡亲们也慷慨解囊，共集资60余万元，为今后客家公祠的管理、祭祖提供了经济条件。

第二届

1996年10月16日，在宁化石壁客家公祠隆重举行，由宁化县人民政府主办，来自美国、法国、缅甸、马来西亚和中国香港、中国台湾等地的客家社团和代表，12个客家社、265名海外客家乡贤，以及河南、四川、广东、福建和当地乡亲5万余人出席。中央、省、市电视台及新华社、中新社、《福建日报》《福建侨报》《香港文汇报》等10多家新闻体采访大典。姚美良先生担任主祭生。在大典期间，举行了碑林、客家姓氏碑、陈列馆揭幕和客家公祠文博阁奠基仪式。会上还提出了成立"世界客属石壁祖地祭祖联谊会"的构想。翌日，游览了天鹅洞群风景区。

第三届

1997年10月16日—17日，在宁化石壁举行了"首届福建省客家文化节暨第三届世界客属石壁祖地祭祖大典"，来自马来西亚、新加坡、泰国、法国和中国台湾、中国香港等12个客家社团441人，以及其他各省及当地乡亲4.5万余人出席。福建省委常委、常务副省长张家坤，省长助理李庆州，国务院台办交流局局长袁祖德等出席。姚美良先生担任主祭生。这次盛典是1997年中国旅游节福建省的四大活动之一。大典前10月14日—15日，举行了"首届宁化石壁与客家世界学术研讨会"，参加研讨会的有来自北京、河南、陕西、湖北、江苏、上海、江西、广东、四川、福建和法国各方面的专家学者80多人，其中副教授以上50多人。学术会议收到论文62篇，其中选择50篇，共计44万字，由北京的中国华侨出版社出版，于1998年9月第1次印刷。本届学术研讨会以"宁化石壁与客家世界"为中心议题，取得圆满成功。

第四届

1998年10月16日—17日，在宁化石壁客家公祠隆重举行。由宁化县人民政府主办。来自马来西亚、新加坡、泰国、法国、越南和中国香港、中国台湾等8个客家社团126人，以及其他地区和当地乡亲2万余人出席大典。姚美良先生担任主祭生。其间，举行了客家公祠文博阁落成典礼，还举行了团队负责人座谈会，对成立世界客属石壁客家公祠祭祖理事会的构想进行了磋商。

第五届

1999年10月16日—17日，在宁化石壁客家公祠隆重举行，由宁化县人民政府主办。来自马来西亚、新加坡和中国香港、中国台湾等6个客家社团116人，以及其他客属组织和新闻媒体200多人及当地乡亲共1.5万余人出席大典。姚森良先生担任主祭生。大典期间，在客家宾馆会议馆，举行了海外客属社团负责人、知名人士共40多人参加的"宁化县项目推介暨客家联谊座谈会"。

第六届

2000年11月22日—23日，在宁化石壁客家公祠隆重举行，由宁化县人民政府主办，来自美国、加拿大、巴西、法国、毛里求斯、印度尼西亚、马来西亚、缅甸、澳大利亚、日本、英国等国家和中国香港、中国台湾共20个团队、612位海外客家乡贤，还有来自北京等10多个省、区、市的客家乡贤和各界领导及友人以及当地乡亲共计2万余人出席大典。马来西亚居銮客家公会会长、姚美良亲大哥姚森良局绅担任主祭生。祭祖期间，三明市文化部门的文艺团体专程来宁化献上精彩的"情系客家"大型客家风情歌舞。宁化乡亲们也在石壁客家公祠的客家之路两旁表演了春幡、春柴、拜巧、花灯舞、茄子舞、走旱船、文武灯、傩面舞、扁担汗巾、稻草龙、月光光和天官赐福、八仙过海等古老而精彩的传统风情文艺节目。在祭祖大典前的2000年11月17日—18日，举行了"第二届宁化石壁与客家世界学术研讨会"，参加会议的有来自北京、河南、陕西、江西、广东、福建、江苏、上海、天津、中国香港、中国台湾11个地区的专家学者80余人，在会前有上百位学者送交论文。经审查评议，采纳其中60篇，共计65万字，由北京的中国华侨出版社出版了一本《石壁与客家》论文集，会议取得圆满成功。

第七届

2001年10月18日—19日，在宁化石壁客家公祠隆重举行，由宁化县人民政府主办，来自马来西亚、新加坡、法国和中国香港、中国台湾的5个社100余人以及其他地区和当地乡亲8000余人出席大典。姚森良先生担任主祭生。

第八届

分别于2002年10月4日、10月16日、10月26日分三次在宁化石壁客家公祠举行，由宁化县人民政府主办。马来西亚居銮客家公会、三明市客联会协办，来自5国2地6省（市）32个祭祖团（组）1000余人和当地乡亲共计1

万余人出席大典，三次祭祖大典分别由姚森良、刘柏鑫、黄树党先生担任主祭生。其间增加了许多活动内容，如举行了宁化客家"两会"成立十周年庆典活动；宁化县人民政府表彰了第一批"石壁功助"10名（姚森良、萧光、丘权政、何华英、黄水养、黄清林、黎威、姚炎良、萧香、张让生），团体3个（香港崇正总会、胡文虎基金会、马来西亚居銮客家公会）；在客家公祠以宁化县人民政府的名义为已故的姚美良先生挂了功德等。

第九届

2003年10月23日—24日，在宁化县石壁客家公祠隆重举行，由宁化县人民政府主办，三明市客联会协办。来自马来西亚和江西赣县客联会及本县刘、罗、张、巫、邱、杨、王、吴氏等宗亲联谊会11个祭祖团300余人，加上本地乡亲共计5000余人出席大典。本届祭祖大典主祭生由姚森良先生担任。姚森良先生已是第十次带团参加祭典，他倡导一定要把"回乡、寻根、祭祖"新客家运动、祭祖大典一直延续下去。

第十届

2004年11月22日—23日，在宁化石壁客家公祠隆重举行，由宁化县人民政府主办，来自马来西亚、泰国、加拿大、美国、毛里求斯、文莱、澳大利亚、印度尼西亚和中国香港、中国台湾等11个国家和地区21个团队417人，境内6个团队28人、新闻媒体13个40人，加上当地乡亲共计5000多人出席大典。由马来西亚客家公会联合会理事长吴德芳拿督担任主祭生。本届祭祖大典适逢石壁客家公祠建竣十周年暨第十届世界客属石壁祖地祭祖大典，举行了隆重的"双庆"活动。

第十一届

2005年11月15日—17日，在宁化县石壁客家公祠隆重举行，这是第一次由海外客属组织主办。即马来西亚客家公会联合会主办，由三明市客家联谊会、宁化石壁客家宗亲联谊会协办，石壁客家公祠董事会承办。来自马来西亚、新加坡、加拿大及中国香港、台湾、北京、厦门等7个祭祖团200多人，以及当地乡亲共计5000多人出席大典。由马来西亚客家公会联合会顾问姚森良局绅担任主祭生。本届祭祖大典除了举行以往的例行活动外，还举行了《姚美良与石堂》一书的首发式，代市政府颁发"捐赠兴办公益事业功勋奖"仪式，石壁客家公祠董事会部分董事座谈会、经贸座谈会。全球客家·崇正会联合总会是第一次组团前来参加祭祖活动，该团主要成员有全球客家·崇正会联合总会总执行长黄石华教授，常务副总执行长曾观涛，副总执行长邓福恩、张子夫等。

第十二届

2006年11月20日—21日，在宁化石壁客家公祠隆重举行，由新加坡南洋客属总会主办，三明市客联会、宁化石壁客家宗亲联谊会协办，宁化石壁客家公祠董事会承办，来自新加坡、马来西亚和中国香港、中国台湾等5个祭祖团200人，以及当地乡亲共计3000多人出席大典。由新加坡南洋客属总会会长何侨生先生担任主祭生。大典期间，宁化县人民政府表彰了4位"石壁功勋"，即吴德芳、何侨生、饶尚仁、程功饮。还为姚森良局绅在客家祖地碑林立了"寻根祭祖先导，爱国敬宗楷模"的功德碑。

第十三届

2007年11月14日—15日，在宁化石壁客家祖地隆重举行，由新加坡茶阳（大埔）会馆主办，来自新加坡、马来西亚、泰国、美国、法国和中国香港、中国台湾等7个祭祖团228人，以及当地乡亲共计3000多人出席大典。本届祭祖大典由新加坡茶阳（大埔）会馆副会长何炳彪担任主祭生。马来西亚"四驱万里寻根团"一行75人，乘坐20部越野车到达石壁参加祭祖大典。

第十四届

2008年11月12日—13日，在宁化石壁客家公祠隆重举行，本届祭祖大典由泰国客家总会主办，宁化石壁客家宗亲联谊会、宁化县客家研究会协办，石壁客家公祠董事会承办。来自泰国、马来西亚和中国香港等5个祭祖团150人，以及广东、福建等地社团和当地乡亲共3000多人出席大典，祭祖大典由泰国客家总会会长赖锦廷先生担任主祭生。已故的中国原政协委员、香港南源永芳集团公司董事长姚美良局绅的长子姚国华在祭祖现场表示："父亲创建的事业，父亲开辟的道路，我将会坚定不移地走下去！"

第十五届

2009年10月16日，在宁化石壁客家公祠隆重举行，由三明市人民政府、三明市台办、全球客家·崇正会联合总会主办，宁化县人民政府、宁化石壁客家宗亲联谊会承办。来自马来西亚、印度尼西亚、加拿大和中国香港、中国台湾等地以及客属社团和各级领导共1500多人出席。福建省政协副主席叶继革宣布第十五届世界客属石壁祖地祭祖大典开幕。三明市市长刘道崎、全联会总执行长黄石华、宁化县委书记陈忠杰在开幕式上致辞。全国侨联原顾问、北京客家海外联谊会总执行长何访拨，文化部华夏文化促进会客家研究所所长丘权政，马来西亚居銮客家公会会长姚森良，沙巴客家公会会长邓福恩，加拿大多伦多客家公会会长张其勇，台湾地区客家党主席温锦泉，三明市委书记黄琪玉，市政协主席袁德俊等出席。大典期间，举行了"第三届宁化石壁与客家世界学术研讨会"，成立了宁化客家研究中心。还在石壁客家祖地为全球客家·崇正会联合总会总执行长黄石华博士立了"石承厚土，华辉高天"的石碑，为已故全国政协原委员、香港南源永芳集团有限公司原董事长姚美良立了"流芳千古石壁功勋，垂范万代客家楷模"的功德碑。同时，还举行了经贸洽谈和项目推介。

第十六届

2010年12月2日，由福建省台办、省旅游局、省侨办、省侨联、省客联会和三明市人民政府共同主办的第十六届世界客属石壁祖地祭祖大典在石壁客家祭祀广场隆重举行，来自马来西亚、新加坡等国家以及中国香港、中国台湾、北京、山西、浙江、广东、江西、福建各地50多个客属社团1000人，加上当地乡亲共3000余人出席大典。福建省人大常委会副主任袁锦贵宣布第十六届世界客属石壁祖地祭祖大典开幕。省政协副主席叶家松、省客联会会长林开钦、全联会总执行长黄石华、北京客联会总执行长何访拨、中国台湾世界华侨协会总会理事长伍世文、马来西亚居銮客家公会会长姚森良等知名客家社团人士和专家学者，省直有关单位领导陈扬标、邓伦成、谢小健、韦忠慈，三明市委书记黄琪玉等出席开幕仪式。三明市市长刘道崎、世界华侨协会总会理事长伍世文在典礼上致辞；随后举行了祭祖大典的10个程序，为客家始祖神坛揭幕，举行全球首个"客家人基因族谱"项目，举行"石壁客家缘丛书"发行仪式，三明市市长刘道崎向马来西亚居銮客家公会会长姚森良授"客家祖地功勋"功德牌。本届祭祖大典期间，宁化县举行海西客家始祖文化园一期工程建设项目落成仪式，30万锭棉纺、太阳能硅片及太阳能电池组建生产、高效节能电机生产、钨制品深加工等4个生产性项目开工仪式，以及客家祖地博物馆奠基仪式；还举行了项目推介等系列活动。

第十七届

2011年10月16日上午，在石壁客家公祠举行。由马来西亚居銮客家公会、三明市客联会、宁化石壁客家宗亲联谊会共同主办。来自海内外的客属宗亲3000多人出席。世界客属石壁祖地祭祖大典依次进行了迎宾、签祭旗、沿路民俗表、开幕式、祭祖、自由上香、参观民俗馆等活动。祭祖大典前一天先后举行了一系列活动：客家工作座谈会，省市县领导20多人参加；新闻发布会，领导和记者50余人参加；市、县领导会见客属社团首领36人；晚上在天鹅大酒店举行欢迎宴会，并互赠纪念品；晚上在县体育中心举行客家"两会"成立20周年庆典和表彰第五批"石壁功勋"7人。随后，三明市歌舞团进行了文艺演出。

第十八届

2012年11月21日上午，世界客属第二十五届恳亲大会暨第十八届世界客属石壁祖地祭祖大典在宁化县石壁客家祖地祭祖广场隆重举行。来自海内外28个国家和地区、215个客属社团来宾和宁化祖地乡亲共8000多人参加。杨胜主持典礼，祭祖大典之前在宁化县城关举行世界客属文化交流中心落成暨客家联谊馆、图书馆、族谱馆开馆仪式。该中心占地7.8万平方米，建筑面积4万平方米，总投资2亿元。下午3时，在县客属中心论坛厅举行宁化客家祖地文化园建筑与文化工程学术研讨会，专家和县领导50多人出席。

第十九届

2013年10月16日上午，在宁化石壁客家公祠祭祀广场隆重举行。本届祭祖大典由三明市客家联谊会、宁化石壁客家宗亲联谊会、马来西亚居銮客家公会、新加坡茶阳（大埔）会馆、台湾世界客属总会、香港南源永芳集团公司共同主办。来自海内外客属首领和乡亲，首届"石壁客家论坛"学者、媒体记者，本县各姓氏宗亲共3000多人参加了祭祖大典。10月15日首届"石壁客家论坛"在县客属中心举行。祭祖大典前海峡两岸交流基地授揭牌（碑）仪式在石壁客家公祠牌坊广场举行。

第二十届

2014年10月15日上午，在宁化石壁客家公祠祭祀广场隆重举行。本届祭祖大典由三明市客家联谊会、宁化石壁客家宗亲联谊会、马来西亚客家公会联合总会、台湾中华海峡两岸客家文经交流协会共同主办。来自海内外的客属宗亲及各地群众4000多人参加祭祖大典。其间，举行了第七届海峡两岸客家高峰论坛暨第二届石壁客家论坛。市、县领导会见海内外客属首领。举行了"客家风情"文艺晚会。宁化县人民政府表彰了第三批"石壁功勋"团体10个、个人10人。举办了"祖地·客家梦"海峡两岸客家书展，还有海内外新闻媒体30家85人参加大典采访，电视播发40条、发表新闻46条。

第二十一届

2015年10月14日上午，在宁化石壁客家公祠祭祀广场隆重举行。由三明市客家联谊会、宁化石壁客家宗亲联谊会、马来西亚居銮客家公会、宁化罗氏宗亲会共同主办。来自海内外客属宗亲和各地群众3000多人参加大典。其间，10月13日在宁化县世界客属中心举行了第三届石壁客家论坛。晚上，在客家会堂举行客家民俗联谊演出。在文艺晚会上，中国侨联为宁化石壁客家祖地授"中国华侨国际文化交流基地"牌匾。

第二十二届

2016年10月15日上午，在宁化石壁客家公祠祭祀广场隆重举行。本届祭祖大典由三明市客家联谊会、宁化石壁客家宗亲联谊会、马来西亚居銮客家公会、宁化张氏宗亲联谊会联合主办。来自海内外111个客属社团及各地群众5000余人出席大典。大典前一天（10月14日）举行了第四届石壁客家论坛。参观了"客家祖地，映像宁化"摄影展，观看了"客家风情"文艺演出。宁化张氏宗亲会组织海内外张氏宗亲800余人参与祭典。

第二十三届

2017年10月16日上午，在宁化石壁客家公祠祭祀广场隆重举行。本届祭祖大典由三明市客家联谊会、宁化石壁客家宗亲联谊会、马来西亚居銮客家公会、厦门市客家经济文化促进会、三明侨报社、宁化巫氏宗亲会共同主办。来自海内外19个客属社团3700多人出席大典。其间，举行了第五届石壁客家论坛。省、市、县领导会见了海内外客属社团代表。举行了"客家风情"文艺晚会。各乡镇组织了客家文艺演出队在现场表演。宁化巫氏宗亲会组织海内外巫氏宗亲千余人参加大典。

第二十四届

2018年10月16日上午，在宁化石壁客家公祠祭祀广场隆重举行。来自海内外106个客属社团的嘉宾和本地宗亲共5000人齐聚石壁客家祖地祭祖。本届祭祀大典由三明市客家联谊会、宁化石壁客家宗亲联谊会、马来西亚居銮客家公会、中华谢氏联谊总会、厦门市客家经济文化促进会等客家社团组织共同主办。福建省政协原副主席杨振生宣布祭祖大典开幕，三明市政府副市长张文珍致辞。同时举办了第六届石壁客家论坛。

第二十五届

2019年10月12日上午，在宁化石壁客家公祠祭祀广场隆重举行。来自海内外145个客属社团的嘉宾和本地宗亲共1.2万人齐聚石壁客家祖地祭祖。由三明市客家联谊会、马来西亚居銮客家公会、中华谢氏联谊总会、厦门市客家经济文化促进会、宁化石壁客家宗亲联谊会、宁化县客家文化交流中心、宁化县客家祖地服务中心、福建省姓氏源流研究会李氏委员会宁化理事会等单位和社团组织共同举办。

第二十六届

2020年10月16日上午，在宁化石壁客家公祠祭祀广场隆重举行。来自省内58个客属社团代表和本地宗亲共3300多人齐聚石壁客家祖地祭祖（本次只邀请本省的社团代表参加）。三明市客家联谊会、马来西亚居銮客家公会、宁化石壁客家宗亲联谊会共同主办。本届祭祖大典采用"线上+线下"的方式，现场同步直播海内外部分客属宗亲和社团的祝福视频，并通过网络直播祭祀大典全过程。

附录三：论闽西客家文化生态保护实验区建设

　　闽西是客家民系衍生的最重要区域，唐宋时期宁化、长汀等地，大量的外来移民进入本土，经过唐宋元明等朝代的衍化与融合，形成了我国东南区域汉族一支新的民系（或被称为新的族群）。客家民系所在区域基本为山区，加之客家人有较为守故的传统观念，无论是物质文化形态，还是非物质文化形态，相对于相邻区域而言，有着较为传统和完整的保留。资料显示，闽西拥有丰富的非物质文化遗产，其中国家级项目8项、省级项目22项、市级项目28项、县级项目58项；现有国家级文物保护单位105处、省级135处，世界文化遗产（土楼）1项；国家级历史文化名城（镇、村）13个、省级11个，中国民间艺术文化之乡7个。闽西客家文化积淀深厚、文化遗产密集丰富、存续状态良好，具有较高的历史、文化、科学价值和鲜明的区域特色、客家特色。建设闽西客家文化生态保护实验区，充分保护、传承和发展闽西客家文化，对于推进闽西地区经济建设、政治建设、文化建设、社会建设和生态文明建设全面协调可持续发展，落实创新、协调、绿色、开放、共享的发展理念，具有十分重要的意义。

一、闽西客家文化生态保护区文化要素

　　闽西客家文化生态保护区内，客家文化要素丰富，形式多样，主要表现为闽西客家文化保护区内的物质文化遗产与非物质文化遗产。

　　客家方言在继承中原古汉语的基础上，发生了有规律的音变，保留了较多的两宋词汇音韵成分，是研究古代汉语的"活化石"，如石壁客家方言中，章组声母与合口细音相拼时，出现了读为"唇齿音f"的现象。这在其他的客赣方言中并不多见，从《客赣方言调查报告》来看，客家方言中只有建宁和宜丰的"水"字声母读为"f"。但在其他方言中可以见到这种语言现象，"中

原官话中的汾河片及关中片中也存在着古知庄章组声母字读为f的现象"[1]。客家民间文学有戏剧、传说、故事、笑话、童谣、谚语、楹联等，根据1981年湖南省戏剧研究所、祁阳地区剧目室等专家在宁化调查祁剧的考证，宁化祁剧的唱、念、做、打等表演程式，完全保留了湖南古老祁剧的艺术特点，堪称湖南古老祁剧的"活化石"。究其原因，一是源于祁剧的戏路广，历史戏多，且多为扬善惩恶、因果报应强的内容，符合南迁石壁客家人的胃口；二是唱腔丰富、音乐旋律优美，乐器配备齐全，气氛热闹活泼；三是念白的祁阳土官话与宁化话基本相近，一般人都能听得懂，加之办喜事宴会者做宴席助兴演唱的习惯，故祁剧得以在宁化广大乡村流传生存，据县志载，全县业余祁剧团曾多达35个。

闽西客家极为重视敬奉先祖，和睦宗族。闽西客家地区保存有完善的家谱、族谱、宗祠、祖墓、祖庙，以及修谱、祭祖等习俗。族谱、宗祠楹联中保存着丰富的家训、家规文化。石壁世界客家公祭、长汀客家母亲河公祭、上杭李氏祭祖、宁化巫氏祭祀等为代表的祭祖仪式，千家万户的家庭祭拜祖先、祭墓活动，这些都构成客家宗族文化生态，成为中国保留宗族文化最完整、最兴盛的地方之一。

闽西客家信仰繁杂，类型丰富，有定光古佛、伏虎禅师、惠利夫人、五通神、五谷神等民间信仰；有灶君、公王、社官、财神、始祖、各路英雄（刘邦和项羽、三圣、关帝、王审知、李纲等）行业神等崇拜；还有动物崇拜、植物崇拜和雷公、月姑、水神等自然崇拜，以及有"上刀山，下火海"、傩舞等民俗技艺类信仰，构成多层次、多样化的客家信俗。

闽西有着最火热、最古朴、最盛大的节庆活动，尤以元宵节庆为盛，如罗坊走古事、姑田游大龙、赖坊狮龙会、温郊地滚龙灯、延祥灯会等闻名遐迩。这些元宵节庆与作大福、百壶宴、迎公太、游大粽等民俗活动，闹春田、犁春牛、保苗祭等生产习俗，共同构成丰富多彩的闽西客家岁时民俗活动。如石壁端午习俗，因溪小不能行舟，故端午不包粽子、不划舟。是日，家家门上悬挂葛藤、艾叶、菖蒲，为孩童搽雄黄酒，佩香荷包，以避虫驱邪防治

---

[1] 侯精一.现代汉语方言概论[M].上海：上海教育出版社，2002：27.

疾病。中午先行敬神祭祖，而后家宴过节。挂葛藤的习俗体现了客家人端午习俗的独特性。

世界文化遗产土楼群、汀州古城、培田古民居建筑群、赖坊古村等，与传统村镇规划、土楼营造技艺、传统建筑营造技艺等构成了独特而丰富的闽西客家建筑文化。其中世界文化遗产圆形土楼与方形的"九厅十八井"民居楼交相辉映，是客家民居的经典杰作，也是世界建筑的瑰宝。每一座建筑，都是一部客家人的家族史、生活史，体现了客家人的家庭伦理以及"小家庭、大社会"的和谐生活。如宁化石壁一带的民居建筑形式，经历了从茅、棚到土墙屋，再到砖木结构的封火屋的过程，现常见的民居楼主要有土墙屋、椿凿屋、封火屋，其建筑类型多种多样，如土楼、殿堂式围屋、"二点金"或"四点金"、五凤楼、走马楼等，体现了客家人依照自然条件栖息的建筑风格。

连城四堡是明清时期全国四大雕版印刷基地，现存下来的书坊建筑群、书籍、雕版工具、雕版印刷技术，构成中国保留最完整的雕版印刷文化。宁化较完整地保留着与族谱印刷相结合的木活字印刷技术。用独特的竹材料和工艺制成的连史纸（有"寿纸千年"之美誉），为历代文人墨客所喜爱。古书坊群、雕版印刷术、活字印刷术、连史纸和玉扣纸制作等，共同见证了中国印刷术、造纸术的两大发明。

闽西保留了源于明代的高腔木偶戏、乱弹木偶戏，源于清代的闽西汉剧、宁化祁剧、采茶戏、民间小戏，还有道教觋戏，以及现代在山歌基础上创造的山歌戏；保留了客家山歌、客家十番、鼓吹音乐、锣鼓经等传统音乐；保留了九连环、打船灯、舞龙灯、踩马灯、打花鼓、五经魁、游傩等传统舞蹈，以及以竹板歌、南词说唱为代表的客家曲艺等。闽西是传统艺术的沃土，各种戏剧、音乐、舞蹈形态在此绽放，它们深深扎根于民俗的土壤，活跃在民众的生活之中，为民众所喜闻乐见。

长汀的白斩河田鸡、连城的涮九品、永定的菜干扣肉、汀州的灯盏糕、四堡的漾豆腐和著名的"闽西八大干"，以及糍粑、搋圆、芋子包、米浆粿等，种类丰富多彩，还有擂茶、万应茶、米酒等，都体现了闽西山地文化特色。

闽西客家文化传承发展了中华民族敬宗睦族、慎终追远、崇文重教、耕读传家、忠孝廉节、家国一体的优秀文化，形成了吃苦耐劳、开拓进取、耕读传家、敬宗睦族、爱家爱国的闽西客家精神。

二、闽西客家文化生态保护对象

闽西客家文化生态保护区，一般认为是以闽西客家非物质文化遗产保护为核心，对闽西地区历史文化积淀深厚、存续状态良好、具有重要价值和鲜明特色的客家文化形态及其存续的文化空间进行整体性保护，通过行之有效的保护措施，修复非物质文化遗产与物质文化遗产互相依存，与人们的生产生活紧密相关，自然环境、经济环境、社会环境、人文环境和谐共处的文化生态环境。据此，主要保护对象有以下三种类型。

（一）区域内非物质文化遗产代表性名录项目

如三明市的清流县灵台山客家文化园、客家文化博物馆、"长校十番锣鼓"展演、宁化县石壁镇客家祖地、"客家擂茶"展示、宁化"客家三馆"、宁化"木活字"技艺、宁化客家山歌等；龙岩市的闽西汉剧、闽西客家十番音乐、客家土楼营造技艺、雕版印刷技艺、闽西客家元宵节庆（游大龙、走古事、烧炮、花灯）、龙岩采花灯、永定万应茶制作工艺、长汀公嬷吹等。

（二）区域内非物质文化遗产项目代表性传承人

传承人是非物质文化的传递者和承载者，是非物质文化活态的知识与技艺的载体，传承人的消失意味着非物质文化项目的消失，传承人是非物质文化保护的最核心项目，如宁化木活字传承人邹建宁、邱恒伙在政府的支持和本身项目经营的市场化经济的双重作用下，使得项目得以更好地保留下来。

（三）区域内所划定的整体性保护重点区域

所谓文化生态保护区，是指在一个特定的区域中采取保护措施。一定区域内的文化项目具有一定的关联性，如民间信仰渗透于诸多村落非物质文化项目中，手工作坊有行业神信仰，做生意的有财神信仰，岁时节令习俗中夹杂着各种各样的信仰活动。所以，各种民俗事项就如同种类繁多的鱼在大海中活态地存在着，如同地球生态圈中各类生物活态地生存着，它们相互依存，共生共长。与之相类，区域内的非物质文化保护项目存在相互依存的关系，因此必然要走整体性保护之路。

与此同时，在实验区内划定保护对象过程中，需要注意的是在保护区内涉及文物、历史文化名城（镇、村）、革命旧址，以及自然保护区、风景名胜区等的保护，要执行国家有关法律法规的规定，由当地政府协调统筹有关部门进行整体性保护。

三、闽西客家文化生态保护方式

分类保护。要根据各级非物质文化遗产名录项目特别是国家级、省级名录项目的不同类别特点，因地制宜、因类制宜地采取针对性保护措施，做好保护工作。另外，对不同级别名录项目归同属性的项目进行归类，采取相类的保护措施及支持。

抢救性保护。对濒危项目、年事已高的老艺人，利用数字多媒体等现代技术手段，通过视频、录音、照片、文字等多种方式，全面系统地记录代表性传承人掌握的非物质文化遗产的知识和技艺，为后人传承、研究、宣传、利用留下宝贵的资料。

生产性保护。生产性保护是指在具有生产性质的实践过程中，要坚持以传统工艺流程的整体性和核心技艺的真实性为核心，以有效传承非物质文化遗产技艺为前提，借助生产、流通、销售等手段，将非物质文化遗产及其资源转化为文化产品的保护方式。

数字化保护。采用现代数字化技术手段，将非物质文化遗产资源和各级代表性项目、各级非物质文化遗产项目代表性传承人传习活动、自然遗产、文物古迹等进行数字化处理和永久性保存，建立文化遗产数据库；依托数据库开发文化遗产保护数字化应用产品，加快推进文化遗产保护由传统保护媒介向现代数字化保护的转换。

整体性保护。要注意保持重点区域的历史风貌和传统文化生态，不得改变与其相互依存的自然景观和环境。要注重非物质文化遗产的不同项目之间，非物质文化遗产与物质文化遗产之间，文化遗产与自然环境、人文环境之间的关联性，将单一项目、单一形态的保护模式，转变为多种文化表现形式的综合性保护。

四、闽西客家文化生态保护措施

（一）全面深入开展文化遗产调查

按照有关法律法规规定，对保护区内的文化遗产进行真实、全面、系统的记录，并积极搜集有关实物资料，建立档案。

建立闽西客家文化遗产数据库。现有的数据库只有三明学院图书馆与客家文化研究所合作的客家文献数据库，其他非物质文化遗产与物质文化遗产数据库建设尚待实施。

（二）加强非物质文化遗产代表性项目保护

继续完善国家、省、市、县（区）四级非物质文化遗产代表性项目名录体系，贯彻落实国家保护非物质文化遗产项目的相关条例，有效保护非物质文化遗产代表性项目。

保护单位建立非物质文化遗产代表性项目档案，对项目进行动态的定期跟踪调查，制定非物质文化遗产代表性项目保护规划。省、区、市人民政府文化主管部门对保护规划的实施情况进行指导、监督。

按照国务院办公厅印发《关于支持戏曲传承发展若干政策的通知》，福建省委办公厅、省政府办公厅印发《关于传承和弘扬福建戏曲的若干意见》的要求做好地方戏曲的保护。

建立急需保护的非物质文化遗产名录，对濒危的项目和老艺人进行抢救性保护。配合文化和旅游部做好国家级非物质文化遗产项目代表性传承人的抢救性记录工作。

（三）加强非物质文化遗产项目传承人保护

贯彻落实国家保护非物质文化遗产项目代表性传承人的相关条例，支持传承人开展传承、展示和传播、交流活动。

以非物质文化遗产项目代表性传承人为核心建立传习中心（所）。根据申报资料，规划期内扶持200个传习中心（所），首批扶持建立55个传习中心（所）。

按照国家级非物质文化遗产项目代表性传承人抢救性记录工作规范的要求，有序开展抢救性记录工作。

制订实施非物质文化遗产传承人群研修研习培训计划，提高传承人传承水平，培养新的优秀传承人。

支持开展师徒传承、家族传承、群体传承；创新传承方式，扩大传承人群，促进形成方式多样、社会参与度不断提高的保护传承体系。

（四）开展积极有益的民俗活动

支持、引导民众开展传统岁时节日和人生礼俗等民俗活动。

支持、引导民众开展两岸祭祖和民间信俗活动，弘扬中华传统美德，促进邻里和谐和祖地文化认同，增强民族凝聚力。

维护民俗与民间表演艺术的生态链，将民俗活动与传统戏剧、曲艺、音乐、舞蹈、游艺和体育等活动结合起来保护，丰富人民群众的文化艺术生活。[①]

五、闽西客家文化生态保护实验区的主要问题与解决对策

按照国家批复的闽西客家文化生态保护实验区建设要求，现存在以下三个问题：

第一，协调统筹管理的问题。闽西客家文化生态保护实验区含八个县区，其中长汀、上杭、武平、连城县和永定区隶属龙岩市；宁化、清流、明溪属于三明市。八个县区历史上同属汀州府管辖，但现在分属两个市，难以实施统一规划和管理。闽南文化生态保护区就出现了泉州、厦门、漳州不协调和无法统筹的问题，导致保护实验区工作难以开展。由于县区隶属市不同，人力、财力及工作部署由各市统筹管理，这无疑给该实验区的建设带来难度。八个县区应成立统一的协调管理小组（由省领导、市县领导、专家学者组成），直属省政府相关文化厅管理，负责实验区的整体规划制定、资金分配和运作等工作，具体项目落地到县，再分头由县区具体负责。

第二，整体规划保护问题。文化生态保护区内文化生态具有多样性，其中非物质文化遗产，有的是口头层面的，有的是技艺层面的，有的是游艺层面的，有的是精神层面的，每一层面的非物质文化都有不同的属性；各种形态的物质文化遗产有历史文物、历史建筑、人类文化遗址。物质文化遗产还

[①] 参见马建华的客家文化（闽西）生态保护实验区规划纲要（申报稿件）。

包括古遗址、古墓葬、古建筑、石窟寺、石刻、壁画、近现代重要史迹及代表性建筑等不可移动文物，历史上各时代的重要实物、艺术品、文献、手稿、图书资料等可移动文物，以及在建筑式样、分布均匀或与环境景色结合方面具有突出普遍价值的历史文化名城（街区、村镇）。这就要求在制订具体保护规划的时候要考虑到几个关系：非物质文化之间关系、物质文化之间关系、非物质与物质文化之间关系、保护区内村落与村落关系、县际之间关系、不同水系对文化影响关系等。

第三，资金分配问题。文化生态保护区建设是一个庞大繁杂的系统工程，需要投入大量的人力和物力。由于存在市际问题和县际问题，除了贫富不均影响配套的问题以外，还有中央财政划拨资金分配问题。笔者记得，2009年启动申请该保护区在省文化厅讨论会过程中，两市为争取重点建设项目时，产生了较大的意见分歧，这就导致了闽西客家文化生态保护实验区建设的中央批复迟迟不能到位。为此，成立专门保护区协调管理机构，负责两市保护区工作的开展，统一解决资金分配的统筹问题势在必行。

闽西客家文化生态保护实验区建设尚处于初始阶段，运行机制和管理办法的制定，关系到后期保护区建设的可持续开展和运行，关系到保护区建设的整体成效问题，关系到客家传统文化造福后代子孙的福祉问题，关系到传承和弘扬中华民族优秀文化传统和发展问题，后继研究与跟进尚待开展。